*Sono stati quei quattrocento ragazzi morti al Passo Uarieu
che ci hanno permesso di andare avanti e di concludere.*

BENITO MUSSOLINI AD ARDENGO SOFFICI, MAGGIO 1936

*"What was the end of all the show,
Johnnie, Johnnie?"
Ask my Colonel, for I don't know,
Johnnie, my Johnnie, ah ah!
We broke a King and we built a road-
A court-house stands where the Reg'ment goed.
And the river's clean where the raw blood flowed.*

RUDYARD KIPLING, *The Widow's Party*, 1892

*Da Macalè sul lembo estremo
del gobi, bianco nella sabbia, un teschio
CANTA
e non par stanco, ma canta, canta:
[...]
NOI TORNEREMO!*

EZRA POUND, *Canto LXXII*, 1944

I PILASTRI DEL ROMANO IMPERO
Di PierLuigi Romeo di Colloredo Mels
Luca Cristini Editore 2 edizione Aprile 2020 - Prima edizione Italia Storica (GE) ISBN 9788893271585
Cover & art design by Luca Stefano Cristini

PIERLUIGI ROMEO DI COLLOREDO

I PILASTRI DEL ROMANO IMPERO

LE CAMICIE NERE
IN AFRICA ORIENTALE
(1935-1936)

INDICE

PREMESSA	5
VERSO LA GUERRA	7
LE PRIME OPERAZIONI	24
LA GUERRA DI BADOGLIO	31
GLI INIZI DELLA BATTAGLIA DEL TEMBIEN	40
PASSO UARIEU	51
L'ASSEDIO DI PASSO UARIEU	60
LA "QUESTIONE" DEI GAS	79
DOPO LA PRIMA BATTAGLIA DEL TEMBIEN	85
BADOGLIO PASSA ALL'OFFENSIVA	91
DOPO PASSO UARIEU. IL UORK AMBA	146
LA BATTAGLIA DELLO SCIRÈ	155
LA DIV. CCNN. 1 FEBBRAIO E LO SCIRÈ	159
FINIS AETHIOPIAE. MAI CEU E ADDIS ABEBA	159
LA MVSN SUL FRONTE SOMALO	172
LE MILIZIE SPECIALI IN AFRICA ORIENTALE	183
EPILOGO. DA UNA GUERRA ALL'ALTRA	185
LA MVSN IN AFRICA ORIENTALE	192
APPENDICI	206
NOTA BIBLIOGRAFICA	272

PREMESSA

In questo lavoro cercheremo di inquadrare l'impiego delle unità della Milizia fascista nel quadro degli avvenimenti militari della guerra d'Etiopia del 1935-1936. Il maggior momento di gloria delle Camicie Nere, ed il più propagandato, fu la cosidetta Prima Battaglia del Tembien, che vide il maggior sforzo offensivo etiopico, con l'utilizzo di tre armate, comandate dai ras Cassa, Seyum e Immirù. Si trattò dell'unico momento in cui la bilancia parve pendere per un istante dal lato del Negus, con le forze abissine in procinto di aprirsi la strada di Macallè, ripetendo l'esito disastroso per l'Italia della campagna di 1896. Solo la resistenza di Passo Uarieu riuscì ad arginare prima, ed a respingere poi, la minaccia. Va detto subito che il conflitto italo-etiopico va inquadrato non tanto, e non solo, nella storia del ventennio fascista ma piuttosto nell'ambito delle guerre coloniali italiane del XIX-XX secolo. Volutamente non s'è affrontato né l'aspetto politico né quello diplomatico della questione, autorevolmente trattati in molti volumi di facile consultazione ed indicati nelle note a piè di pagina ed in bibliografia. Si tratta di temi fondamentali che non vanno, a nostro parere, trattati con superficialità o schematicamente come avrebbe solo consentito la limitata ampiezza di questo lavoro. Neppure si sono espressi giudizi sulla moralità o meno della guerra d'Etiopia (per quanto una guerra possa venir definita morale!): si è invece preferito un metodo d'approccio *emico*, e non *etico*. Ogni affermazione è suffragata da documenti e da fonti secondarie, indicati nelle note. Un breve capitolo è stato dedicato all'uso degli aggressivi chimici da parte italiana, poiché taluni autori sono arrivati a sostenere che proprio i gas furono l'arma decisiva che consentì a Badoglio di vincere la resistenza abissina. Sull'argomento si è passati da una totale negazione ad un'acritica adesione alle tesi della propaganda etiopica sull'uso indiscriminato dei gas; qui si è cercato di vedere anche tecnicamente in quale misura i gas potessero essere efficaci.

Si è fatto ampio ricorso alle note a piè di pagina, sia per l'indicazione costante delle fonti, sia per l'approfondimento di taluni argomenti giudicati importanti ma trattare i quali nel corpo del testo avrebbe costituito un appesantimento notevole; si sono anche commentati criticamente giudizi e dati forniti da autori che si sono occupati dell'argomento sovente in maniera totalmente di parte. Ciò spiega la lunghezza di talune note. In un momento in cui si parla anche troppo spesso di *memoria storica condivisa* degli italiani (memoria storica facente riferimento solo ad un determinato periodo ed ad una determinata parte[1]) sarebbe opportuno ed auspicabile riesaminare pu-

---

[1] La maniera in cui la *vulgata* (per usare un termine caro a Renzo De Felice) presenta gli avvenimenti della prima metà del XX secolo, soprattutto degli anni tra il 1918 ed il 1945, sembra esser regredita all'idea medievale di una storia avente una funzione *moralistico-utilitaria*, di cui Federico Chabod scriveva: *il pensiero medievale [...] assegna alla storia, e di conseguenza alle ricerche di storia, un compito non autonomo, bensì totalmente subordinato ai più alti fini dell'etica e della teologia* (Chabod 1999, pp.11 e 9-10). Esempio in tal senso è il recente volume di Labanca 2005, tanto manicheo nei giudizi quanto di scarso interesse nei contenuti (nonché spesso indisponente nel tono!), ma pronto ad attaccare chiunque non sia sulle sue posizioni, come avviene per l'eccellente volume dell'Ufficio Storico dello Stato Maggiore Esercito (Longo 2005) Il generale Longo viene *accusato* di ritenere, come De Felice (per Labanca è evidentemente una colpa) che Mussolini inizialmente non intendesse conqui-

re altri aspetti della storia nazionale, anche e soprattutto se controversi. A poca distanza dalla pubblicazione del mio studio su Passo Uarieu[2], che ha avuta un'accoglienza decisamente lusinghiera ed al di là delle aspettative, questa nuova edizione esce dopo molte ricerche ampliata con l'aggiunta di nuovi documenti, e con la correzione di alcuni errori; si può dire che questo è un altro libro rispetto alla precedente edizione. Se la prima battaglia del Tembien resta centrale nel presente volume − come lo fu del resto nella realtà storica, massimo sforzo delle CC.NN. in Africa − man mano che questo lavoro veniva rivisto, la prospettiva s'è andata ampliando sino a comprendere tutta la guerra ed il ruolo della Milizia.

Nelle appendici sono riportati brani delle lettere del Capomanipolo medico Luigi Chiavellati, Medaglia d'Oro alla memoria, il diario del Centurione Romolo Galassi, caduto sull'Amba Uork, le memorie del Sottotenente Carlo Giacomelli, aggregato alla divisione CC.NN. *Tevere*, l'Ordine del Giorno n.78 del generale Somma, comandante la *28 Ottobre* del 25 gennaio 1936, il memoriale segreto sulla prima battaglia del Tembien preparato per Mussolini dal sottosegretario alla Guerra generale Baistrocchi, gli organigrammi e le motivazioni delle decorazioni a reparti ed a combattenti della M.V.S.N. per gli eventi trattati. Per comodità del lettore è stata aggiunta una cronologia della campagna, e tre tabelle con i titoli onorifici etiopici utilizzati come gradi militari, con l'equivalenza dei gradi della Milizia e quelli del Regio Esercito e con i gradi delle truppe coloniali italiane.

P.R.d.C.

---

stare interamente l'Etiopia, come infatti fu ed i documenti confermano. Sarebbe inutile − e impietoso − confrontare la serietà storica di De Felice con quella di un Labanca.

[2] Pierluigi Romeo di Colloredo, *Passo Uarieu. Le Termopili delle Camicie Nere in Etiopia*, Ass. Cult. ITALIA, Genova 2008.

VERSO LA GUERRA

Nel 1932 l'Italia fascista aveva oramai terminato la lunga riconquista della Cirenaica, dove, l'anno precedente era stata domata la guerriglia senussita, ricorrendo a drastiche misure di polizia coloniale: restrizione delle tribù in aree circoscritte e controllate[3] e la distruzione del bestiame, che costituiva la principale fonte di sostentamento dei ribelli libici, ed il capo della rivolta e della guerriglia, Omar el Mukhtar, era stato giustiziato nel settembre del 1931 per ordine del governatore della Libia, Piero Badoglio. Anche in Somalia la situazione era favorevole agli italiani, che avevano pacificato la parte settentrionale della colonia, anche se rimanevano contenziosi con l'impero d'Abissinia che rivendicava parte dell'Ogaden somalo. Proprio a causa delle ricorrenti questioni confinarie con l'Etiopia, l'allora ministro delle Colonie, generale Emilio De Bono, preparò un memorandum circa l'invasione dell'Abissinia, che inviò al Maresciallo Badoglio onde ottenere il suo parere. Si trattava di un piano dilettantesco, nel quale si prevedeva l'invasione del vastissimo territorio etiopico con un corpo di spedizione di circa centomila uomini. Badoglio bocciò il progetto, così come fece lo Stato Maggiore dell'Esercito nel 1933[4]. Mercoledì cinque dicembre del 1934 truppe etiopiche, incaricate di scortare una commissione anglo-abissina per la determinazione della linea di confine tra l'Etiopia ed il Somaliland (!), attaccarono la piccola guarnigione di dubat italiani che presidiavano i pozzi di Ual Ual, rivendicati da entrambi i paesi, e che rivestivano un'importanza votale per le popolazioni somale della regione. L'Etiopia considerava i pozzi di Ual Ual parte del proprio territorio in quanto situati nell'Ogaden, l'Italia, che li aveva occupati nel 1925, ne rivendicava il possesso perché appartenenti ad una tribù vassalla del sultanato di Obbia, prima protettorato italiano e poi annesso alla Somalia[5]. La reazione italiana all'aggressione etiopica fu forte, e sul campo rimasero una trentina di dubat morti, un centinaio di feriti, ed oltre cento abissini uccisi. L'incidente di Ual Ual portò strascichi diplomatici ed internazionali; e soprattutto fece entrare la questione etiopica in una fase concretamente operativa, e accelerò i tempi in maniera notevolissima. Si è detto che *l'incidente* di Ual Ual ebbe origine dalla volontà di Mussolini di creare un *casus belli* per giustificare l'invasione dell'Etiopia[6]. Come scrisse Renzo De Felice, *non si vede perché in quel momento Roma dovesse ritenere opportuno un simile incidente [...]. Se mai l'incidente poteva tornare più utile al governo etiopico, specie per coinvolgervi in*

---

[3] Bovio 1999, p.144. Non si trattava di campi di concentramento nell'accezione diffusasi dopo la Seconda Guerra Mondiale, come spesso s'è affermato, ma di spazi più ampi destinati a contenere migliaia e anche decine di migliaia di persone. Italo Balbo, che abolì questi campi, scrisse degli *arabi della Cirenaica* che *nel 1934 li ho trovati quasi tutti nei campi di concentramento* (lettera al ministro delle Colonie Teruzzi del 3 dicembre 1937, cit. in Guerri 1983, p.303). Va però ricordato che il decreto stabilente la misura dell'internamento per *ragioni contingenti o di ordine pubblico* venne emanato dal governatore Volpi il 22 dicembre 1922, sulla base del decreto del 17 luglio 1922 (cioè quando ministro delle Colonie era G. Amendola): cfr. il testo del decreto in Goglia, Grassi 1993, p.339. Secondo Guerri, durante il governatorato di Badoglio *fra il '30 il '31 metà dagli 80.000 pastori nomadi della Cirenaica venne trucidata e altri 20.000 furono costretti a rifugiarsi in Egitto* (Guerri 1983, p.299). Tali cifre sono però da ritenersi esagerate per eccesso.
[4] Bovio 1999, p.144.
[5] De Felice 1974, p.616, n.1.
[6] Mack Smith 1976, p.91.

qualche modo gli inglesi [7]. A parte il tempo trascorso tra i fatti di Ual Ual e la guerra (undici mesi, un pò troppi per trovare una relazione causa-effetto tra i due avvenimenti) chi sostiene la tesi della premeditazione italiana dimentica del tutto che l'Etiopia chiese il 15 dicembre 1934 un arbitrato al Consiglio della Società delle Nazioni sulle responsabilità dei fatti di Ual Ual. Le conclusioni, rese pubbliche il 1 settembre, furono che non vi era stata responsabilità italiana, ma anzi erano state prese tutte le precauzioni per evitare lo scontro; il Consiglio della Società negò anche una premeditazione da parte delle truppe etiopiche, anche se non mancò di rilevare che un loro contegno meno *aggressivo* avrebbe sicuramente impedito il combattimento. *Strana sentenza salomonica, che pur escludendo ogni responsabilità italiana, non stabiliva quella abissina* [8]. Il 30 dicembre Mussolini impartì una serie di direttive al capo di Stato Maggiore Badoglio[9] in cui, a fronte di un rafforzamento del governo del negus e una favorevole situazione internazionale, legata agli imminenti accordi con il governo francese (gli accordi Mussolini-Laval sarebbero stati conclusi il 17 gennaio 1935) riteneva inevitabile ed urgente, poiché *il tempo lavora contro di noi* un'azione tendente alla *distruzione delle armate abissine e la conquista totale dell'Etiopia*, legata alla rapidità delle operazioni, senza dichiarazione di guerra, *more nipponico*, scriveva il Duce, perché *nessuno ci solleverà delle difficoltà in Europa, se la condotta delle operazioni militari determinerà rapidamente il fatto compiuto. Basterà dichiarare all'Inghilterra ed alla Francia che i loro interessi saranno riconosciuti.* Il Duce non prevedeva alcuna opposizione sul fronte interno[10]. Tra *militari* e *coloniali* esisteva una differente valutazione sul potenziale offensivo e militare etiopico, e dunque su quale fosse la miglior maniera di condurre una guerra contro Haile Selassiè: i *militari* pensavano ad una guerra di tipo europeo, basata sull'impiego coordinato e massiccio di automezzi, artiglieria, aviazione, che avesse come obiettivo più o meno dichiarato lo schiacciamento dell'impero abissino; i *coloniali* invece preparavano una guerra più tradizionale, coloniale appunto, con forze limitate ed obiettivi vaghi, puntando sulla mobilità dei reparti ascari e sulla superiorità morale, e la capacità dei comandi*[11]*. Mussolini scelse per il comando delle operazioni in Etiopia De Bono, quadrumviro e uomo del regime[12] sì, ma che era stato – e troppo spesso lo si dimentica – comandante del IX Corpo d'Armata sul Grappa nel 1918, ossia colui che aveva disfatto l'operazione *Radetzky* e sconfitto il feldmaresciallo Conrad von Hötzendorf nel giro di ventiquattr'ore nel giugno del 1918; che De Bono fosse stato un buon comandante di Corpo nella prima guerra mondiale è costantemente taciuto, mentre si preferisce sottolineare la sua qualità di gerarca. Paolo Caccia Dominioni, che di militari ne conobbe molti, e di questioni militari ne capiva, lo definì soldato coraggioso, quanto onesto e sensato, un vecchio bersagliere alieno da compromessi.[13] Già nel 1933 De

---

[7] De Felice 1974, p.616 n.1.
[8] Pini, Susmel 1955, p.329.
[9] Rochat 1971, pp.376 segg.
[10] Salotti 1998, pp.269-270. Non ci occuperemo in questa sede degli avvenimenti politici e diplomatici che caratterizzarono la preparazione della guerra ed il suo svolgimento: si veda soprattutto Villari 1943, e De Felice 1974, pp.597-757; per una sintesi Pignatelli 1965, *passim*.
[11] Pieri, Rochat 1974, p.649.
[12] Bovio 1999, p.144.
[13] Caccia Dominioni 1966, pp.244, 263. Dominioni ricorda anche che il primo incontro tra De Bono e Badoglio avvenne a San Martino del Quisca, prima della conquista del Sabotino, nel 1916. De Bono era già generale, e Ba-

Bono s'era recato dal Duce dicendogli: *Senti, se ci sarà una guerra laggiù tu – se me ne ritieni degno e capace – dovresti concedere a me l'onore di condurla.* Ha riferito lo stesso De Bono che Mussolini gli rispose: *Certamente*, e avendogli il quadrumviro domandato se non lo ritenesse troppo vecchio aveva aggiunto: *No, perché non bisogna perdere tempo*[14]. Il Duce non aveva ancora esclusa la possibilità di una soluzione di compromesso, tanto da dire a De Bono all'atto di nominarlo alto commissario in Africa Orientale:

Tu parti col ramoscello d'ulivo in tasca. Vediamo come e se si risolve l'affare di Ual Ual. Se ci converrà accettare le condizioni che ci saranno fatte in conseguenza del lodo, sarà il caso che tu annunci all'imperatore la tua assunzione alla carica dicendo che sei stato mandato là per dirimere i malintesi e per collaborare alle relazioni di buon vicinato nell'interesse materiale e morale dei due paesi. Intanto procedi attivamente nella preparazione considerando sempre il caso più difficile ed a noi più avverso. Se la soluzione dell'incidente i non avviene o non è di nostra soddisfazione, seguiremo gli eventi dal nostro esclusivo punto di vista[15].

Contemporaneamente il Duce accettò però il parere di Badoglio riguardo l'ampiezza del sostegno logistico e l'entità delle forze da utilizzare – Mussolini affermò: *Per poche migliaia di uomini che non c'erano perdemmo ad Adua. Non commetterò mai lo stesso errore. Voglio peccare per eccesso, non per difetto*[16]. Come per tutti gli italiani della sua generazione, il ricordo di Adua era costantemente presente nei pensieri del Duce: Montanelli e Cervi ricordano come Mussolini fosse *ossessionato dalla catastrofe di quarant'anni prima*[17]. Nel dicembre 1911, Mussolini, socialista massimalista, era incarcerato a Forlì per la sua opposizione alla guerra di Libia, e per passare il tempo scrisse *La mia vita dal 29 luglio 1883 al 23 novembre 1911* dove ricordò:

Nel 1896, al 1° di marzo, riportai una formidabile impressione dalla sconfitta di Adua. Quel giorno ero ammalato. Verso le 10, corse verso di me in camerata un mio compagno, tal Cattoli di Faenza [...], con un foglio aperto gridando: "Leggi! Leggi!". Afferrai il giornale. Era il *Secolo*. Dalla prima pagina all'ultima non parlava che della disastrosa battaglia. Diecimila morti e settantadue cannoni perduti. Queste cifre mi martellano ancora il cranio[18].

---

doglio tenente colonnello. A proposito della *querelle* sulle benemerenze fasciste del quadrumviro De Bono superiori a quelle militari, giova ricordare che Caccia Dominioni fu antifascista, e, dopo l'8 settembre 1943, rifiutò il comando del btg. Guastatori *Tarigo* (poi *Valanga*) della X^a Mas, offertogli dal comandante Borghese, comandante partigiano [Nelle sue memorie Serra, combattente in Africa e volontario nel *Valanga*, forse a causa di questo "rifiuto", forse con qualche ragione, definì Dominioni come "... ", NdE]. Ciò non gli impedì d'essere obiettivo, da galantuomo quale era, esprimendo, nel suo volume uscito nel'66, grande stima ed ammirazione per personalità quali il colonnello Aldo Princivalle, che sarebbe divenuto il primo comandante della divisione F.M. *San Marco* della RSI, o il capitano comandante del IX btg. eritreo Valerio Pignatelli d'Aragona, animatore dei gruppi clandestini fascisti nella Campania occupata dagli Alleati e tra i fondatori del Movimento Sociale Italiano.

[14] Montanelli, Cervi 1979 p.247.
[15] De Bono 1937, pp.38-39
[16] Mussolini, 30 dicembre 1934, citato in Montanelli, Cervi 1979, p.248.
[17] Ibid.
[18] Mussolini 1983, vol. XXXII, cap.VIII.

E se il ricordo delle perdite subite *martellava il cranio* del giovane agitatore pacifista nel 1911, ci si può ben immaginare quanto maggiormente doveva essere presente nella mente del Duce del fascismo e ministro della Guerra alla vigilia della *revanche* del 1896. Il Duce non pose perciò limiti allo sforzo finanziario, ma, ritenendo la futura guerra come la controprova dell'efficienza del fascismo, volle che alle operazioni partecipassero anche grandi Unità della Milizia Volontaria Sicurezza Nazionale, e poiché le Camicie Nere non disponevano né d'artiglierie né di servizi, chiese al sottosegretario Baistrocchi che le divisioni CC.NN. fossero completate ed equipaggiate dal Regio Esercito[19]. Baistrocchi non si oppose, ma ancorò il proprio assenso al soddisfacimento di alcune condizioni fondamentali. Innanzi tutto che l'addestramento dei militi e dei reparti venisse rivisto e fosse effettuato sotto la sovrintendenza dello Stato Maggiore del Regio Esercito, e che comandante, vicecomandante e capo di Stato Maggiore delle divisioni della M.V.S.N. fossero ufficiali dell'esercito e non della Milizia. Ciò era legata alla scarsa considerazione che i militari di professione avevano della Milizia fascista[20], e portò anche a gravi conseguenze, per esempio a Mai Beles quando il generale Somma dando più o meno velatamente dell'incompetente al console Diamanti e ordinandogli di avanzare oltre il fiume Beles, provocò la crisi più grave di tutta la campagna. Ad ogni modo anche se si trattava di condizioni molto dure, esse non modificavano sostanzialmente la situazione di fatto che s'era venuta a creare: la Milizia poteva schierare finalmente le proprie grandi unità a fianco di quelle dell'esercito; ciò che per anni lo Stato Maggiore aveva cercato di evitare s'era verificato[21]. Va detto però che il Duce non dovette dare molta importanza ai *dictat* dell'Esercito, poiché il comando della 4ª divisione CC.NN. *3 Gennaio* andò al Luogotenente generale Alessandro Tarditi, come quelli della 5ª divisione CC. NN. *1° Febbraio* al Luogotenente generale Attilio Teruzzi e della 7ª Cirene al *Luogotenente* gen. Guido Scandolara. La guerra contro l'Abissinia fu una grande impresa militare, scrisse il generale Bovio – impostata, organizzata e condotta in maniera intelligente, razionale ed abile[22]. La limitata efficienza addestrativa e soprattutto materiale dell'esercito etiopico nulla tolgono all'importanza della campagna italiana sotto il profilo tecnico-militare. Il rapido successo degli italiani destò la meraviglia di numerosi esperti militari stranieri dai quali era stato previsto che le enormi difficoltà logistiche non avrebbero consentito il conseguimento di risultati rapidi e brillanti ed era stato previsto che la guerra si sarebbe arenata allungandosi per anni, se non addirittura sarebbe finita con una disfatta italiana[23]. Riportiamo ad esempio alcune citazioni di corrispondenti militari stranieri: così il *Völkischer Beobachter*, organo del Partito nazionalsocialista il 14 luglio 1935 prevedeva che gli italiani avrebbero fatta la fine di Napoleone in Russia; *gli aeroplani* si sarebbero rivelati *inutili poiché non c'è niente da bombardare* (*Deutsche Allgemeine Zeitung,* 11 aprile 1935); il giornale svedese *Dagens Nyeter* del 5 settembre 1935 scrisse che *contro l'Abissinia nulla possono né i gas* [dunque anche un mese prima dell'inizio della guerra c'era già la propaganda cir-

---

[19] Bovio 1998, p.144.
[20] Bucciante 187, pp.72 segg. Negli ambienti del Regio Esercito la sigla M.V.S.N. era interpretata ironicamente come l'abbreviazione di *Mai Visto Sudare Nessuno*.
[21] Mazzetti 1974, p.162, cit. in Bovio 1999, p.145.
[22] Ibid.
[23] Bovio 1999, p.145.

ca l'uso dei gas!] *né gli aeroplani né le armi moderne degli italiani*. A guerra iniziata: *Dopo la stagione delle piogge tutto sarà consumato. Gli italiani hanno perduto, è inutile negarlo* (*Jouvenal*, 25 gennaio 1936)[24]. Naturalmente, allora come oggi, rivelatesi fallaci e previsioni catastrofiste, si disse poi che gli italiani avevano vinto grazie alla superiorità dei mezzi, all'uso dei gas e di armi proibite dalle leggi internazionali, e così via. La ragione del successo finale fu dovuta all'organizzazione logistica, iniziata nel gennaio del 1935, e andò avanti su una scala senza precedenti in una guerra coloniale, sino al maggio dell'anno successivo sia in Italia che in Eritrea e Somalia, *in tempi serrati ma con fervore, ordine e regolarità impareggiabile*[25]. Il primo scaglione di truppe a sbarcare a Massaua nell'aprile era composto da aliquote della XIX brigata di fanteria della divisione *Gavinana*, e sino ad ottobre si ammassarono in Eritrea e Somalia cinque divisioni dell'esercito e cinque di Camicie Nere[26]. Oltre duecentomila uomini di cui settemila ufficiali, settecento pezzi d'artiglieria, seimila mitragliatrici, centocinquanta carri armati, soprattutto *CV33*, altrettanti aerei da ricognizione, da caccia e da bombardamento vennero trasportati a Massaua ed a Mogadiscio. De Bono trasformò totalmente l'aspetto sonnolento dell'Eritrea, dando prova di concrete doti di organizzatore e di animatore; come scrisse Luigi Pignatelli, *tutto era da fare*. Di fronte alla necessità urgente di assicurare le comunicazioni ed i trasporti, *il vecchio bersagliere troncò ogni indugio, saltò fino al limite del possibile ogni burocratico indugio e impose con la necessaria larghezza di vedute il problema delle strade, prima tra tutte la Massaua-Adua*[27]. De Bono riuscì a trasformare radicalmente la colonia, nelle comunicazioni, aprendo strade o migliorando le poche esistenti, erigendo magazzini per i rifornimenti che fino ad allora s'erano ammucchiati sulle banchine del porto di Massaua, costruendo ospedali, aeroporti (quello di Gura richiese lo spianamento di una collina), acquedotti, fece scavare pozzi e tutto questo nel breve spazio di qualche mese; ciò richiese spese a volte molto elevate e soluzioni antieconomiche, ma come riconobbe Pignatelli della *Leonessa*, *è doveroso riconoscere che senza l'entusiasmo e lo spirito pratico di De Bono, l'Eritrea non sarebbe stata attrezzata come lo fu e la campagna di Etiopia non si sarebbe potuta fare*[28]. Il 28 settembre il negus fece battere il *negaritt*, il tamburo di guerra il cui suono tradizionalmente ordinava la mobilitazione dell'esercito, aprendo con ciò le ostilità; ma già in occasione della festa cristiano-copta del Mascal le truppe abissine erano sfilate per Addis Abeba dirette a nord, intonando canti di guerra e promettendo ad Haile Selassiè che avrebbero sterminato i *frengi* come avevano fatto i loro padri ad Adua, sgozzando gli italiani come montoni. È opportuno, a questo punto, esaminare la struttura degli eserciti che si fronteggiavano al confine tra Eritrea e Mareb.

---

[24] Pignatelli 1965, pp.166 segg. Per un esame completo dell'atteggiamento della stampa estera circa lo sforzo bellico italiano, si veda Bollati 1938.
[25] Bovio 1999, p.145.
[26] 1ª *23 Marzo* (gen. Bastico), 2ª *28 Ottobre* (gen. Somma), 3ª *21 Aprile*, 6ª *Tevere* (gen. Boscardi) cui si aggiunsero in un secondo momento la 4ª div. *3 Gennaio* (gen. Traditi) e la 5ª div. *1° Febbraio* (luogotenente gen. Teruzzi).
[27] Pignatelli 1965, p.81.
[28] Ibid., p.82.

La Milizia Volontaria per la Sicurezza Nazionale

La Milizia Volontaria per la Sicurezza Nazionale era stata creata il primo febbraio del 1923[29], sulla base delle vecchie squadre d'azione fasciste; il primo comandante generale fu Italo Balbo, quadrumviro della Marcia su Roma e futuro Maresciallo dell'Aria. Con Regio Decreto del 4 aprile 1924 la M.V.S.N. entrò a far parte delle Forze armate dello Stato. Le Camicie Nere prestavano giuramento al re e non al Partito fascista, e la Milizia divenne la quarta forza armata italiana, *al servizio di Dio e della Patria*, come recita il decreto istitutivo. Contrariamente a quanto spesso si è sostenuto, più o meno in buona fede, non fu Milizia di partito, ma dello Stato, come si vide all'indomani del 25 luglio 1943, quando i militi sostituirono i fasci sulle fiamme con le stellette[30]. La M.V.S.N. era strutturata su base volontaria e territoriale, formata da iscritti al Partito Nazionale Fascista tra i 17 ed i 50 anni; oltre i 36 anni il milite entrava nelle unità territoriali sino ai 55 anni, con il nome di *triario*. La Milizia aveva una struttura basata sulla *Zona* (equivalente alla divisione, grossomodo corrispondente ad una regione: ad esempio la 1ª Zona CC.NN. era il Piemonte, la 2ª Zona, la Lombardia, etc.), *gruppo* (brigata), *legione* (reggimento), *coorte* (battaglione), Centuria (compagnia), *manipolo* (plotone) e *squadra*. La struttura della M.V.S.N. era ad ordinamento ternario: tre manipoli formavano una centuria, tre centurie una coorte, tre coorti una legione, con una terminologia di ovvia origine romana. Anche i gradi si richiamavano all'antica Roma: così i colonnelli della M.V.S.N. erano chiamati *consoli*, i capitani *centurioni*, e così via[31]. La M.V.S.N. era costituita dalla Milizia ordinaria e da quelle speciali[32]. A fianco delle Milizie speciali e delle legioni territoriali, vennero create già nel 1923 delle legioni destinate a combattere in Libia, che divennero poi le legioni *Oea* e *Misurata* della Milizia Coloniale. Alla vigilia della guerra d'Etiopia, la Milizia Coloniale aveva in Eritrea una Coorte ed in manipolo ed una squadra nella Somalia italiana. Le divisioni della Milizia rispecchiavano la struttura della quarta forza armata, basandosi su legioni arruolate volontariamente su base locale e così i

---

[29] La M.V.S.N. venne istituita con Regio Decreto n.31 del 14 gennaio 1923 ed entrato in vigore il 1 febbraio del medesimo anno; il Regio Decreto fu convertito in legge (n.473 del 17 aprile 1925) (Lucas, De Vecchi 1976, pp.25 segg.).

[30] Molto è stato detto e scritto a proposito del comportamento della Milizia, *la guardia armata della Rivoluzione fascista*, nel luglio del 1943; si deve ricordare però che nella concezione fascista l'interesse dello Stato era prevalente su quello del Partito. Come scrisse Mussolini, *per il fascista, tutto è nello Stato [...] Non potevano infatti esserci individui fuori dello Stato (partiti politici, associazioni, sindacati, classi)*: Mussolini 1940, capp. VII-VIII. La M.V.S.N. venne sciolta dal governo Badoglio il sei dicembre 1943.

[31] Per le corrispondenze tra i gradi della Milizia Volontaria Sicurezza Nazionale e quelli del Regio Esercito si veda la tabella in appendice.

[32] Le specialità della M.V.S.N. erano: Forestale, Stradale, Ferroviaria, Postelegrafonica e Portuale. Alla Milizia ordinaria appartenevano la Milizia Confinaria, quella Coloniale e l'Universitaria (con compiti d'istruzione premilitare). Nel 1930 vennero aggiunte la Milizia per la difesa contraerea (prima D.A.T., poi Di.C.A.T. e M.A.C.A.) e Marittima (MilMart). La Milizia, insieme con il Regio Esercito, aveva anche lo scopo di occuparsi del settore territoriale. Così la Milizia difesa contraerea era organizzata dalla M.V.S.N., il cui Comando si occupava del reclutamento e della disciplina, con personale premilitare ed al di sopra dell'età di leva, in modo da non incidere sul personale disponibile per la mobilitazione, mentre all'esercito erano demandati addestramento e materiali (Bovio 1998, p.138). Ufficiali della Milizia inquadravano anche i reparti delle organizzazioni giovanili del Partito fascista (G.I.L.). E' da rilevare come la gran parte delle Milizie speciali continuarono ad esistere come specialità della Pubblica Sicurezza prima e della Polizia di Stato poi (Stradale, Ferroviaria, Portuale, Postelegrafonica, oggi Postale) o come corpo autonomo, nel caso della Guardia Forestale.

militi provenivano dalle stesse zone, aumentando la coesione dei reparti, così come avveniva nei reparti alpini. Il morale delle Camicie Nere era assai elevato, trattandosi di volontari; ciò talvolta andava a scapito della disciplina e dell'addestramento, a volte sommario, soprattutto nei reparti arrivati successivamente. A ciò suppliva l'elevata motivazione dei reparti. Essendo su base volontaria, la Milizia non poteva disporre di personale delle classi di leva; l'età media era perciò più elevata di quella dei reparti dell'esercito. Se ciò poneva problemi dal punto di vista dell'efficienza fisica, aveva il vantaggio di avere personale veterano della Guerra Mondiale, e dunque già provato al fuoco ed in grado di affrontare maggiori fatiche rispetto alle classi di leva. La divisione Camicie Nere era strutturata su tre legioni, la cui consistenza era però inferiore a quella dei reggimenti del Regio Esercito, avendo due battaglioni anziché tre. Per le unità minori delle divisioni CC.NN. create per l'*esigenza A.O.* venne utilizzata la tradizionale terminologia militare (*compagnia* anziché *centuria*, *plotone* anziché *manipolo*), mentre per quelle maggiori si continuarono ad usare *gruppo* e *legione* al posto di *battaglione* e *reggimento*. Le legioni mobilitate per l'Africa Orientale ebbero il proprio numerale aumentato di cento: così la 1ª legione *Sabauda* di Torino divenne 101ª legione, la 80ª legione *Alessandro Farnese* di Parma, 180ª e così via. A ciascuna legione era aggregata una compagnia mitraglieri ed una di artiglieria someggiata con pezzi da 75/17. Ogni battaglione CC.NN. comprendeva tre compagnie, ciascuna con sei mitragliatrici leggere. Il battaglione aveva un organico nominale di 20 ufficiali, 650 tra sottufficiali e militi, 52 quadrupedi, 2 autocarri e 18 mitragliatrici leggere. La compagnia comprendeva tre plotoni moschettieri. Ogni divisione Camicie Nere era rinforzata da reparti dell'esercito: un gruppo d'artiglieria su tre batterie più la comando, recante il numero della divisione (per esempio, I gruppo con la 1ª divisione *23 Marzo*, II gruppo con la 2ª divisione *28 Ottobre*), genio (misto R.E. e Milizia) e servizi. Per l'*esigenza A.O.I.* furono mobilitate sette divisioni Camicie Nere. Le prime cinque (*23 Marzo*, *28 Ottobre*, *21 Aprile*, *3 gennaio* e *1 Febbraio*) erano su tre legioni, mentre la 6a *Tevere*, che operò in Somalia, ebbe quattro legioni e la 7a *Cirene*, di presidio in Libia, ne ebbe otto[33]. In totale, su 167.000 Camicie Nere mobilitabili ne furono inviate in Africa 117.000.

IL REGIO ESERCITO

Tutte le divisioni inviate in Africa orientale, eccetto due, erano del tipo ternario, con tre reggimenti di fanteria ed uno d'artiglieria, e unità minori di armi d'accompagnamento, trasmissioni, genio, supporto logistico. Le divisioni *Cosseria* (5ª) ed *Assietta* (26ª), invece, erano del nuovo tipo binario, istituito con la riforma Pariani del 1934[34], ed avevano solo due reggimenti di fanteria, uno d'artiglieria e le unità divisionali; venivano perciò ad essere, malgrado nominalmente *divisioni*, una brigata di fanteria in grado di operare autonomamente. Si rivelarono efficienti quasi quanto le divisioni a struttura ternaria, ed assai più facili da supportare logisticamen-

---

[33] Gli organigrammi delle Divisioni della M.V.S.N. mobilitate per l'esigenza A.O.I. sono riportati in fondo al presente volume, insieme a quelli dei Gruppi Battaglioni CC.NN.
[34] Sull'ordinamento del 1934, si veda Bovio 1999, pp.141 segg.; molto polemico Bucciante 1987, pp.226-228.

te[35]; come risultato delle prove favorevoli fornite in Etiopia la divisione binaria divenne l'unità basica del Regio Esercito, con risultati infelici nel conto della Seconda guerra mondiale, quando ebbe di fonte unità molto più consistenti. La divisione ternaria era molto simile alle corrispondenti grandi unità degli eserciti europei degli anni trenta, con una forza nominale di 550 ufficiali e 17.000 uomini di truppa, con un armamento di 8.000 fucili, 450 mitragliatrici tra leggere e pesanti, e 48 pezzi di artiglieria. Sia i battaglioni di linea che quelli complementari avevano un organico di 450 uomini su tre compagnie, ed i gruppi di artiglieria erano strutturati su tre batterie operative, di cui una someggiata con pezzi da 65/17, ed una batteria comando, con in forza 12 pezzi, leggeri o campali. Solitamente il terzo reggimento di una divisione era tenuto di riserva, in modo da sostituire un'unità sorella che avesse sostenuto perdite eccessive; ciò in Etiopia avvenne molto di rado. Almeno sulla carta la divisione tipo italiana disponeva di una notevole motorizzazione con relativi servizi. Nei fatti molto spesso la motorizzazione era sostituita dalle salmerie e l'artiglieria era sovente someggiata, come del resto avveniva nella maggior parte degli eserciti dell'epoca, e spesso si faceva ricorso ad automezzi e camion di provenienza civile, con autisti militarizzati o civili che ricevevano una paga elevata dall'esercito.
Se ciò poteva essere un problema in altri teatri operativi, non lo fu in Etiopia, dove la natura del terreno e la mancanza di strade riducevano l'efficienza dei mezzi motorizzati. Diverse divisioni che arrivarono nel corso delle operazioni come rinforzi erano a struttura binaria (*Assietta, Cosseria, Metauro*). Le due divisioni eritree erano formate da tre brigate coloniali, ciascuna su quattro battaglioni ascari (gruppi), un gruppo cannoni con pezzi da 75 mm. La divisione coloniale aveva meno artiglieria e meno servizi di quella metropolitana, risultando più leggera e mobile, ciò che ne favoriva le prestazioni in un terreno come quello del teatro di operazioni dell'Africa Orientale. Molto spesso brigate e gruppi di battaglioni agivano indipendentemente, ed i battaglioni erano sovente raggruppati in formazioni ad *hoc* cui venivano aggregati reparti italiani di mitraglieri, spesso della M.V.S.N., in modo da conferire agli ascari una maggiore potenza di fuoco, a scapito della mobilità.

L'arma basica della fanteria italiana era il fucile *Mannlicher-Carcano* modello 1891 calibro 6.5 mm, mentre le truppe coloniali erano armate di moschetti austriaci *Mannlicher* mod.1895 di preda bellica. Oltre al fucile mod. 1891 lungo furono impiegati anche il moschetto 1891 *da Cavalleria*, dotato di canna più corta rispetto al fucile 1891 e di baionetta ripiegabile, ed il moschetto TS (*Truppe Speciali*) *primo tipo*, che aveva la canna più corta, ma l'innesto per la baionetta era del tipo normale. I moschetti di preda bellica *Mannlicher* mod. 1895 erano stati modificati in modo da poter sparare proiettili da 6.5 mm. Alcuni reparti di Camicie Nere avevano in dotazione il tromboncino lanciagranate. Oltre al fucile mod. 1891 lungo furono impiegati anche il moschetto 1891 *da Cavalleria*, dotato di canna più corta rispetto al fucile 1891 e di baionetta ripiegabile, ed il moschetto TS (*Truppe Speciali*) *primo tipo*, che aveva la

---

[35] Badoglio scrisse che nella campagna d'Etiopia *la nostra divisione ternaria - i di cui reggimenti avevano un battaglione mitraglieri ciascuno - si è dimostrata troppo pesante. Pesanti poi i troppo complessi comandi. La divisione a due reggimenti meglio poteva rispondere, se non vi fosse stata sproporzione tra truppe, servizi e comandi* (Badoglio 1936, p.213).

canna più corta, ma l'innesto per la baionetta era del tipo normale. I moschetti di preda bellica *Mannlicher* mod. 1895 erano stati modificati in modo da poter sparare proiettili da 6.5 mm. Alcuni reparti di Camicie Nere avevano in dotazione il tromboncino lanciagranate. Gli ufficiali avevano in dotazione pistole di vario tipo, il cui uso era diffuso anche tra la truppa per maggior sicurezza nei combattimenti, dove l'avere a disposizione un'arma corta poteva essere decisivo negli scontri corpo a corpo con i *gascegnà*[36] abissini. La mitragliatrice *Breda* modello 30 utilizzava lo stesso calibro del fucile modello 91, ma a causa dell'olio lubrificante utilizzato per agevolare il corretto posizionamento del fondello dei bossoli, e che tendeva ad impastarsi con la sabbia e la polvere, delle strette tolleranze, e della fragilità dei caricatori, era facile ad incepparsi. La mitragliatrice *Fiat-Revelli* modello 14 era un'arma risalente alla guerra mondiale anch'essa con lubrificazione a goccia d'olio dei singoli proiettili e raffreddamento ad acqua; era pesante da trasportare, ma affidabile e con una adeguata celerità di tiro: il munizionamento impiegato era il 6.5 mm del 91, non molto potente in rapporto all'arma. Molto usate furono le mitragliatrici *Schwarzlose*, di preda bellica, che avevano il vantaggio di evaporare l'acqua del raffreddamento ogni tremila colpi anziché ogni mille, ed erano robuste e di facile manutenzione. Il mortaio da 81 mm modello 1935 era uno dei migliori mortai dell'epoca, e si dimostrò eccellente soprattutto in terreni accidentati; anche il mediocre lanciagranate *Brixia* da 45 mm modello 35, che aveva anche il vantaggio di essere facilmente trasportabile, si dimostrò abbastanza efficace nei combattimenti a brevi distanze. Di scarsa efficacia si dimostrarono le granate *O.T.O.* e *Balilla*, con frammentazione minima, ma che avevano un notevole effetto sul morale degli abissini.

---

[36] Guerrieri delle leve feudali dei ras.

Le Truppe Coloniali

Le due divisioni eritree che parteciparono alla campagna italo- etiopica erano formate da tre brigate coloniali, ciascuna su quattro battaglioni ascari (denominati *gruppi*), ed un gruppo cannoni con pezzi da 75 mm. I battaglioni eritrei erano formati da quattro compagnie (*tabur*) su due mezze compagnie (*mustabur*) formate ciascuna da quattro squadre (*buluc*). La divisione coloniale aveva meno artiglieria e meno servizi di quella metropolitana, risultando più leggera e mobile, ciò che ne favoriva le prestazioni in un terreno come quello del teatro di operazioni dell'Africa Orientale. Molto spesso gruppi di battaglioni e brigate coloniali agivano indipendentemente; i battaglioni eritrei erano sovente raggruppati in formazioni ad *hoc* cui venivano aggregati reparti italiani di mitraglieri, spesso della M.V.S.N., in modo da conferire agli ascari una maggiore potenza di fuoco, a scapito però della mobilità. Nella campagna italo-etiopica il ruolo delle truppe coloniali, inquadrate oltre che nelle due divisioni eritree e nella libica in reparti assegnati ai Corpi d'Armata fu fondamentale:

al I Corpo d'Armata: VIII Gruppo (battaglioni XX e XXV);

al II Corpo d'Armata: III brigata eritrea (battaglioni III *Galliano*, XI e XLIII; gruppo Spahis libici);

al III Corpo d'Armata: Gruppo Squadroni Eritrei (*Cheren* e *Asmara*).

Allo scoppio della guerra, i battaglioni eritrei erano ventotto:

I btg. *Turitto*
II btg. *Hidalgo*
III btg. *Galliano*
IV btg. *Toselli*
V btg. *Ameglio.*
VI btg. *Cossu*
VII btg. *Prestinari*
VIII btg. *Gamerra*
IX btg. *Guastoni*
X btg. *Ruggiero*
XIII btg. *Roma*
XIV btg. *Torino*
XV btg. *Billia*
XVI btg. *Adi Caieh*
XVII btg. *Nebri.*
XIX btg. *Cafaro*
XXI btg. *Fulmine*

I battaglioni da XI a XII, il XVIII ed il XX, e quelli dal XXII al XXVIII non avevano nome. Gli ultimi due (XXVII e XXVIII) erano classificati come *Mussulmani*. In realtà buona parte degli altri battaglioni eritrei erano del tutto o a prevalenza musulmana, ma gli ultimi due erano formati da volontari sudanesi, da esuli etiopici di religione islamica e da yemeniti. Da notare come non tutti i battaglioni eritrei avessero un nome: di solito solo i primi, fondati negli anni ottanta-novanta del XIX secolo, avevano la denominazione con il nome del primo comandante; altri avevano nomi di città italiane o dell'area di reclutamento. I battaglioni più antichi erano quelli numerati dal I al IV, formati dal generale Baldissera nel 1889, e raggruppati nel Reggimento Fanteria Indigeni con regio decreto del 30 giugno 1889; ma già il tre settembre dell'anno successivo il reggimento venne sciolto ed i battaglioni tornarono autonomi. Nel 1895 furono arruolati i battaglioni numerati dal V all'VIII. I battaglioni seguenti vennero formati durante la guerra italo-turca e le successive operazioni contro i ribelli tra il maggio 1913 ed l'aprile 1925 (il XV, creato nel luglio 1914, venne distrutto a Tarhuna il diciotto giugno 1918 e riformato nel maggio dell'anno successivo). In Libia gli ascari si batterono benissimo, con grande valore ed altrettanta ferocia. Come scrive Sergio Romano, gli ascari avevano tra *i pregi quello di manovrare con grande rapidità; tra i difetti quello di aumentare il "tasso di crudeltà della guerra"* [37]. Ciò portò per riflesso a comportamenti molto duri da parte delle truppe libiche sulla popolazione etiopica quando se ne presentava l'occasione: Ennio Flaiano, che partecipò alla guerra d'Etiopia, scrive nel suo romanzo *Tempo di Uccidere*:

[gli zaptiè] erano venuti a cavallo [...] si trovavano di passaggio e si fa presto a bruciare due o tre capanne di paglia. E d'altra parte, gli zaptiè ricordavano ciò che gli ascari avevano fatto in Libia, sempre pagati dallo stesso padrone, perché questo è il segreto elementare di ogni buon imperialismo[38].

Oltre alle truppe regolari del Corpo Truppe Coloniali vanno ricordate le Bande irregolari autonome al comando di ufficiali italiani. Analogamente, in Somalia a fianco dei battaglioni arabo-somali X, XI e XII (chiamati arabo-somali per la gran quantità di volontari yemeniti) operarono con grande successo le bande autonome di *Dubat*, istituite nel 1925 dal governatore Cesare M. de Vecchi di Val Cismon. I *Dubat*, il cui nome significa *turbante bianco* erano truppe straordinariamente mobili, e si dimostrarono eccellenti guerrieri, travolgendo anche le linee fortificate all'europea di Gunu Gadu. La 1ª divisione libica (generale Nasi) che operò in Somalia aveva una struttura ternaria analoga a quella delle unità metropolitane, ed era formata dai reggimenti libici 1° *Zuara*, 2° *Orfella* e 4° *Mergheb*. A differenza delle truppe eritree, organizzate in battaglioni indipendenti, i libici avevano come unità basica il reggimento. Si trattava di un'eccellente unità, formata da veterani (delle due parti!) della riconquista della Cirenaica, terminata solo tre anni prima, molto motivati dal servire contro i cristiani etiopici agli ordini di Graziani, da loro idolatrato. Interessante è notare come molti libici fossero vecchi ribelli senussiti, o, in alcuni casi, figli di ribelli, anch'essi fedelissimi di Graziani[39]. Paradossalmente la repressione era stata molto più dura verso le popolazioni nomadi della Cirenaica che non verso i ribelli armati, i quali, dopo esser-

---

[37] S. Romano, *La quarta sponda. La guerra di Libia 1911-1912*, Milano 2007, p.215.
[38] Ennio Flaiano, *Tempo di uccidere*, Milano 1947, p.97.
[39] Il 4° *Mergheb* in particolare era pressoché interamente formato da ex ribelli senussiti.

si sottomessi potevano arruolarsi nelle truppe coloniali (cosa normale che avveniva usualmente anche nell'Africa settentrionale francese e nel Marocco spagnolo, e che sarebbe avvenuta anche con molti soldati negussiti). Contrariamente a quanto troppo spesso si pensa, i ribelli libici venivano giustiziati solo se catturati armati. Vale la pena – anche per sottolineare la differenza tra la realtà storica e talune pretese storiografiche *progressiste*, tese alla creazione di una *leyenda nigra* sul colonialismo italiano – di riportare ciò che scrivono Leonida Fazi e il generale Pietro Patanè (già ufficiale del 4° *Mergheb* e testimone diretto) a proposito della rivista passata da Graziani a Brava all'arrivo della divisione:

Erano diecimila Libici schierati. Molti di loro erano stati dei ribelli e moltissimi erano figli di ex ribelli. Al termine della rassegna, quando al centro dello schieramento si collocò Graziani che nel tempo allora sepolto nel fondo di un futuro impensabile, sarebbe stato chiamato sterminatore, impiccatore, oppressore e torturatore dei Libici, la Divisione *Libia* esplose. Quei diecimila ex ribelli e figli di ex ribelli circondarono Rodolfo Graziani e nonostante gli sforzi degli ufficiali per trattenerli urlarono, danzarono, cantarono, esaltarono il grande loro capo, lo idolatrarono[40].

L'episodio è ricordato dallo stesso Graziani che scrive come i libici paressero *impazziti dalla gioia* di ritrovarsi sotto il loro vecchio comandante, aggiungendo:

Chiamo a testimoni tutti gli ufficiali, che erano nei ranghi di quelle unità, a riprova della mia affermazione, e della frenesia con la quale i loro gregari svolsero le fantasie in mio onore. E ciò affinché siano ancora una volta smentite tutte le vili invenzioni che mi raffigurano come carnefice delle genti libiche di cui quegli ascari […] erano il fiore [41].

Ad ulteriore smentita della tesi di un'ostilità dei libici verso Graziani, non vi furono casi di diserzioni né verso il Kenia o la Somalia britannica (e si trattava di truppe abituate a spostarsi nel deserto, che non avrebbero avuto difficoltà a disertare, vista anche l'esiguità numerica di ufficiali e quadri nazionali), né verso l'opposta sponda del Bab el Mandeb, in Yemen, raggiungibile in poche ore di traversata, dove i libici sarebbero stati favoriti dal parlare la stessa lingua. I libici si batterono molto bene in Africa Orientale, tanto da meritare la Medaglia d'Oro al Valor Militare alla bandiera del Regio Corpo delle Truppe Libiche:

Con l'ardimento proprio della razza – alimentato dall'amore per la Bandiera e della fede nei più alti destini in terra d'Africa – dava, durante la guerra, innumerevoli prove del più fulgido eroismo. Con generosità larga, quanto sicura è la sua fedeltà, offriva il proprio sangue per la consacrazione dell'Impero italiano.

Guerra italo-etiopica, 3 ottobre 1935-3 maggio 1936.

---

[40] L. Fazi, P. Patanè, *La generazione italiana dei morti perduti*, Roma 1985, p.92.
[41] Rodolfo Graziani, *Ho difeso la Patria*, Milano, 1947, p.114.

L'esercito etiopico Truppe regolari e leve feudali

Allo scoppio della guerra, le forze regolari etiopiche erano così composte:

Kebur Zabagnà (Guardia Imperiale):

Sei battaglioni di fanteria;
un reggimento di artiglieria someggiata con pezzi da 75 mm Schneider;
un reggimento di cavalleria;
dodici sezioni mitragliatrici;
due sezioni di cannoncini antiaerei *Oerlikon* da 37 mm;
una sezione mortai *Brandt* da 81 mm;
tre compagnie mitragliatrici pesanti;
un plotone radio telegrafisti;
una sezione di sanità;
una banda musicale
Scuola militare di Oletta

Aviazione:
12 aeroplani basati ad Akaki (Addis Abeba);

Unità provinciali dell'esercito regolare (*mahel safari*):
Amino;
Giubba;
Guragè;
Gimma;
Nui;
Om Hager;
Sela;
Sodo;
Uollega;

Forze regionali *modernizzate* al comando di *degiasmacc* fedeli al negus:
Saho;

Forze la cui modernizzazione era stata decisa, ma non effettivamente realizzata:

Bale;
Harar;
Galla Sidamo e Borana;
Uollo;
Illub Abor;

Chitet feudali erano presenti in tutte le regioni[42].

La parte principale delle forze abissine era infatti composta da guerrieri irregolari arruolati su base feudale. Erano uomini cresciuti per la guerra e le razzie, fanatici ed eccellenti combattenti, irresistibili nell'assalto ma pronti a scoraggiarsi nelle difficoltà ed ad abbandonare il campo di battaglia. Il colonnello Theodor E. Konovaloff, ingegnere ed aviatore russo, consigliere di ras Sejum Mangascià scrisse che l'abissino preso singolarmente era un soldato pessimo; ma che quand'era riunito in masse di guerrieri era irresistibile, con straordinarie doti di mobilità, potendo percorrere settanta od ottanta chilometri in un giorno, nutrendosi solo con un pugno di *dura*[43]. Gli *eserciti* (anche se usare questo termine europeo è quanto meno inesatto) erano arruolati dai ras con il sistema del *chitet*, e strutturati su base decimale. La struttura feudale era fondamentale nell'arruolamento e nel comando delle truppe. L'imperatore, *negus negast*, il re dei re, era alla testa dell'impero, e dichiarava lo stato di guerra facendo rullare il *negaritt* al cui suono, almeno in via teorica, tutti gli etiopi maschi dovevano partire per la guerra, pena la confisca dei beni e delle terre. Era aiutato nel suo compito di comandante supremo dai principali membri della corte e della chiesa, che formavano il consiglio di guerra presieduto dal Primo Fitaurari, ras Mulughietà che aveva sostituito ras Birrù Uolde Gabriel dopo gli scontri di Ual Ual. Sotto di loro, esistevano i comandanti locali, con titoli quali *ras, degiacc, fitaurari* e *scium*[44] che ne riflettevano l'autorità sulle provincie; anche potenti aristocratici che non amministravano regioni ma avevano leve feudali portavano tali titoli. Ogni ras aveva diritto a battere *24 negaritt*, ossia aveva sotto di sé 24 *degiacc*, o governatori locali in grado di arruolare *gascegnà*, guerrieri feudali. Nessun grande principe aveva però il diritto di far rullare il *negaritt* finché non l'avesse per primo fatto l'imperatore. Il titolo *ligg* che indicava la discendenza da grandi personaggi, aveva spesso il significato di comandante di una forza provinciale che non aveva però il titolo di ras. *Degiasmacc* (o *degiacc negaritt*) era il governatore, di nomina imperiale e non ereditaria, di una provincia, ed era inferiore gerarchicamente al ras, anche se alcuni *degiasmacc* godevano di un'indipendenza pari a quella dei principi feudali. Sotto i governatori era il *degiacc*, che amministrava un'area più piccola, ed era nominato dal negus o da un ras. Altri titoli riflettevano l'antica formazione adottata dall'armata del negus in battaglia: così il *fitaurari* era il comandante dell'avanguardia, il *cagnasmacc* lo era dell'ala destra, il *grasmacc* dell'ala sinistra mentre il *mobò* (*asmacc*) era alla testa della retroguardia. Nella realtà il *fitaurari* aveva un grado simile a quello di generale, anche se la sua importanza variava secondo chi aveva conferito il titolo, se l'imperatore o un ras. I titoli di *balambaras* e di *barambaras* erano conferiti al comandante di truppe specializzate, quali cavalleria (*balambaras*) o di artiglieria o di un forte (*barambaras*), e corrispondeva all'incirca a quello di *grasmacc*. Vi erano poi titoli quali *comandante di mille uomini* (*ieshambel*) o di *duecentocinquanta* (*shambel*), che corrispondevano grossomodo a colonnello e capitano negli eserciti occidentali. Il titolo di *basciai*, d'origine turca, così come ras (*rais*), indicava in origine un comandante di fanteria di

---

[42] La tabella è ripresa da Nicolle 1997, p.34, modificandola per quanto riguarda la Guardia imperiale.
[43] Konovaloff 1937, p.147.
[44] Per il significato dei titoli si veda l'appendice.

scarsa importanza, ed era utilizzato sia come titolo onorifico che come grado militare, traducibile con approssimazione con tenente. In teoria tutti i maschi tra i dodici anni e la vecchiaia erano sottoposti al richiamo, ma il numero reale derivava dalla popolarità del feudatario che chiamava il *chitet*. In teoria l'Etiopia poteva contare su un bacino di un milione di uomini, ma in realtà non si arrivò mai a tali numeri, anche perché gran parte del paese guardava ai dominatori amhara come a nemici, ciò che favorì gli italiani quando la guerra prese un andamento a loro favorevole. L'Etiopia, spesso considerata come un simbolo dell'indipendenza africana durante il periodo dello *scramble for Africa*, era in realtà un vero e proprio impero coloniale, creato da Menelik II con la conquista, tra il 1886 ed il 1912, di regioni abitate da popolazioni non etiopiche, musulmane ed animiste, approfittando del superiore armamento di cui gli abissini potevano disporre. Tale politica espansionista continuò con Haile Selassiè che ancora dopo la Seconda guerra mondiale annesse l'Eritrea. Per fare qualche esempio, il territorio dei Galla Tulama, dove Menelik II costruì Addis Abeba, venne conquistato tra il 1887 ed il 1893, l'emirato di Harar nel 1887, lo stesso anno venne annesso il Uollega (territorio dei Leka Galla), il Guragè venne occupato nel 1888, il regno di Caffa nel 1897, il Ghimirra e lo Yambo nel medesimo anno, le regioni di Beni Shangul, Gunza e Gubba, al confine tra il Sudan e l'Eritrea, nel 1898, Galla e Borana nel 1899, le popolazioni della zona dell'Omo e del Lago Rodolfo nel 1900, il sultanato di Aussa nel 1908, i sultanati islamici di Teru e di Biru nel 1908-1909; il sultanato di Gimma venne annesso solo nel 1935!. Ciò spiega perché tanta parte delle truppe etiopiche venne lasciata di stanza nelle province durante la guerra. L'armamento delle truppe etiopiche era molto vario, a volte moderno, a volte addirittura primitivo, con lance, scudi od addirittura bastoni. Meglio organizzato, almeno in parte, era l'esercito di centro, il *mahel safari*, detto anche *armata della corona*, erede delle antiche *ceuà*, che costituiva l'esercito etiopico propriamente detto ed era dotato di armamenti di varia provenienza e divise di tipo europeo. Molti dei suoi componenti erano ex ascari che avevano combattuto con gli italiani in Libia durante la riconquista, ed erano chiamati *Tripoloc*. Il negus, su consiglio dei consiglieri militari europei, sia in vista del conflitto con l'Italia, sia per la scarsa fiducia che poteva essere riposta in certi ras, decise di modernizzare le leve feudali addestrandole ed armandole modernamente, almeno quanto fosse possibile, in modo di assicurare il proprio controllo militare diretto sulle province annesse tra il XIX ed il XX secolo ed abitate da popolazioni non etiopiche ed ostili agli ahmara. Tali truppe erano comandate dai *degiasmacc* nominati personalmente dall'imperatore. Nel 1935 il comandante del II battaglione della Guardia Imperiale, Asfau Uolde Georghis, che aveva studiato all'accademia di Saint-Cyr, fu nominato *ietor abegaz* (comandante militare) di Saho ed incaricato di arruolare una forza di 6.000 uomini addestrati e armati modernamente. Sia la mancanza di mezzi, sia la mentalità dei capi, sia, soprattutto, l'andamento delle operazioni belliche impedirono che l'esperimento potesse essere ripetuto altrove[45]. Che il risultato non si rivelasse molto soddisfacente, lo prova la testimonianza di Waugh a proposito del *chitet* dello Uollo che lo scrittore inglese poté osservare a Dessiè nei primi mesi della guerra:

---

[45] Nicolle 1997, p.16-17.

[...] [I guerrieri] entravano in città all'alba e vi rimanevano fino al tramonto, bevendo, azzuffandosi, girando in ozio per le strade [...] I capi avevano ricevuto ordine di partire per il fronte, ma dicevano che non si sarebbero mossi finché non fosse venuto l'imperatore in persona a mettersi alla loro testa [...] Il degiasmàc in funzione di governatore [di Dessiè] fece un arduo tentativo, in parte riuscito, di avviare alcuni soldati al fronte. Organizzò a questo fine una parata, e mettendosi alla loro testa, fra il rullio dei tamburi e gli squilli delle trombe, li guidò alla maniera del pifferaio magico su per la strada di Macallè, tornandosene poi da solo dopo il tramonto al più comodo rifugio della sua camera da letto[46].

L'élite delle forze etiopiche era la Guardia imperiale (*Kebur Zabagnà*) che traeva la propria recentissima origine − intorno al 1930 − dalle forze di polizia di Addis Abeba. La Guardia aveva inizialmente una funzione di sicurezza interna, per proteggere Haile Selassiè da eventuali minacce di chi continuava a considerarlo un usurpatore; in effetti i grandi ras avevano parteggiato per l'imperatrice Zauditù nella sua lotta contro ras Tafari, e quando questi si era impadronito del trono con machiavellica spietatezza, prendendo il nome di Haile Selassiè, aveva pensato bene di creare una forza armata modernamente e che gli fosse totalmente fedele[47]. Alla base della nuova *Kebur Zabagnà* c'era la polizia di Addis Abeba, dai cui ranghi vennero prese le guardie imperiali. Nel 1931 il negus consegnò quindi al *barambaras* Mokria, comandante della Guardia, un nuovo stendardo con il leone di Giuda, simbolo della dinastia etiopica, che, secondo la leggenda, traeva origine da Menelik, figlio di Salomone e della regina di Saba[48]. Le Guardie erano addestrate secondo la versione etiopica della disciplina europea, ed indossavano divise e fasce mollettiere, ma erano senza scarpe. L'armamento era soprattutto d'origine francese, ottenuto tramite il Belgio, e tedesca. La Guardia aveva in dotazione mortai *Brandt* da 81 mm, e pezzi d'artiglieri da 75 mm, cannoncini antiaerei *Oerlikon* da 37 mm e alcune vecchie autoblindo *Rolls Royce*. La Guardia comprendeva sei battaglioni di fanteria, ciascuno su quattro compagnie (182 uomini ciascuna), una di mitraglieri (132 uomini con 12 mitragliatrici) ed una di mortaisti con otto pezzi da 81 mm; un reggimento di artiglieria con due gruppi ciascuno con otto pezzi da 75 mm; un reggimento di cavalleria, usata come fanteria montata, con tre squadroni di 103 uomini ciascuno[49]. La Guardia, a differenza del resto delle forze abissine, poteva contare su un proprio servizio di sanità, seppure insufficiente. Inoltre, esistevano anche alcuni autocarri utilizzati per il trasporto di armamenti e truppe, anche se la maggior parte del *Kebur Zabagnà* continuava a spostarsi a piedi. Nel gennaio del 1935 venne fondata ad Oletta una scuola militare per la formazione degli ufficiali dell'esercito. La scuola fu organizzata con l'assistenza tecnica del capo della missione militare svedese, colonnello Viking Thamm, e comprendeva centoventi cadetti, per lo più nobili, provenienti dai licei *Tafari* e *Menelik* di Addis Abeba, o cresciuti all'estero, il che, come scrive Nicolle, li rendeva intelligenti, contrari ad ogni

---

[46] Waugh 1946, pp.432 e 434.
[47] Nicolle 1997, p.15.
[48] Ibid., p.16.
[49] Nicolle 1997, p.34 parla di un solo squadrone.

esercizio fisico e pigri, e con la tendenza ad autosopravvalutarsi[50], come si vide nel 1936. Ogni cadetto doveva parlare anche il francese; quarantacinque allievi seguirono i corsi per ufficiali di fanteria, e i rimanenti quelli per ufficiali del genio, dell'artiglieria e cavalleria[51]. Lo scoppio della guerra impedì che i corsi fossero terminati. Nell'aprile del 1936 alcuni cadetti si dichiararono certi di arrestare la marcia degli italiani su Addis Abeba, e fecero saltare una parete rocciosa sulla strada imperiale, ma l'unico risultato fu di bloccare per mezz'ora la strada con dei massi. Si era deciso anche di creare dei capisaldi per attaccare sul fianco gli italiani, ma quando questi arrivarono non trovarono più nessun cadetto. Alcuni cadetti tornarono alle proprie case, ma altri si diedero alla macchia, formando una banda attiva nello Scioa nord-occidentale. Il 27 giugno del 1936 alcuni ex allievi di Olettà si resero responsabili dell'eccidio di Lechemti in cui vennero uccisi il generale Calderini, il maggiore Locatelli, l'ingegner Prasso e diversi altri militari. Altri allievi si unirono alle forze di ras Immirù. Un'unità peculiare e pochissimo nota dell'esercito etiopico fu la cosiddetta *armata dei ministeri*. Non si trattava tanto di un'unità regolare quanto di una sorta di milizia volontaria, formata nel 1936 da impiegati e dipendenti pubblici di Addis Abeba. Forte di 11.000 uomini, era composta da sei battaglioni ed una compagnia comando. Gli uomini erano impiegati di vari ministeri ed enti arruolati ciascuno in un battaglione specifico: ministero della Real Casa, dell'Agricoltura, del Tesoro e commercio, delle Finanze, delle Poste e telegrafi e del Ciambellano di Palazzo. Erano armati modernamente, con fucili *Mauser K98* e *Lebel*, e qualche mortaio *Brandt* da 81 mm. I soldati portavano divise simili a quelle delle guardie. L'*armata dei ministeri* fu impiegata a Mai Ceu a fianco della Guardia imperiale, venendo annientata nei contrattacchi degli ascari e degli Alpini.

---

[50] Nicolle 1997, p.17.
[51] Ogni corso specialistico prevedeva venticinque allievi.

LE PRIME OPERAZIONI

De Bono aveva previsto l'inizio delle operazioni per il cinque ottobre; ma un telegramma del Duce gli ordinò di varcare il Mareb, confine tra l'Eritrea e l'Etiopia, il mattino del tre ottobre[52]. Non vi fu alcuna formale dichiarazione di guerra, poiché il *casus belli* era la mobilitazione ordinata dal negus a settembre, ma la guerra venne annunciata la sera del due ottobre quando Mussolini parlò dal balcone di Palazzo Venezia, in quello che di certo fu uno dei suoi discorsi migliori, breve, duro, esaltante ma al tempo stesso *moderato* verso Francia ed Inghilterra[53]. Il Duce ricordò che:

Quando l'Italia nel 1915 unì le sue sorti a quelle degli Alleati, quanto entusiasmo e quante promesse! Ma dopo la vittoria comune alla quale l'Italia diede il supremo contributo di seicentosettantamila morti, quattrocentomila mutilati, un milione di feriti, quando ci si sedette al tavolo dell'esosa pace a noi toccarono soltanto le briciole del lauto bottino coloniale altrui! Durante tredici anni abbiamo pazientato mentre si stringeva attorno di noi sempre più rigido il cerchio che vuole soffocare la nostra irrompente vitalità! Con l'Etiopia abbiamo pazientato quarant'anni! Ora basta![54]

Dopo aver stigmatizzato le ventilate sanzioni economiche, Mussolini rivolse un appello ai popoli francese ed inglese:

Sino a prova contraria mi rifiuto di credere che l'autentico popolo di Francia possa aderire a sanzioni contro l'Italia. I seimila, dico i seimila caduti di Bligny, morti in un eroico assalto che strappò un grido d'ammirazione allo stesso comandante nemico, trasalirebbero sotto la terra che li ricopre[55]. Io mi rifiuto del pari di credere che l'autentico popolo di Gran Bretagna che non ebbe mai ragioni di dissidio contro l'Italia, sia disposto versare il suo sangue e gettare l'Europa sulla via della catastrofe

---

[52] Questo è il testo del telegramma di Mussolini a De Bono: *Nessuna dichiarazione di guerra.* [...] *Ti ordino di iniziare avanzata sulle prime ore del tre dico tre ottobre attendo immediata conferma* (rip. in Caccia Dominioni 1966, p.126).
[53] De Felice 1974, p.694.
[54] Dopo la prima guerra mondiale l'impero coloniale tedesco venne spartito tra la Francia, che ebbe il Camerun, l'Inghilterra, che ebbe l'Africa Orientale Tedesca (Tanganika, oggi Tanzania), il Togo e l'Africa Tedesca di Sud Ovest, l'odierna Namibia, che fu annessa al Sud Africa, mentre il Belgio ricevette il Ruanda Urundi (oggi Burundi): cfr. Parkenham 1991 p.671-672. Il Giappone ebbe la concessione di Tsing Tao e le isole tedesche del Pacifico. L'Italia ebbe solo una rettifica del confine tra la Somalia e la colonia del Kenya (Oltre Giuba) e della frontiera libico-egiziana, con l'oasi di Giarabub; una striscia di deserto tra il Ciad ed il Tibesti libico venne accordata all'Italia nel 1935 con gli accordi Mussolini-Laval. In cifre la situazione della ripartizione delle colonie dopo la Grande Guerra fu: all'Inghilterra (e Dominions) andarono kmq. 1.898.000, abitanti 3.700.000; alla Francia kmq. 489.000, abitanti 3.000.000; al Belgio kmq. 54.000, abitanti 3.000.000; all'Italia kmq. 91.000, abitanti 150.000: Caracciolo 1935, p.264.
[55] Nel 1918 l'Italia aveva inviato in Francia il II Corpo d'Armata (div. 3ª, con le brigate *Salerno* e *Napoli* e 8ª, con le brigate *Brescia* e *Alpi* e truppe di Corpo d'Armata, incluso il II Reparto d'Assalto) al comando del generale Albricci. Gli italiani combatterono nel settore di Bligny e sullo Chemin des Dames. Mussolini confuse la difesa di Bligny nel luglio, quando gli italiani fermarono gli attacchi tedeschi, con la conquista dello Chemin des Dames, l'11 ottobre, a proposito di cui Ludendorff scrisse nel bollettino di guerra tedesco: [...] *Le nostre eroiche truppe, nel corso di violenti combattimenti, hanno dovuto abbandonare la cresta dello Chemin des Dames, dopo incessanti assalti delle truppe italiane, condotti con supremo disprezzo della morte.*

per difendere un paese africano, universalmente bollato come paese barbaro e indegno di stare tra i popoli civili.

Il Duce affermò:

A sanzioni di ordine economico risponderemo con la nostra disciplina, con la nostra sobrietà, con il nostro spirito di sacrificio; a misure di ordine militare risponderemo con misure di ordine militare; ad atti di guerra risponderemo con atti di guerra[56]. Nessuno si illuda di piegarci senza avere prima duramente combattuto! Ma sia detto ancora una volta nella maniera più categorica come un impegno sacro, che io prendo in questo momento davanti a tutti gl'italiani che mi ascoltano, che noi faremo tutto il possibile perché un conflitto di carattere coloniale non assuma i caratteri e la portata di un conflitto europeo. Ciò può sorridere ai torbidi spiriti che pensano attraverso una nuova catastrofe la vendetta per i propri templi crollati, ma noi non siamo di quelli.

Mussolini rivendicò quindi le benemerenze del popolo italiano nei confronti della civiltà, e l'assurdità delle prospettate sanzioni:

Mai come in quest'epoca storica il popolo italiano ha rivelato la forza del suo spirito e la potenza del suo carattere. Ed è contro questo popolo al quale l'umanità deve le maggiori delle sue conquiste; ed è contro è contro questo popolo di eroi, di santi, di poeti, di artisti, di colonizzatori, di trasmigratori che si osa parlare di sanzioni!

Concludendo, tra l'entusiasmo della folla:

Italia proletaria e fascista, Italia di Vittorio Veneto e della Rivoluzione, in piedi! Fà che il grido della tua calma, fermissima decisione riempia il cielo, e giunga ai nostri

---

[56] Nel mese di settembre, nella speranza di intimidire il governo italiano, l'Inghilterra inviò nel Mediterraneo la *Home Fleet*, forte di ben 114 unità navali per un totale di 800 mila tonnellate, tra cui sei corazzate, diciassette incrociatori, cinquantatré cacciatorpediniere ed undici sommergibili (Pini, Susmel 1973, p.330). All'ambasciatore britannico a Roma, sir James Drummond, che l'annunciava a Mussolini, questi rispose: *Ne sono al corrente, e so anche che dipenderà da noi se potrà uscirne.* Tanta sicurezza era dovuta ad un'informativa del SIM, che aveva scoperto che le unità britanniche non avevano a bordo munizioni che per mezz'ora di fuoco. Ad ogni buon conto Mussolini inviò in Libia, al confine con l'Egitto due divisioni di fanteria ed una della M.V.S.N. costituita per l'occasione, la 7ª divisione CC.NN. *Cirene*. Alla fine del mese, quando la guerra tra Italia e Regno Unito veniva data per imminente, Mussolini chiese al governo britannico di dichiarare ufficialmente che non avrebbe chiuso il canale di Suez e che l'Inghilterra non intendeva intraprendere azioni offensive contro l'Italia; in cambio il Duce avrebbe rinunciato a talune *precauzioni militari*. Il governo inglese diede le assicurazioni richieste, ed il primo ministro britannico, Samuel Hoare, scrisse a Mussolini garantendo che la Gran Bretagna non voleva umiliare l'Italia, ma vederla *grande e prospera*; in ogni caso, le uniche sanzioni sarebbero state di carattere economico e non militare. Per una visione degli avvenimenti da parte britannica si veda Lamb 1997, pp.182 segg., in cui analizza anche la situazione inglese nel Mediterraneo. Va ricordato che S. Hoare conosceva Mussolini dal 1917, quando da Tenente colonnello di Stato maggiore, si occupava di *certain branches of Military Intelligence on the Italian Front*; in quella veste conobbe Mussolini nei giorni dopo Caporetto, quando questi era ancora convalescente per le ferite riportate a Monfalcone per lo scoppio di una bombarda durante un addestramento: con il futuro Duce Hoare si occupò di coordinare un'azione di propaganda antidisfattista, di concerto con lo Stato Maggiore italiano, con manifestazioni di mutilati e feriti. *Quando anni dopo incontrai il Duce, egli mi ricordò il lavoro comune quando non era ancora un grand'uomo ed io ero soltanto un Tenente colonnello dello Stato Maggiore come lui soltanto un agitatore socialista* (Viscount Templewood [the Right Hon. Samuel Hoare] *Nine Troubled Years*, London 1954, pp. 154-155).

soldati nell'Africa Orientale! E sia di conforto a loro che si accingono a combattere, sia di sprone agli amici, di monito ai nemici: è la parola, Italia, che va oltre i monti ed oltre i mari, in tutto il mondo, il grido dell'Italia di oggi è un grido di giustizia ed è un grido di vittoria![57]

Alle cinque e mezza del mattino di giovedì tre ottobre i quindici carri veloci dello squadrone del capitano Crippa[58], seguiti dalla banda del *Seraè* comandata dal tenente Morgantini, oltrepassarono il confine costituito dal torrente Mareb e entrarono in territorio nemico. Il piano operativo prevedeva l'offensiva sul fronte nord, mentre a sud il generale Graziani sarebbe dovuto restare sulla difensiva. Senza incontrare una seria resistenza le truppe di De Bono avanzarono in territorio abissino. La linea del fronte era divisa fra tre Corpi d'Armata, che formavano altrettante colonne: all'ala sinistra il I Corpo d'Armata speciale; al centro il Corpo d'Armata eritreo: all'ala destra, il II Corpo d'Armata speciale. I tre Corpi erano così composti:

I Corpo d'Armata speciale (generale Santini):

Divisione *Sabauda* (gen. Babbini)
2ª divisione CC.NN. *28 Ottobre* (gen. Somma)
IV gruppo CC.NN. d'Eritrea (console gen. Montagna)
V e XXV battaglioni eritrei (Tosti)
Bande irregolari
Unità di C.A. (46 carri, artiglieria, genio)
Squadriglia libica R.T.[59]

Obiettivi: Senafè (3 ottobre), Adigrat (6 ottobre);

Corpo d'Armata Eritreo (generale Pirzio Biroli):

1ª divisione eritrea (gen. Di Pietro)
2ª divisione eritrea (gen. Vaccarisi)
II brigata eritrea (gen. Dalmazzo)
1ª divisione CC.NN. *23 Marzo* (gen. Bastico)
II gruppo CC.NN. d'Eritrea (console gen. Diamanti)
Bande irregolari
Gruppo Squadroni eritrei (magg. Minneci)
Artiglieria e Genio
31 carri veloci *CV33*
34ª Squadriglia R.T.

---

[57] Il testo del discorso è qui riportato come effettivamente pronunciato da Mussolini, e si basa sulla trascrizione della registrazione. Il testo come venne diffuso a stampa, è lievemente divergente: Mussolini 1983, XXVII, pp.158 segg.
[58] Il capitano dei dragoni Ettore Crippa, milanese, proveniva dal *Savoia Cavalleria*. Gran parte degli ufficiali carristi erano di cavalleria.
[59] R.T.: Ricognizione Tattica.

Obiettivi: Mai Ainì (3 ottobre), Amba Augher (5 ottobre), Enticciò (6 ottobre);

II Corpo d'Armata speciale (generale Maravigna):

Divisione *Gavinana* (gen. Villasanta)
4ª divisione CC.NN. *21 Aprile* (gen. Appiotti)
III brigata eritrea (gen. Cubeddu)
I/3° Granatieri di Sardegna (ten.col. Gervasoni)
Unità di C.A. (15 carri, artiglieria, Genio, un btg. complementare Alpini, 1 btg. regie Guardie di Finanza)
48ª Squadriglia aerei R.T.

Obiettivi: Adi Quala (3 ottobre), Darò Taclè[60] (4 ottobre), passo Gasciorki (5 ottobre), Adua (6 ottobre).

All'inizio delle operazioni la copertura della frontiera con l'Eritrea era affidata, da parte etiopica, ai 30-40.000 uomini appartenenti all'armata del Tigrè guidata da ras Sejum Mangascià, definito icasticamente da Badoglio *un solenne minchione*[61]. Il colonnello Theodor Euvjenievich Konovaloff, che fu suo consigliere militare ne apprezzava la cortesia; ma quando gli chiese dove fossero le carte topografiche, si sentì rispondere: *Non ve ne preoccupate. Io posso fare a meno delle carte. Ras Cassa se ne interessa molto, è capace di studiarle per ore intere. Ma a me non dicono niente. Non vi affaticate*[62]. Nella zona di Macallè si trovava ras Cassa Darghiè, con l'armata del Beghemder, forte di circa 40.000 uomini, mentre stava avanzando da sud la maggiore armata etiopica, quella del ministro della guerra, il *Primo Fitaurari* ras Mulughietà, ministro della guerra. Si trattava del *Mahel safari*, composta da 70-80.000 uomini, ed era l'armata meglio equipaggiata di cui disponesse il negus, come già s'è detto. Ras Mulughietà godeva di buona fama per i suoi risultati nella lotta ai ras ribelli, ma era ultrasettantenne e bevitore accanito, inoltre nutriva scarsa simpatia per ras Cassa che guardava con un certo disprezzo[63]. Dal Goggiam infine avanzava verso il Tacazzè ras Haile Selassiè Immirù con un esercito di quarantamila uomini. Il ras era sulla quarantina, piuttosto giovane rispetto agli altri comandanti etiopici, ed aveva una buona preparazione militare, avendo studiato all'accademia militare francese di Saint-Cyr. Immirù avrebbe potuto minacciare lo schieramento italiano sul fianco destro ed alle spalle. La radunata etiopica avveniva a piedi, coprendo enormi distanze, con ordini emessi in un paese dove il 96 per cento degli abitanti era analfabeta, e per di più, come scrisse Montanelli, *se Addis Abeba, la capitale, poteva essere considerata una città dei tempi feudali, il resto della nazione era più indietro ancora, nei bui secoli barbarici*[64]. In effetti, le forze etiopiche, che comprendevano oltre 350.000 uomini, che

---

[60] A Darò Taclè cadde il tenente Mario Morgantini, comandante la banda del *Seraè*, avanguardia del II Corpo.
[61] Rapporto n.835 del Capo di Stato Maggiore Generale al Duce, 3 novembre 1935.
[62] Konovaloff 1938, cit. in Montanelli, Cervi 1979, p.262.
[63] Così Evelyn Waugh descrisse ras Mulughietà che ebbe modo di vedere in occasione dell'incoronazione del negus: *Un uomo che sembrava una montagna, con la barba grigia e gli occhi iniettati di sangue, e che quando si metteva in alta uniforme, col mantello scarlatto e oro e il copricapo da parata a forma di criniera leonina, perdeva ogni aspetto umano* (E. Waugh, *Remote People*, 1930, in Waugh 1946, p.130).
[64] Montanelli, Cervi 1979, p.263.

non meritavano tanto di esser sottovalutate, anche se l'unica grande unità addestrata, armata e modernamente equipaggiata, era la Guardia Imperiale, la *Kebur Zabagnà*[65]. Il cinque ottobre i fanti dell'84° fanteria della divisione *Gavinana* raggiunsero il bivio di Adi Abuna, da dove si dipartono le piste per Adua ed Axum, ed occuparono una villa in stile toscano che era stata, sino a pochi giorni prima, la sede del Regio Consolato d'Italia. Il giorno dopo, alle sette del mattino, dopo essersi ripuliti e fatti la barba come per una parata, i fanti si diressero verso Adua, la città legata a tanti e dolorosi ricordi coloniali. Alle nove e cinquanta l'84° fanteria giunse nella piazza principale della città, dove un singolo cecchino delle truppe di ras Sejum aprì il fuoco, essendo subito crivellato di colpi. Un aereo sorvolò le truppe lanciando un messaggio di De Bono: *Bravi, avete saldato il conto!*[66]. Fu a questo punto che i fanti ebbero una sorpresa: in mezzo ad un assembramento di tigrini videro un gruppo di divise italiane. Erano un nucleo di quaranta Camicie Nere, con due sottufficiali, comandate dal Capomanipolo Tosi, cui si era unito il soldato e giornalista Nino Saverio Basaglia. Si trattava di una colonna di salmerie della divisione *21 Aprile* che aveva avuto l'ordine di portare muli e munizioni all'84° fanteria; riferisce Bandini che all'ordine di consegnare i propri muli alla fanteria destinata ad entrare per prima ad Adua, compito che i legionari ritennero degradante, la Camicia Nera Jannone gridò: *Piuttosto li pugnaliamo!* Quando il Capomanipolo Tosi chiese chi fosse stato, Jannone rispose: *Io, signorsì. Signorsì che cosa?* Sibilò l'ufficiale. *Signorsì, 'u faccio, li pugnalo.* Poi i legionari ubbidirono, e marciarono velocissimi con i muli al trotto; raggiunta la *Gavinana*, persero la strada, e incontrata la banda del Seraè si fecero dare due ascari come guide verso Adua, ritenuta già occupata. Con i due irregolari alla testa giunsero ad Adua la sera del cinque ottobre, e qui il Capomanipolo Tosi venne raggiunto dall'Abuna e da una folla di donne e bambini che gli diedero il benvenuto. Preoccupato dal passare la notte isolato con solo quaranta militi, armato solo di qualche moschetto 91 e di due pistole, in territorio ancora in mano a ras Sejum, che si trovava con le proprie truppe a Miriam Sciavitù (il luogo dove era stata annientata la brigata Albertone nel 1896)[67], Tosi disse all'Aduna che le casse contenevano *dinamite e armi speciali, e diavolerie così potenti da far saltare in aria tutta Adua, e prosciugare il Tacazzè*[68]. Il bluff a quanto pare funzionò, e le Camicie Nere non vennero disturbate durante la notte. I militi della *21 Aprile* avevano raggiunto Adua, primi soldati italiani dopo trentanove anni, sei mesi e tre giorni dalla battaglia del 1 marzo 1896[69]. Le truppe di De Bono avevano occupato Adua il sei ottobre, almeno ufficialmente, come s'è detto, conquistando la città santa di Axum il 14 del mese ed infine entrarono a Macallè l'otto novembre, incontrando i maggiori ostacoli più che nell'attività del nemico nella mancanza di strade e di comunicazioni decenti, cosicché, una volta giunto a Macallè De

---

[65] Bovio 1999, p.146.
[66] Bandini 1980, p.262.
[67] Sejum abbandonò la zona di Adua quando vide le luci accese dai fanti della Gavinana nel vecchio consolato italiano, e venne circondato dai suoi guerrieri i quali urlavano: *La città è presa! Sono già qua!* Il ras ordinò la ritirata nel Tembien (Bandini 1980, p.263).
[68] Ibid.
[69] Pignatelli 1965, p.113; Bandini 1980, pp. 262-263. Per motivi di propaganda, essendo già stata attribuita dai comandi e dalla stampa la conquista di Adua al Regio Esercito, la verità sull'occupazione di Adua venne passata sotto silenzio, e la data ufficiale dell'occupazione rimase il 6 ottobre.

Bono decise di sostare per consentire la costruzione di una strada camionabile che consentisse l'afflusso di truppe e rifornimenti dalla colonia eritrea. Inoltre la conquista di Macallè aveva lasciato scoperto il fianco italiano, non essendo stata accompagnata da un analogo progresso dei reparti del II Corpo d'Armata attestati ad Adua, e De Bono colse l'occasione della sosta per razionalizzare l'andamento del fronte. Erano in corso i colloqui Hoare-Laval per una composizione pacifica della questione etiopica, e più territorio etiopico l'Italia avesse occupato, maggior guadagno ne avrebbe tratto. Secondo il piano anglo-francese, l'Etiopia avrebbe dovuto cedere all'Italia il Tigrai orientale, in corrispondenza delle zone conquistate dagli italiani, oltre alla Dancalia ed all'Ogaden; il negus avrebbe ricevuto in cambio un corridoio al mare nella zona di Assab. L'Italia avrebbe inoltre ricevuto una *zona di espansione economica e di colonizzazione* in territorio sotto sovranità etiopica, delimitato ad est dal nuovo confine somalo, ad ovest dal 35° meridiano, a nord dall'8° parallelo ed a sud dal confine con la colonia britannica del Kenya Si trattava di territori annessi all'Etiopia da Menelik II alla fine del XIX secolo, nessuno dei quali abitato da abissini[70]. Ma la pubblicazione delle trattative su alcuni giornali francesi ed inglesi fece sì che il tentativo di pace negoziata – di cui il governo del negus non era a conoscenza! – finisse in un nulla di fatto[71]. Mussolini come detto insisteva affinché l'avanzata riprendesse soprattutto per motivi di ordine politico, mentre ancora si tentava di risolvere con colloqui internazionali più che con le armi la crisi. Il Duce invitò dunque De Bono a muovere *senza indugio* verso l'Amba Alagi[72]. Il comandante rispose che *A parte doloroso ricordo che secondo me non abbisogna di rivendicazione*[73]*, posizione di Amba Alagi non ha alcuna importanza strategica ed est tatticamente difettosa perché aggirevole ovunque*. Vista la riluttanza di De Bono a riprendere l'avanzata, questi venne sostituito il 15 novembre. Gli successe nel comando il Maresciallo Pietro Badoglio, il quale si era recato già ad ottobre in ispezione in Africa Orientale, insieme al sottosegretario Lessona. Al loro ritorno, Badoglio e Lessona presentarono due rapporti al Duce, largamente coincidenti: nel proprio promemoria Badoglio, reso il dovuto omaggio al *rimarchevolissimo* lavoro fatto da De Bono, lo accusava però di essere permeato di *psicologia eritrea*, ovvero aspettare su posizioni fortificate che gli abissini si ritirassero vinti dalla mancanza di viveri; e ciò De Bono l'aveva ribadito a Badoglio. *Sono subito intervenuto dichiarando che se Vostra Eccellenza* [Mussolini] *avesse desiderato tale linea di condotta avrebbe inviato in colonia al più tre divisioni di rinforzo e non l'equivalente di otto, quante ne sono finora sbarcate*[74]. Di conse-

---

[70] *Pignat*elli 1965, pp.296 segg.; De Felice 1974, p.716 e 920 segg.; Salotti 1998, pp.281 segg.; Lamb 1997, pp.190 segg. dedica ampio spazio alla genesi del piano ed alle sue ripercussioni nel mondo politico britannico
[71] De Felice 1974, pp.715 segg.
[72] Telegramma di Mussolini a De Bono dell'11 novembre 1935: *Vai avanti. Sulla destra fai attestare il Corpo d'Armata Maravigna al Tacazzè e con le Divisioni indigene marcia su Amba Alagi senza indugio, mentre le divisioni nazionali sosteranno a Macallè- Scelicot. Mussolini.*
[73] Il 17 dicembre 1895 oltre trentamila uomini al comando di ras Makonnen attaccarono il presidio dell'Amba Alagi, costituito dal IV battaglione eritreo comandato dal maggiore Pietro Toselli. Nonostante l'inferiorità numerica Toselli resistette eroicamente con i suoi ascari, fino a quando l'enorme superiorità numerica ne ebbe ragione, sterminandoli quasi al completo. Ras Makonnen, ammirato dalla resistenza oppostagli, fece ricercare il corpo di Toselli e lo fece seppellire nella chiesetta di Biet Miriam con gli onori militari (Bandini 1980, p.90). Ras Makonnen era il padre del futuro negus Haile Selassiè.
[74] Relazione di Badoglio al Duce, 3 novembre 1935.

guenza, il quindici gennaio il Duce inviò a De Bono in telegramma in cui gli comunicava la fine dell'incarico di Comandante superiore: Con la riconquista di Macallè considero ultimata tua missione nell'Africa Orientale, missione che tu hai svolto in circostanze estremamente difficili e con risultati che ti additano nel presente e nell'avvenire alla gratitudine della Nazione[75]. De Bono fu nominato Maresciallo d'Italia[76] e rientrò in patria.

---

[75] Telegramma di Mussolini a De Bono del 15 gennaio 1935, rip. in Pignatelli 1965, pp.134-135.
[76] Scrisse De Bono nel proprio diario alla data del 16 novembre: *Tornato ieri alle 16 da Macallè al comando, ho trovato qui il telegramma del mio richiamo. Stamane un altro telegramma mi preannuncia il Maresciallato...* Promoveatur ut amoveatur. *Mi viene a sostituire... Badoglio! Bei gesuiti!*

LA GUERRA DI BADOGLIO

Il neo Maresciallo De Bono aveva condotto una guerra più ideologica, cercando di sottolinearne il carattere *fascista* e *civilizzatore*, atteggiandosi a più a pacificatore che a spietato conquistatore[77]. Per scrupoli umanitari (e di propaganda) aveva prescritto all'aviazione di colpire solo gli accantonamenti e le truppe in movimento, non i centri abitati e le torme di fuggiaschi[78], seguendo in ciò le direttive inviategli da Mussolini alla vigilia delle ostilità: *decisione inesorabile contro gli armati, rispetto e umanità per le popolazioni inermi*[79]. Con Badoglio la guerra cambiò aspetto: da conflitto coloniale divenne guerra di stampo europeo, con l'utilizzo di tutti i mezzi a disposizione per l'annientamento dell'avversario. Badoglio operò da tecnico e da professionista, scrisse Montanelli, senza crudeltà inutili – checché sia stato detto da pseudo-storici e autori in mala fede – ma anche senza alcuna esitazione[80]. Badoglio non era uno stratega geniale, ma il teatro di operazioni era molto simile a quello della Grande Guerra con montagne su cui arroccarsi; e fare buon uso delle armi e della superiorità tecnica. È stato affermato che l'artigliere Badoglio adottò la vecchia strategia del 1915-18, ossia *Bombe, bombe, bombe, fino a quando l'avversario inebetito crolla o ripiega; in breve, l'artiglieria conquista, la fanteria occupa. Andava bene a Verdun e sulla Bainsizza, funziona ancora a meraviglia sull'Amba Aradan* [sic!][81]. E si può aggiungere che a *conquistare*, oltre all'artiglieria, fu l'uso dell'aviazione, utilizzata come una sorta di cavalleria dell'aria, osservando i movimenti avversari, prevenendo l'assembramento di truppe nemiche, distruggendone i punti di radunata e le retrovie, inseguendo gli sconfitti in fuga[82]. Il Maresciallo pose il proprio quartier generale all'Enda Jesus di Macallè. Modificando la ripartizione delle forze Badoglio dispose la creazione del III Corpo d'Armata speciale, alla cui testa fu posto il generale Ettore Bastico, che cedette il comando della 1ª divisione CC.NN. *23 Marzo* a Filiberto di Savoia Genova, duca di Pistoia. Il duca si distinse subito per le proprie simpatie fasciste: nel suo diario Bottai ne scrive, intitolando significativamente la nota *il principe fascista*:

Del Duca di Pistoia tutte le testimonianze della sua vita al campo, tra le Camicie Nere della 23 marzo tendono concordi a una configurazione inaspettata. Tipica, tra le altre, questa sua frase: "Non capisco, perché l'esercito debba ancora avere per suo simbolo

---

[77] Del Boca 1979, p.440. (La prima edizione del volume di Del Boca uscì per i tipi della Laterza nel 1979; nelle note si farà riferimento all'edizione su licenza pubblicata da Mondadori nel 1992 da noi utilizzata).
[78] Montanelli, Cervi 1979, p.283.
[79] Telegramma di Mussolini a De Bono del 1 ottobre 1935, cit. in Montanelli, Cervi 1979, p.244.
[80] Ibid. Analogamente, il punto di svolta nella lotta contro i ribelli in Cirenaica si ebbe quando Badoglio sostituì il conte Volpi di Misurata nella carica di governatore, nel 1929. Badoglio utilizzò mezzi molto duri (incluso l'uso dei gas, impiegati per la prima volta a Tazerbo il 31 luglio 1930) ed una grande efficienza, che nel giro di meno di due anni portarono alla sottomissione dei ribelli. Se Graziani fu colui che condusse la parte militare delle operazioni, va ricordato che a dare le direttive su come comportarsi era Badoglio. Ben diverso fu il comportamento di Balbo, gerarca e Quadrumviro della Rivoluzione Fascista, che chiuse i campi di concentramento liberando gli arabi della Cirenaica ivi internati.
[81] Quirico 2002, p.326.
[82] Nicolle 1997, p. 42.

la stella, ch'è anche un segno massonico, quando abbiamo, ormai il fascio littorio, simbolo antichissimo e nuovissimo della nostra gente"[83].

Il nuovo Corpo d'Armata venne dislocato insieme al I Corpo a sud del campo fortificato di Macallè, mentre il II Corpo proteggeva il settore Adua-Axum sul fianco destro dello schieramento, mentre al centro la divisione *Gavinana* con i reggimenti 70° *Ancona*, e 83° ed 84° *Venezia* fronteggiava il Tembien. Il Corpo d'Amata eritreo di Pirzio Biroli era ad est di Macallè, come riserva, non vincolato ad alcuna manovra e pronto a manovrare. Esattamente come De Bono, che tanto aveva contribuito a far rimuovere, Badoglio ebbe un solo obiettivo: accumulare il maggior numero di mezzi e di uomini (erano in arrivo altre divisioni dall'Italia. Sul fronte nord giunsero in periodi diversi le divisioni seguenti: 5ª *Cosseria*, 26ª *Assietta*, 18ª *Metauro*, 5ª Alpina *Pusteria*, 4ª divisione CC.NN. *3 Gennaio* (novembre) e 5ª divisione CC NN. *1 Febbraio*[84] (dicembre); inoltre nel mese di gennaio furono approntati e partirono per l'Eritrea: i comandi dei Corpi d'Armata III e IV, le unità per la sicurezza delle retrovie, costituite da cinque battaglioni CC.NN., un battaglione autoblindo, un battaglione di zappatori-artieri, uno di teleferisti, e circa 2.500 operai militarizzati[85]). Domenica 15 dicembre una forte avanguardia dell'armata del Goggiam di ras Immirù capeggiata dal fitaurari Sciferrà[86], giunse sino al fiume Tacazzè, nella zona presidiata dalle bande indigene del Seraè, dell'Hamasien e del Cheren, raggruppate nel gruppo *Bande dell'Altopiano* al comando del maggiore Criniti, che disponeva anche di sei carri armati leggeri *CV33* e di alcune motocarrette del X squadrone *Esploratori del Nilo* del capitano Crippa. Criniti aveva compiti di osservazione avanzata sulla riva settentrionale del fiume, al guado di Mai Timchet, ed espliciti ordini di non impegnare combattimento. Il 13 un radiogramma del Comando aveva infatti ordinato che: *Linea Tacazzè sia soltanto osservata per non disperdere forze. Quindi osservazione e non copertura*[87]. Criniti decise pertanto di sganciarsi, facendo iniziare il movimento ai mezzi motorizzati dello squadrone carri. Fu pertanto ordinato al tenente Ciarpaglini di aprire la marcia verso Af Gagà ed Axum con le motocarrette del reparto di carri, scortato da un carro veloce e di cinquanta uomini delle bande. Gli abissini, alcune migliaia, attaccarono la colonna Ciarpaglini presso Dembeguinà. Nel corso dei combattimenti il barambaras Tascemmà riuscì a saltare sul retro del carro veloce mandato in ricogni-

---

[83] Bottai 1982, alla data del 3 gennaio 1936. Il riferimento alla massoneria è evidentemente un attacco a Bastico; poco prima il console generale Montagna aveva ricordato, quando comandava nel 1924 la legione *Vittorio Alfieri* di Asti, di aver ordinato alla Milizia di devastare la loggia massonica locale; venne così rinvenuta la lista dei massoni della città piemontese. Montagna disse che *feci fare subito un manifesto, con cui indicavo al pubblico disprezzo certe personalità più in vista. C'erano, tra gli altri, il Viceprefetto e il Colonnello, comandante il reggimento di bersaglieri. Del viceprefetto non ò più notizie. Quel colonnello è oggi generale e comanda il terzo Corpo d'Armata, dopo aver comandata una divisione di Camicie Nere* (ibid.).

[84] La Divisione, comandata dal Luogotenente generale Attilio Teruzzi, costituì, insieme alla divisione *Cosseria* ed a reparti coloniali il IV Corpo d'Armata (Gen. Babbini).

[85] Scala 1952, p.428.

[86] Waugh vide Sciferrà a Giggiga poco prima dello scoppio della guerra, e ne fece la seguente descrizione: *era un ometto brizzolato dall'aria triste, che era stato presente alla battaglia di Ual Ual e si era guadagnato in quell'occasione un certo discredito, essendo stato scoperto, al culmine dell'azione, seduto nella sua tenda e in atto di vendere cartucce alle sue proprie truppe* (Waugh 1946, p.352).

[87] Pignatelli 1965, p.138.

zione, ad aprire lo sportello ed a decapitare pilota e servente con la *guradè*[88]. Un grave difetto del *CV33* era nell'angolo di tiro troppo limitato della mitragliatrice binata da 8 mm; il carro poteva esser facilmente aggirato. Si è detto (Barlozzetti, Pirella, loc. cit.) che alcuni etiopi siano riusciti a piegare le canne delle mitraglie dei carri a colpi di pietra. Ci sembra però improbabile, e più che altro una delle solite esagerazioni della propaganda etiope. Del resto, anche la storia del *barambaras* Tascemmà, come raccontata da fonti etiopiche e ripresa da Mockler, è piuttosto inverosimile: il barambaras, saltato sul carro, avrebbe battuto sul portellone gridando (in amharico!) *Aprite!*, venendo ubbidito dal mitragliere[89]. Ciarpaglini inviò una richiesta di soccorso: *Siamo stati attaccati da alcune migliaia di abissini che tengono la posizione di Dembeguinà. Tentiamo di ripiegare. Urgono rinforzi*. Criniti, ordinate le bande in formazione di marcia, con al centro la banda *Cheren*, la *Seraè* e la *Hamasien* ai lati, due carri veloci in testa, altri due ai fianchi, uno in coda, si diresse in aiuto di Ciarpaglini, ma venne attaccato da una seconda colonna abissina che aveva nel frattempo occupata la stretta di Dembeguinà, punto obbligato di passaggio dal Tacazzè allo Scirè e alla strada di Adua, dopo essersi insinuata con l'aiuto degli abitanti del luogo tra le bande e la via di ritirata, per un itinerario ritenuto intransitabile. Si trattava di un nucleo di tremila uomini armati modernamente con mitragliatrici pesanti, mitra di fabbricazione belga e bombe a mano. Gli irregolari del maggiore Criniti e i carri *CV33* rischiarono di restare intrappolati. L'attacco dei carri veloci fu un disastro, soprattutto per le difficoltà del terreno più che per la reazione nemica (due carri si ribaltarono dopo aver perso i cingoli, altri rimasero immobilizzati[90]) e solo furibondi scontri alla baionetta in cui i soldati italiani dimostrarono *la loro decisa superiorità anche nel corpo a corpo* [91] riuscirono a permettere agli eritrei di porsi in salvo verso Enda Selassiè. Nell'assalto condotto dai gregari delle bande venne ucciso il fitaurari Sciferrà, che poco prima, avendo fuggire duemila dei suoi uomini all'apparire dei *CV33* li aveva radunati suonando l'*embiltà*, il corno da guerra abissino[92]. Ma mentre, superato il passo, le bande scendevano il declivio, gli abissini lanciarono un nuovo attacco, respinto dagli uomini di Criniti. Le truppe di Immirù, viste le forti perdite, si ritirarono. Pur senza voler minimizzare la portata degli scontri di Dembeguinà, non si può cadere neppure nell'eccesso opposto, quello di enfatizzare il successo abissino[93]. Le truppe del fitaurari Sciferrà erano molto superiori di numero, armate meglio e con armamenti più moderni degli uomini delle bande, che non erano ascari come spesso si scrive (Scala 1952, p.432-433) ma irregolari armati alla meno peggio, con scopi di sorveglianza del

---

[88] Barlozzetti, Pirella 1986, p.16.
[89] Mockler 1972, p.95.
[90] Si è detto, da parte etiopica, della cattura dei due uomini dell'equipaggio di un *CV33*, che, avendo gridato *Cristos! Cristos!* vennero risparmiati, sarebbero stati gli unici due prigionieri della giornata (Mockler 1972, p. 96; Del Boca 1979, p.478). In realtà vennero catturati cinque italiani: il caporal maggiore carrista Remo Guerrieri, il caporale del Genio Evaristo Perosa e i soldati Giovanni Belluzzi Del Bel, Vezio Giomi ed Evaristo Francescutti (Del Boca 1979, p.534 n.44).
[91] Scala 1952, p.433.
[92] Mockler 1972, p.95. Si deve notare come la descrizione della battaglia fatta dal Mockler sia frutto di pura fantasia, con episodi del tutto inventati (Mockler 1972, pp.95-98).
[93] Come per esempio il solito Del Boca 1979, pp. 473 segg., dove tra le altre *perle*, afferma che gli italiani lanciarono l'iprite per fermare Immirù: p.484 e pp.487 segg. In realtà il primo lancio di gas avvenne il 22 dicembre, una settimana dopo, sul Mai Tonquà [Nicolle 1997, p.9] .

confine, corrispondenti ai dubat somali. Luigi Pignatelli della Leonessa, che fu commissario coloniale e che ebbe lunghi rapporti con le bande indigene, ne indica sempre i componenti con il termine corretto di *gregari*[94]. Ciò che è sorprendente non è il fatto che gli etiopi abbiano inflitto perdite alle bande, ma che queste abbiano retto e contrattaccato, il che la dice lunga sul morale degli eritrei. Quanto ai carri veloci *CV33*[95] erano le famigerate *scatole di sardine*, chiamate *Arrigoni* o *Topolino* dai militari, delle quali il generale inglese Fuller affermò che si sentiva più sicuro durante una battaglia che a bordo di uno di questi carri[96], e più che gli abissini fu il terreno di Dembeguinà a metterli fuori uso. Nello scontro erano stati distrutti tutti i carri leggeri[97] e le motocarrette, era caduto Crippa, mentre comandava a cavallo l'attacco dei carri – ebbe la medaglia d'Oro al Valor Militare – lo stesso Criniti era stato ferito alla coscia, e tra morti e feriti gli italiani avevano perso nove ufficiali, 22 soldati nazionali e 370 irregolari[98]. *I morti e i feriti rimasti sul terreno sono stati ritualmente seviziati*[99]. Il 17 gennaio altre unità eritree e nazionali avanzarono contro i fianchi della colonna abissina che aveva aggirato Dembeguinà, e riuscirono a serrarla in un cerchio di fuoco infliggendo agli etiopi perdite ingenti, consistenti in almeno mezzo migliaio di morti[100]. Anche l'aviazione prese parte attiva alla battaglia, inaugurando metodi d'impiego di attacco al suolo che furono poi ripetute per tutta la durata della guerra. Se ras Immirù avesse proseguito l'azione offensiva verso l'Adi Abò, in direzione del confine con l'Eritrea, avrebbe potuto provocare un certo scompiglio nel dispositivo italiano, e di conseguenza una dilazione dei piani di Badoglio per un'azione nel Tembien[101]. Gli etiopici mancarono, in questa come in altre occasioni, di prontezza nelle proprie decisioni; ma del resto un ostacolo non da poco era dato dalla primitiva situazione logistica, dall'inferiorità organizzativa del loro esercito, dalle divisioni tra i capi. Proprio allo scopo di ovviare a tali divisioni, il negus assegnò al ras Cassa Darghiè il comando di tutte le truppe del fronte nord; ma, come si vide nelle battaglie di gennaio e febbraio, tale comando era solo nominale, ed anzi procurò a Cassa l'ostilità di Mulughietà, il ministro della guerra che si vide scavalcato da colui che considerava solo un *uomo di chiesa*. Per quanto limitata, l'azione di Dembeguinà non era stata certo favorevole agli italiani, e fu presentata dalla propaganda abissina – e dalla stampa estera, che ad essa faceva da cassa di risonanza anche nelle notizie più grottesche – come una schiacciante vittoria negussita, un episodio circoscritto che però anche nell'Italia afflitta dai fantasmi dell'Amba Alagi ed Adua del 1896 creavano preoccupazioni, quasi a dar ragione alla politica attendista di De Bono. Badoglio, scrisse Artieri, oppose a queste circostanze pressanti la sua natura fredda, positiva e calcolatrice[102]. Almeno in quest'occasione, perché ben altro sarà il suo comportamento durante la battaglia di passo Uarieu. Nel frattempo anche le truppe di ras Cassa Darghiè avevano

---

[94] Pignatelli 1965, pp.138-140.
[95] E non *35*, come scrive Del Boca.
[96] Barlozzetti, Pirella 1986, p.15.
[97] Due di essi si erano rovesciati per le asperità del terreno: Barlozzetti, Pirella 1986, p.16
[98] La sola banda *Cheren* perse 222 gregari uccisi, oltre a due ufficiali, su un organico di quattrocentosette uomini: Pignatelli 1965, p.140.
[99] Caccia Dominioni 1966, p.278
[100] Scala 1952, p.432.
[101] Pignatelli 1965, p.141.
[102] Artieri 1995, p.112.

raggiunto il Tembien, riunendosi con i guerrieri di ras Sejum, mentre l'armata di Mulughietà era arrivata presso l'Amba Aradam; in questo modo il fronte etiopico aveva assunto ora uno schieramento a cordone, che obbligò Badoglio ad adottarne uno analogo. Il Maresciallo chiese a Roma altre due divisioni di rinforzo. Ras Cassa, poco dopo gli scontri di Dembeguinà, si mosse contro Addi Abbi, la capitale del Tembien. Il 20 dicembre masse nemiche, probabilmente appartenenti alle forze del Lasta settentrionale (Uagh) attaccarono reparti del VII gruppo battaglioni eritrei del colonnello Tracchia[103] a sud di Abbi Addi, ma vennero respinte. Dopo questo combattimento, circa cinquantamila abissini delle truppe dello Uagh, al comando del degiacc Hailà Chebbedè si unirono con due nuclei delle forze di ras Sejum. I due nuclei erano comandati rispettivamente dal degiacc Marù Arram e dal bigerondi Latibelù Gabrè. Gli etiopici sferrarono un attacco contro le posizioni italiane sul Tonquà, mentre contemporaneamente un forte raggruppamento etiopico, approfittando del terreno particolarmente difficile e della protezione offerta dalla fitta vegetazione, varcò il Mai Tonquà ed oltrepassò Abbi Addi, si diressero verso nord, raggiungendo la chiesa di Enda Mariam Quarar. I battaglioni eritrei contrattaccarono violentemente sostenuti dall'artiglieria e da una forte azione dell'aviazione che bombardò le masse nemiche sui guadi del fiume, utilizzando anche gas[104], mentre una colonna composta da reparti italiani e da ascari della 2ª divisione eritrea tentava di avvolgere la massa avversaria. Una contromanovra abissina tentò a sua volta di circondare la colonna aggirante, ma altri reparti eritrei la sventarono con combattimenti anche all'arma bianca[105]. Gli ascari inseguirono gli etiopi, che furono respinti dalla riva sinistra del Mai Tonquà e da Enda Mariam Quarar. Gli eritrei del XXII battaglione (magg. Gino Pucci da Filicaia) al tramonto del 22 dicembre, conquistarono l'Amba Tzellerè[106]. Ras Cassa e ras Sejum avevano perso circa 700 morti e 2.000 feriti, mentre gli italiani lamentarono sette ufficiali uccisi, sei feriti, 167 ascari caduti e 160 feriti[107]. Questa volta furono gli italiani a non sfruttare il successo: occupata l'Amba Tzellerè, andava presidiata e rafforzata ed utilizzata come protezione avanzata delle sottostanti posizioni di Abbi Addi; oltretutto il possesso italiano dell'Amba avrebbe impedito a ras Cassa di crearvi un caposaldo. Vaccarisi, comandante della 2ª divisione eritrea, ritenne però opportuno dover abbandonare le posizioni dello Tzellerè: una decisione strategicamente errata, che ebbe come conseguenza l'abbandono di Abbi Addi, oramai non più difendibile minacciata com'era dalla sovrastante Amba Tzellerè, e l'arretramento della linea oltre il Mai Beles, sulle posizioni di passo Uarieu, naturalmente meno forti e più difficili da difendere. Il mancato mantenimento delle posizioni conquistate e l'abbandono dal-

---

[103] Al gruppo appartenevano i battaglioni IV *Toselli*, XXII e XIX *Cafaro*; con il VII gruppo operarono anche due battaglioni del IV gruppo, il XII *Guastoni* ed il XVII *Nebri*.
[104] Come detto in una nota precedente, intorno al giorno 22 gennaio sul Mai Tonquà, sotto l'Amba Tzellerè, l'aviazione aveva impiegato i gas asfissianti per la prima volta; testimonia Caccia Dominioni: *Gli aerei hanno avuto, se così si può dire l'ala pesante. E non soltanto con bombe e mitraglia. Numerosi cadaveri non portano tracce di ferite [...]. Sono giunte, con gli ascari, anche squadre dette* di disinfezione, *specializzate. Hanno ordine di non perdere tempo questi seppellitori: debbono far scomparire subito le tracce di quanto è successo* (Caccia Dominioni 1966, p.288).
[105] Scala 1952, p.434.
[106] Pignatelli, 1965, p.142.
[107] Ibid.

lo Tzellerè fu una decisione che non piacque a Badoglio, che scrisse poi, con toni durissimi:

A malgrado del felice risultato dell'azione, il comandante giudicava necessario ritirare le truppe vittoriose dall'amba Tzellerè su Abbi Addi. Tale decisione derivante da un apprezzamento del tutto personale della situazione locale, non ha consentito di trarre da questo combattimento i risultati che l'eroico comportamento delle truppe avrebbe permesso di raggiungere. In particolare, rinunciando all'occupazione di amba Tzellerè, noi consentivamo al nemico, non appena rinforzato dai nuovi scaglioni provenienti dal Seloà [l'armata di ras Cassa, n.d.A.], di affermarsi saldamente sull'amba, ciò che in seguito ci costringeva ad abbandonare le dominate posizioni di Abbi Addi e di ritirarci su quelle di passo Uarieu, assai meno favorevoli di quelle dello Tzellerè[108].

In seguito a queste azioni etiopiche che dimostravano come oramai il nemico, fatte affluire le proprie forze, era pronto ad attaccare gli italiani, il Comando Superiore decise anche di razionalizzare l'andamento del fronte, accorciandone alcuni settori. Ciò fu fatto anche abbandonando temporaneamente posizioni importanti come Selaclacà, ed arretrando la divisione *Gran Sasso* dallo Scirè. Tale arretramento – avvenuto contemporaneamente all'abbandono dell'Amba Tzellerè ordinato da Pirzio Biroli, e del conseguente sgombero di Abbi Addi – fu vissuto dagli abissini come una vittoria; ma va detto che il nuovo schieramento era molto più logico, e permise di bloccare le forze di ras Immirù impedendogli di intervenire durante le due battaglie del Tembien contro i ras Cassa e Sejum ed infine dell'Amba Aradam in cui venne disfatto Mulughietà. In realtà già dall'inizio di dicembre Badoglio riteneva opportuna una rettifica della linea del fronte[109], e i fatti di Dembeguinà poterono solo confermarlo nelle sue idee. In una lettera segreta ai comandanti delle grandi unità da lui dipendenti, riportata da Bottai nel suo diario, così il Maresciallo descriveva la situazione militare al tre dicembre, all'atto di assumere la direzione delle operazioni:

Sul fronte Adua-Axum sparpagliamento eccessivo di forze. Sulla destra di tale fronte, a occidente, assenza assoluta di forze di copertura del fianco destro. Sul saliente di Tucul, al vecchio confine, un solo battaglione di complementi opposto a eventuali infiltrazioni o irruzioni nemiche. Tra il fronte Adua-Axum e quello di Macallè, una vasta zona scoperta, il Tembien e l'Enticciò in particolare, in cui il nemico è penetrato, minacciando il fianco destro nostro [ossia del III Corpo d'Armata, cu apparteneva all'epoca Bottai] e sinistro del [II] Corpo d'Armata di Adua-Axum. Il fronte di Macallè è munitissimo di uomini e di mezzi, ma i fianchi, il sinistro non meno che il destro, esposti alla minaccia nemica, particolarmente grave sulla linea di comunicazione Macallè-Adigrat-121 Km.

---

[108] Badoglio 1936, p.47.
[109] Caccia Dominioni descrive in maniera efficace la situazione all'atto del cambio della guardia tra i due Marescialli: *Come se un'armata nordica piombasse sull'Italia spuntando dalle Alpi, e espugnasse subito Torino, Bologna e Venezia, senza occuparsi di Milano: e se l'armata italiana, creando attorno a Milano un grande caposaldo operativo, mettesse in grave crisi l'armata nordica, specialmente la punta avanzata a Bologna, che sarebbe Macallè* (Caccia Dominioni 1966, p.246.)

Propositi in atto: raccorciare e condensare il fronte Adua-Axum; rafforzare le difese sul saliente Tucul, che può costituire pericolo di penetrazione nella colonia, in direzione dell'Asmara […]; costituire un forte corpo d'operazioni nel Tembien-Enticciò (dislocazione della *28 Ottobre*, di Somma, da questo fronte, in quel settore, per riunirsi alla divisione Eritrea del Generale Vaccarisi); organizzare più solidamente il campo trincerato di Macallè, difendere i fianchi e le vie di comunicazione.

Badoglio aggiungeva anche che tale linea di condotta era approvata in pieno da Mussolini, il quale, oltre a promettere l'invio delle divisioni chieste dal Maresciallo, più la *Pusteria*, aveva dato come direttiva:

Non importa conquistare altro territorio, dato che siamo già a 170 chilometri dal confine eritreo, difendere le conquiste già fatte e prepararsi a dare battaglia solo nel momento in cui si potrà decidere della guerra [110].

Per il momento, concludeva Badoglio, occorreva manifestare la massima attività di controllo e di *persecuzione* dell'avversario, e quindi vaste ricognizioni a scopi sia informativi che offensivi[111]. Sebbene ras Immirù non avesse più dato segno di voler riprendere, almeno a breve termine, la spinta offensiva verso nord in direzione dell'Eritrea, si decise di vincolarlo alla zona dello Scirè, in maniera tale da evitare che potesse portare aiuto agli altri ras. Il ventitré dicembre una colonna di truppe italiane, tra cui gli *Spahis* libici comandati dal maggiore Aymone Cat, mosse dalla collina nota come Quota 2140, ad ovest di Axum. Il giorno di Natale gli italiani presero contatto con le forze di ras Immirù, attestate sulle posizioni di Af Gagà, oltre Selaclacà. Dopo alcune ore di duri combattimenti, gli abissini vennero sloggiati dalle posizioni ed Af Gagà venne occupata dagli italiani. Il ventisei dicembre le truppe etiopiche contrattaccarono in forze, ma furono respinte. Nel corso di questi scontri, che vennero detti la *battaglia di Natale*, gli italiani persero, tra morti e feriti, sette ufficiali, quattordici militari nazionali e centoventi eritrei, a fronte di perdite etiopiche molto più numerose[112]. Le truppe del ras si resero presto responsabili di uno dei più atroci fatti dell'intera guerra, il massacro di Mai Lahlà. Nelle prime ore di venerdì 13 febbraio seicento abissini[113] al comando del fitaurari Tesfai, sottocapo del degiacc Aialeu Burrù, attaccarono di sorpresa il cantiere n.1 della ditta Gondrad presso Mahi Lahlà, privo di difesa, massacrando e seviziando tra sessantotto ed ottantacinque operai e tecnici civili[114], italiani ed eritrei, tra cui il capocantiere, ing. Rocca, la moglie di questi, Lidia Rocca Maffioli, forse uccisa dal marito per evitare che venisse stuprata e seviziata, e la cameriera tigrina della signora, ed il vicedirettore l'ingegner Roberto di Colloredo Mels. Tra i morti non c'era un solo militare. I corpi, compresi quelli delle

---

[110] Bottai 1982, pp.75-76. Sebbene la lettera sia stata mostrata a Bottai dal gen. Bertini, comandante della divisione *Sila*, alle 19 del cinque gennaio, Bottai specifica che si tratta della *situazione militare trovata al 3 dicembre* (ibid, p.75)
[111] Ibid., p.76.
[112] Pignatelli 1965, pp.144-145.
[113] Gli etiopi erano duemila secondo Bandini, 1980, p.354.
[114] Il numero è incerto: cfr. Pignatelli 1965, p.176; Bandini 1980, p.354.

donne, furono mutilati. Gli operai ed i tecnici del cantiere si difesero furiosamente, ma senza possibilità di successo.

Il vicedirettore dei lavori, l'ingegnere Roberto di Colloredo Mels, conte del Sacro Romano Impero, aveva avuto la fortuna di trovarsi fuori dalla zona investita; avrebbe potuto mettersi in salvo. Ma era un friulano di generoso ardimento, tenente d'artiglieria da montagna in congedo, erede di una tradizione vecchia di nove secoli. È accorso in aiuto del suo direttore, ingegnere Cesare Rocca, di sua moglie Lidia Rocca Maffioli, e degli operai, ma invano. Prima di essere ucciso con tutti gli altri ha potuto far pagare a caro pezzo la carneficina: giacevano, attorno al suo cadavere mutilato, otto morti abissini [115].

Pare però che il conte di Colloredo non sia stato mutilato, forse per l'ammirazione suscitata dal suo valore[116]. Vennero presi prigionieri gli operai Alfredo Lusetti ed Ernesto Zannoni, liberati a fine guerra. Pare che le Camicie Nere di guardia ai ponti sul Mareb, udite le scariche di fucileria, avessero chiesto via radio il permesso di andare a vedere cosa succedesse, ma il comando italiano non aveva dato l'autorizzazione[117]. Durante i rastrellamenti seguiti al massacro, Amedeo Guillet con i suoi *Spahis* libici trovò in una chiesa vicina, insieme a fucili italiani ed ad oggetti provenienti dal saccheggio, il portello di uno dei *CV33* di Crippa distrutti a Dembeguinà[118]. I conti con Immirù vennero poi regolati con la battaglia dello Scirè, il 29 gennaio; ma intanto Immirù era scaduto quasi al livello di un capo *sciftà*, i cui maggiori successi erano al massimo i saccheggi di cantieri quali quello di Mai Lahlà, nonostante il maldestro tentativo di far passare queste azioni per imprese militarmente importanti[119], ed i suoi

---

[115] Caccia Dominioni 1966 p. 367.
[116] *Forse in tributo al suo valore, Colloredo era l'unico a non avere subito mutilazioni* (O'Kelly 2002, p.88). Si vedano, per inquadrare la figura di Roberto di Colloredo, le sue lettere, in Colloredo Mels 1937.
[117] Bandini 1980, p.354
[118] O'Kelly 2002, p.88.
[119] Sul massacro di Mai Lahlà i bollettini etiopici arrivarono a scrivere: *Ras Immirù segnala dal fronte nord che il 13 febbraio un distaccamento delle nostre truppe ha attaccato un fortino nemico (…) I nostri hanno sconfitto il nemico che si è dato a precipitosa fuga verso la frontiera lasciando sul terreno 412 morti e qualche prigioniero* (Bollettino del Quartier Generale etiopico, Dessiè, 23 febbraio 1936: Di Lauro 1939, p.144). Del Boca sostiene sempre la tesi di Immirù, ossia che si sia trattato di un atto legittimo di guerra (cosa innegabile, mentre rientrano nel campo delle atrocità le sevizie inflitte ai moribondi ed ai cadaveri e la morte della signora Rocca – che venne presentata come opera del marito! – e della ragazza tigrina) tacendo però o sottostimando il successivo eccidio e le sevizie inferte ai prigionieri. Il modo in cui tratta l'episodio nel suo zibaldone è esemplare della selettività del Del Boca: non una parola che ponga l'accento sulla gravità del comportamento abissino, una sola menzione nel testo, virgolettata, delle sevizie, in compenso ampio spazio viene dedicato alle rappresaglie italiane, allo sfruttamento della strage da parte della propaganda fascista, eccetera. Addirittura cita una dichiarazione di ras Cassa che giustifica il comportamento degli abissini *le cui mogli e figli erano stati atrocemente ustionati dai gas, si erano vendicati dei loro selvaggi aggressori massacrando un campo di operai tra il Mareb e Darò Taclè!* (Del Boca 1979, pp.585 segg.). Viene da chiedersi cosa direbbe l'autore novarese, ex partigiano (ed ex ufficiale *repubblichino* della *Monterosa*) se qualcuno giustificasse la strage di Marzabotto con il bombardamento al fosforo di Amburgo. Nel corso di una trasmissione televisiva sulla terza rete Rai, nel 1998, Angelo Del Boca presentò i filmati dell'eccidio di Mai Lahlà per immagini di *vittime delle rappresaglie italiane ad Addis Abeba!* [l'editore ha potuto essere testimone dello stesso *banale errore* durante la proiezione di una ricerca multimediale sui "crimini fascisti" in Africa realizzata nel 2004 da un laureato in storia moderna dell'Università di Genova. Visto lo spirito dei tempi, non dubitiamo che il novello storico abbia avuto la sua laurea coronata dal *summa cum laude* NdE]. Uno storico autentico, Luigi Goglia, invece, pur ammettendo che l'attacco al cantiere *Gondrad* fosse un legittimo atto di guer-

guerrieri si erano sparpagliati largamente per i villaggi dello Scirè, *vivendo sul paese* per ragioni logistiche. Ai primi di gennaio, dopo due mesi di stasi nelle operazioni, il maresciallo aveva intenzione di rimuovere *il peso dallo stomaco* (così la definì) dell'Amba Aradam, in una di quelle *ricognizioni informative e offensive* che erano state anticipate nella lettera ai Comandi dipendenti prima citata. Del resto Mussolini – malgrado quanto sostenuto da Badoglio nella lettera del 5 gennaio – cominciava ad averne abbastanza dell'attendismo del Maresciallo piemontese, in ciò sostenuto dal sottosegretario alla Guerra, Baistrocchi. Negli stessi giorni poi Rodolfo Graziani, anziché restare sulla difensiva, aveva attaccato le truppe abissine nell'Ogaden, ed aveva agganciato e sconfitto l'esercito di Ras Destà sul fiume Daua Parma conquistando Neghelli[120]. Badoglio si convinse dunque che era necessario intraprendere qualche azione offensiva. Tuttavia, le attività di ras Sejum e di ras Cassa, nominato da Haile Selassiè comandante supremo dell'esercito del nord, nella zona del Tembien fecero cambiare idea al Maresciallo, impensierito oltretutto dalla presenza dall'armata di ras Immirù, che poteva costituire un pericolo per l'estrema destra dello schieramento. Valutata la nuova situazione venutasi a creare, il Maresciallo Badoglio telegrafò a Mussolini di esser costretto a sospendere la propria progettata puntata offensiva. Il 16° reggimento fanteria *Sila*, destinato all'attacco dell'Amba Aradam, ricevette perciò ordine di spostarsi da Sciafat ad Haddi Hotza, venendo preceduto nel movimento dalla banda dell'*Endertà*[121] in avanguardia, a prevenire sorprese come l'agguato di Dembeguinà. Badoglio si dedicò a mettere a punto il piano operativo di quella che egli stesso avrebbe definita la prima battaglia del Tembien: prevenire cioè un'azione delle forze abissine riunite, azione che ormai veniva profilandosi come imminente. Intorno alla metà di gennaio, infatti, si erano andati intensificando avvistamenti di armati etiopici e scontri tra le due parti.

---

ra, aggiunge che *quanto invece seguì all'entrata degli armati etiopici nel cantiere appartiene invece alla triste storia delle atrocità* (Luigi Goglia, *Storia fotografica dell'Impero fascista 1935-1941*, Roma- Bari 1985, p.11).

[120] Nella battaglia del Ganale Doria Graziani suddivise le proprie truppe in tre gruppi, al comando dei generali Maletti, Frusci e Bergonzoli, formanti tre colonne. Quella di centro, comandata dal generale A. Bergonzoli, era quasi totalmente autocarrata, con carri veloci, autoblindo e le mitragliatrici montate su camion dei *Lancieri di Aosta*. Il 19 gennaio i gruppi celeri *Aosta* e *Genova* entrarono a Neghelli, obiettivo dell'offensiva, a 380 km di distanza dalle basi di partenza. Nel successo della manovra però vi fu una nota negativa: la diserzione di quasi un migliaio di ascari della IV brigata, in parte passati al nemico, in parte sconfinati nel Kenya britannico.

[121] La banda dell'*Endertà* era comandata dal degiacc ras Haile Selassiè Gugsà, che all'inizio della campagna si era sottomesso a De Bono.

GLI INIZI DELLA
PRIMA BATTAGLIA DEL TEMBIEN

Il 15 gennaio, nello stesso giorno in cui si combatteva a Dembeguinà, la Regia Aeronautica aveva avvistato numerose masse di armati etiopici a nord del fiume Ghevà, bombardandole. Scontri tra pattuglie italiane in ricognizione e truppe abissine si erano verificati nella zona di Mai Ghibbà, alla confluenza del Gabat nel Ghevà. L'atteggiamento aggressivo degli etiopi era ormai evidente, ed inoltre il Servizio informazioni italiano aveva individuato ingenti forze avversarie, calcolabili in oltre 40.000 uomini[122], le quali si andavano avvicinando alle posizioni italiane nel Tembien meridionale. Contemporaneamente una ancor più consistente massa di armati rimaneva nella zona dell'Endertà, a sud di Macallè. Lo scopo degli etiopici era quello di attaccare in direzione del passo Abarò, e di passare il Gheralta allo scopo di recidere la linea italiana tra l'Hausien e Macallè, ed avvolgendo l'ala destra di Badoglio, schierata nella regione di Macallè mentre era impegnata frontalmente dalle truppe etiopi schierate nell'Endertà. Il Servizio informazioni individuò il comandante abissino: si trattava di ras Cassa Darghiè, imparentato con Menelik II e cugino di secondo grado di Haile Selassiè. Il duca Luigi Pignatelli della Leonessa, funzionario coloniale ed autore di un libro sulla guerra d'Etiopia tanto agile quanto eccellente, scrisse che il ras era uomo piuttosto di chiesa che di guerra: al campo bastava il primo insuccesso per scoraggiarlo[123]. Si può aggiungere che ras Cassa era anche vanaglorioso, come dimostrano alcune sue spacconerie riportate da Del Boca[124]. Al comando degli armati formanti il nucleo principale, che avrebbe operato in direzione di Abbi Addi erano Uonduossen Cassa e Averrà Cassa, figli del ras; in avanguardia erano gli armati dell'Uagh, comandati dal bigerondi Latibelù Gabrè. Un nucleo di consistenza inferiore al comando di Ras Sejum Mangascià si sarebbe diretto verso passo Abarò; oltre a guerrieri tigrini comprendeva anche le forze scioane del degiacc Asfaussen Cassa, terzo figlio di ras Cassa Darghiè. Il *Primo Fitaurari*, ras Mulughietà, ministro della guerra del negus, comandava personalmente il grande nucleo di armati che fronteggiavano le truppe italiane nella zona a sud di Macallè. A confermare che gli etiopici avessero propositi aggressivi era anche l'ammassarsi della cavalleria di Mulughietà alle spalle delle truppe di Cassa e di Sejum Mangascià. La cavalleria, come dopo Adua, aveva, infatti, lo scopo di agganciare e di inseguire le truppe avversarie dopo che queste fossero state ingaggiate e poste in rotta dalle soverchianti masse abissine. Era una tra le migliori cavallerie leggere dell'Africa, celebre per la propria audacia e per la ferocia, ben esemplificata dal grido di guerra *Ebalgumè!* "falcia!". In questa situazione, il terreno estremamente difficile era favorevole agli agguati ed all'occultamento anche di forti masse d'armati. Si tratta, infatti, di un territorio che non facilita certo l'osservazione aerea: ricorda Giuseppe Berto, allora ufficiale del Regio Corpo Truppe Coloniali, che *in Africa Orientale, una volta che fummo attacca-*

---

[122] La cifra di 100.000 uomini fornita da Mockler 1972, p. 100 della trad. it. è probabilmente esagerata, come molte delle notizie fornite dall'autore britannico.
[123] Pignatelli 1965, p.159.
[124] Del Boca 1979, p.536.

ti in tre compagnie, l'aviazione dovette faticare tre giorni per trovarci, nonostante che cercassimo di attirare l'attenzione con tutti i mezzi[125]. Ci si può dei guerriglieri abituati a mimetizzarsi. Gli etiopi, per sfuggire all'osservazione aerea inoltre tendevano a spostarsi durante la notte, nascondendosi durante le ore di luce nelle forre e nelle macchie[126]. Nella regione del Tembien i massicci e le Ambe dell'acrocoro sono profondamente solcati dall'erosione delle acque; assumendo forme che sono state paragonate alle guglie dolomitiche; data la conformazione orografica della regione abbondano letti di torrenti a regime temporaneo, forre e dirupi, coperti in parte da macchie di arbusti spinosi e boschetti di acacie e di euforbie a candeliere. Si tratta di un terreno talmente accidentato ed adatto alle infiltrazioni ed agli agguati da far affermare che il Tembien era il *settore che toglie il respiro*, quello dove *neppure una mitragliatrice può fermare dieci abissini armati di lancia e guradè*[127]. Ecco come Caccia Dominioni descrive efficacemente nel suo stile inconfondibile il teatro dei futuri combattimenti:

L'andamento orografico è così follemente caotico e imprevedibile da far pensare che il suo creatore, anziché nostro Signore nella sua infinita bontà e sapienza, sia stato un demonio nella peggior fase della sua più tremenda sbornia. Al Tembien non ci si abitua: esso trasmette a tutti quello stesso senso di ubriacatura inguaribile e tragica; nessuna meraviglia se le acque si mettessero a risalire valli e roccioni, o se forre e boschi si gonfiassero improvvisamente, sempre più soffocanti, fitti e massacratori con enormi spini d'acciaio, grovigli di serpenti, coltri di fogliame stregato[128].

Mancavano – e tuttora mancano – vie di collegamento, ad eccezione di sentieri difficili e resi impraticabili in caso di frane o pioggia, ciò che se per gli abissini non costituiva un grosso problema, rendeva assai arduo lo spostamento dei reparti nazionali. Le posizioni etiopi erano assai favorevoli dato che permettevano di utilizzare i letti asciutti del Mai Tonquà e del Ruba Uoinì come enormi camminamenti naturali, che facilitavano lo spostamento degli armati di ras Cassa e di Sejum da ovest ad est, ossia da passo Uarieu a passo Abarò ed oltre, verso l'Eritrea[129]. A Badoglio si presentavano due possibilità: o aspettare sulle proprie posizioni fortificate l'attacco abissino, batterlo e costringerlo a ripassare il Ghevà, abbandonando il Tembien, o precedere ras Cassa prendendo l'iniziativa ed attaccarlo. Notò Pignatelli della Leonessa che fra il settore del Tembien e quello di Macallè si era venuta a determinare una situazione particolare: allo stesso modo in cui la presenza di forti truppe abissine nel Tembien minacciava lo schieramento italiano di Macallè, così un rafforzamento delle nostre forze nella stessa zona, con l'occupazione dell'Amba Aradam, avrebbe reso impossibile a ras Cassa di rimanere nel Tembien col fianco destro minacciato dagli italiani[130]. D'altro canto, Badoglio non poteva ammassare truppe ed impiegarle nella zona di Macallè finché fosse durata la minaccia abissina nel Tembien. Un circolo vizioso, dunque, per riprendere Pignatelli, l'unico modo per uscire dal quale era scacciare ras

---

[125] Berto 1955, p.24.
[126] Scala 1952, p.439.
[127] Caccia Dominioni 1966, p. 312.
[128] Ibid., p.315.
[129] Pignatelli 1965, p.156.
[130] Ibid.

Cassa dal Tembien[131]. Il Comando Superiore decise dunque di prevenire il disegno di Ras Cassa Darghiè attaccandolo prima che fosse completato lo schieramento delle truppe etiopiche. Si vuole da qualcuno che Badoglio decidesse per l'offensiva per le pressioni provenienti da Roma – non dimentichiamoci che De Bono era stato esautorato proprio a causa della sua cautela – del resto negli ambienti del Comando circolava in quei giorni la battuta di Paolo Monelli: *mi pare che la guerra sbadoglia. Forse ci vorrebbe ch'ha viglia di vincerla*, con un esplicito riferimento al maresciallo Enrico Caviglia, avversario di Badoglio sin dalla Grande Guerra, e di cui si faceva il nome per un eventuale avvicendamento al comando delle truppe in Africa Orientale[132]. Nello stesso tempo, oltretutto, in Somalia Graziani aveva attaccato le truppe di ras Destà sul Ganale Doria e sul Daua Parma, distruggendo l'Armata dell'Ogaden, considerata una delle migliori di cui disponesse il negus Haile Selassiè. Scrisse ancora Paolo Caccia Dominioni: *Ormai anche Badoglio è premuto dall'impazienza e per l'esempio venuto dalla Somalia, e per l'aumento sensibilissimo della pressione nemica nel Tembien*[133]. Fatto sta che Badoglio comunicò il 15 gennaio al generale Pirzio Biroli, comandante del Corpo d'Armata Eritreo le direttive per l'offensiva. Il piano consisteva nell'ancorare lo schieramento alle posizioni del passo Uarieu, utilizzandolo quale perno per limitate puntate offensive allo scopo di distrarre forze abissine dall'azione principale, che avrebbe visto il grosso delle truppe italiane puntare su Melfà ed Abbi Addi passando per lo Zeban Chercatà, monte Lata e l'Endabba Salama[134]. Queste le direttive per l'esecuzione dell'operazione come riportate da Badoglio nel suo volume sulla guerra d'Etiopia[135]:

mantenere salda e garantita l'occupazione di passo Uarieu limitandosi ad eseguire una puntata con una colonna leggera che uscisse da Uarieu in direzione di Abbi Addi, "quel tanto che era necessario per l'assolvimento del suo compito dimostrativo, ma senza correre il rischio di essere staccata dal passo";
agire con una forte colonna da passo Abarò per Mai Merettà su Melfà; puntare con una colonna minore da Adi Ahà su Abba Salama[136] se la viabilità l'avesse consentito, in caso contrario fronteggiare le posizioni dell'amba per evitare che il nemico potesse scendere da esse.

A rinforzo delle truppe del Tembien Badoglio dispose il trasferimento da Macallè di un gruppo di battaglioni eritrei della 1ª Divisione. Inoltre il maresciallo disponeva:

che l'azione fosse preceduta da una azione da Macallè verso sud-ovest, da parte di unità della […] massa di manovra. Volevo con ciò impedire, scrisse Badoglio, che le truppe di ras Mulughietà, fronteggianti la nostra occupazione a sud di Macallè, si

---

[131] Ibid., p.157.
[132] Caccia Dominioni 1966, pp.307-308. In uno dei suoi quotidiani colloqui con il sottosegretario alle Colonie Lessona, Mussolini disse: *Sta bene, avrò ancora pazienza e attenderò, ma se Badoglio non attacca entro dieci giorni lo sostituirò* (Lessona 1958, p.238).
[133] Ibid., p.314.
[134] Pignatelli 1965, p.157.
[135] Badoglio 1936, pp.63-64. I corsivi sono di Badoglio.
[136] Endebba Salama.

spostassero nel Tembien, ed avere inoltre la possibilità di procedere, in secondo tempo, e se la situazione l'avesse consigliato, contro le linee di comunicazione che dal Seloà adducono nel Tembien[137]; che dallo Scirè una colonna puntasse su Af Gagà contro le truppe avanzate di ras Immirù, per impedire a quest'ultimo di eventualmente rinforzare le truppe del Tembien[138].

Il giorno diciannove gennaio, il III Corpo d'Armata, comandato dal generale di Corpo d'Armata Ettore Bastico, si mosse dalle proprie posizioni del campo fortificato di Macallè e raggiunse, *senza colpo ferire* per Badoglio[139], *non senza difficoltà* secondo Pignatelli della Leonessa[140], l'area di Debrì-Negaidà, dove sostava. Il III Corpo d'Armata era stato da poco costituito con le divisioni 1ª CC.NN. *23 Marzo* (Legioni 135ª *Indomita*, 192ª *F. Ferrucci* e 202ª *Cacciatori del Tevere*; com. gen. Filiberto di Savoia-Genova duca di Pistoia), e *Sila* (16°, 19° e 20° fanteria; gen. Bertini) a Macallè. Scopo della manovra del III Corpo era tenere impegnate in una zona intermedia tra Macallè e il Tembien le forze del Primo Fitaurari ras Mulughietà in modo da distoglierle dall'accorrere in soccorso a quelle di ras Cassa. In un secondo momento Bastico sarebbe dovuto avanzare con le proprie truppe in direzione di Gargarà, in modo da stabilire il controllo italiano sul corso del fiume Gabat, recidendo la linea di arroccamento etiopica. Il percorso non era facile, ed il terreno ostacolava fortemente la marcia. L'ascesa del costone che dominava da nord la valle del Gabat si dimostrò infatti ardua, anche se non vi furono resistenze; ma quando gli italiani superarono il ciglio del costone vennero fatti segno ad un nutritissimo fuoco proveniente dagli appostamenti che gli abissini avevano apprestato in contropendenza, approfittando della configurazione del terreno, e valendosi di accorgimenti tecnici sicuramente dovuti a consulenti ed istruttori europei[141]. Mentre l'avanguardia fronteggiava gli abissini, il comando della *23 Marzo* fece intervenire altre unità appoggiate da artiglieria e bombarde, che dopo un vivace bombardamento ebbero ragione della resistenza etiope. Il duca di Pistoia, comandante la divisione, si portò sulla linea del fuoco tra le sue Camicie Nere. Gli abissini avevano cominciato a dar segni di parziali resistenze, procurando le prime perdite, serrando attraverso i canaloni, sulle posizioni della *23 Marzo* durante la notte tra il 19 ed il 20 gennaio. Il giorno seguente le truppe etiopiche attaccarono la 202ª legione *Cacciatori del Tevere*, e, nonostante l'efficace fuoco delle mitragliatrici delle Camicie Nere, riuscirono ad arrivare su alcune mitraglie massacrandone i serventi; tuttavia dopo una giornata di combattimenti i legionari ebbero ragione del nemico, che venne rastrellato il giorno successivo[142]. Intanto, sulla destra, la divisione *Sila* raggiunse la confluenza tra i torrenti Calaminò e Gabat incontrando notevole resistenza da parte del nemico, resistenza superata nel pomeriggio del 20. Nella notte sul 21 l'occupazione del costone fu completata, senza incontrare opposizione. Il 21 gennaio cadde eroicamente il Capomanipolo fiorentino Emilio Maccolini, della 192ª Legione *F. Ferrucci*, mentre tentava di salvare una Camicia Nera ferita ed agonizzan-

---

[137] Badoglio 1936, p.64.
[138] Ibid.
[139] Badoglio 1936, p.65.
[140] Pignatelli 1965, p. 158.
[141] Scala 1952, p.440.
[142] Lucas, De Vecchi 1976 pp.65-66.

te rimasta fuori dalle linee italiane. Ebbe la Medaglia d'Oro al Valor Militare. Le perdite del III Corpo erano state: divisione *23 Marzo:* tre ufficiali caduti e due feriti, 60 Camicie Nere morte o ferite; divisione *Sila*: tre ufficiali feriti, 33 uomini di truppa fuori combattimento. Le perdite etiopiche superarono i 200 morti[143]. L'azione del III Corpo d'Armata si dimostrò efficace perché riuscì a dare un maggior respiro all'occupazione della regione, permise lo schieramento su posizioni naturalmente più forti delle precedenti e bloccò la massa principale di truppe avversarie, ossia il *mahel safari* di Mulughietà[144]. Il giorno lunedì 20 gennaio avevano inizio le operazioni offensive nel Tembien. La massa principale, su due colonne (Tracchia e Scotti) ed una riserva, si mosse da passo Abarò e Mai Merettà in direzione sud-ovest con obiettivo l'area di Melfà. Nello stesso tempo, una colonna minore (Buttà) partita da Adi Ahà puntava sull'Endabba Salama per bloccare le truppe abissine provenienti da Rubà Uoinì, e, in un secondo momento, concorrere da nord all'azione principale. Il gruppo Diamanti, del presidio di passo Uarieu, compì una sortita sino al Beles, che non oltrepassava. A Diamanti, antico e coraggioso tenente di complemento d'artiglieria, ora console generale della Milizia spettava un compito dimostrativo allo scopo di fissare l'avversario, che risultava numeroso in zona, e impedire agli etiopici di spostarsi lungo il torrente Torquà per far massa con le truppe di Mulughietà dislocate ad est di Melfà. Gli altri tre comandanti di colonna, tutti colonnelli del Regio Esercito e con esperienza pluridecennale di campagne coloniali, avevano il compito di attaccare a fondo. I presidi di passo Abarò e Addi Zubahà avrebbero concorso a bloccare i movimenti degli abissini[145].

---

[143] Scala 1952, p.441.
[144] Scala 1952, p.440. Il *mahel safari* era, come si è detto a suo luogo, il nucleo principale delle armate abissine (lett. *l'esercito di centro*) al diretto comando del *Primo Fitaurari*, il ministro della guerra, ossia l'esercito etiopico vero e proprio e non una leva feudale.
[145] Badoglio 1936, p.65.

Le colonne erano così disposte:

ad ovest la colonna Diamanti, da passo Uarieu al Mai Beles;
al centro, dal monte Pellegrino, la colonna Buttà, IV gruppo eritreo, verso Debra Amba;
ad est le colonne Tracchia, VII gruppo eritreo appoggiato dal VI gruppo della 1ª divisione eritrea, e Scotti, 3° gruppo con il comando di brigata (generale Dalmazzo).

Per rafforzare la potenza di fuoco degli ascari furono aggregati nuclei di mitraglieri della Milizia; tuttavia l'aumentata potenza di fuoco spesso andò a discapito della mobilità, punto di forza delle fanterie coloniali. Scrisse Caccia Dominioni, che in Etiopia fu ufficiale delle truppe coloniali: *i gruppi* [eritrei] *hanno l'appoggio di camicie nere, specialmente con mitragliatrici pesanti (non è un vantaggio: il coraggio e la robustezza di questi anziani volontari non compensa* (sic) *la loro lentezza, che spesso paralizza la mobile agilità degli ascari)*[146]. Un altro svantaggio era dato dal fatto che molti militi, reduci della guerra 1915-1918 tendevano a sottovalutare gli etiopi; ciò era bilanciato dal fatto che i veterani fossero assuefatti al fuoco ed avevano un morale assai elevato. Non appena raggiunte le alture sulla riva destra del Mai Merettà le colonne Tracchia e Scotti, costituenti la massa principale si scontravano con imponenti masse di guerrieri etiopici, che reagirono vivacemente contro gli ascari di Tracchia, che si vide costretto ad impiegare tutte le proprie truppe. Attacchi e contrattacchi si susseguirono violenti, e i battaglioni eritrei giunsero più volte a scontrarsi all'arma bianca con le colonne avversarie che scendevano dallo Zeban Chercatà. Il villaggio di Mehenò passò più volte di mano, ma alla fine, con il concorso dell'altra colonna Scotti, anche Tracchia riuscì a procedere sia pure lentamente. Le truppe negussite cercarono di ribaltare la situazione a proprio favore aggirando con un ampio movimento da nord il fianco destro italiano, ma il prono intervento della riserva di corpo d'Armata sventò ogni velleità abissina in tal senso. Verso le ore 14 gli etiopici dopo aver *bravamente combattuto*, come riconosciuto dallo stesso Badoglio[147], e subito ingenti perdite iniziarono a sganciarsi ed a ritirarsi sotto la protezione di forti nuclei di retroguardia. Alle 16 gli italiani raggiunsero e occuparono le alture dello Zeban Chercatà. Anche la colonna Buttà, proveniente da Adi Ahà, dopo aver sostenuto un aspro combattimento contro rilevanti truppe abissine occupò l'Amba Cossà, che è un gradino dell'Endabba Salama. Della ricognizione di Diamanti si parlerà ampiamente più avanti. La giornata si era conclusa favorevolmente per gli italiani. Su tutta la fronte del Tembien si era agganciato il nemico; a sud di Uarieu, sebbene non impegnato, Cassa era stato trattenuto dall'azione dimostrativa delle Camicie Nere verso il Mai Beles; a monte Chercatà ed Endabba Salama le truppe del ras erano state battute malgrado la resistenza opposta alle truppe di Pirzio Biroli. Ras Cassa telegrafò al negus in questi termini: *Gli uomini che avevo mandato per tagliar la strada agli italiani sono stati respinti*[148]. Come scrisse Badoglio, si riferiva evidentemente all'azione delle sue truppe, intesa a tagliare la linea di operazione italiana di Macallè e all'azione del-

---

[146] Caccia Dominioni 1966, p.316
[147] Badoglio 1936, p.66.
[148] Riportato in Pignatelli 1965, p.159.

le colonne avanzanti, da est e da nord, verso il cuore delle posizioni etiopiche: al tempo stesso Cassa comunicava all'imperatore il fallimento del proprio progetto offensivo[149]. Nello Scirè, la colonna del II Corpo d'Armata diretta su Af Gagà occupò la zona di Adi Danagul senza incontrare opposizione. Il successo conseguito il 20 gennaio consigliò Badoglio a riprendere l'azione contro il nucleo principale nemico il mattino successivo, occupando il monte Lata, e costringendo gli etiopi a ripiegare verso sud[150]. Contemporaneamente il presidio di passo Uarieu avrebbe dovuto riprendere l'azione dimostrativa verso il Mai Beles, il III Corpo di Bastico aveva il compito di agganciare con propri elementi le truppe avanzate di ras Mulughietà, ancora annidate nella valle del Gabat, per impedire che potessero accorrere in rinforzo degli uomini di ras Cassa Darghiè. Nello Scirè la colonna del II Corpo d'Armata giunta a Danagul avrebbe proseguito l'avanzata sino ad Af Gagà, per impegnare le truppe di ras Immirù o almeno minacciarle, bloccandole nella regione. Nel corso della nottata la situazione si modificò, perché gli abissini abbandonarono monte Lata. Di conseguenza il Comando di Corpo d'Armata modificava, nelle prime ore del mattino, gli ordini impartiti alla colonna principale: Scotti e Tracchia avrebbero dovuto perciò congiungersi con la colonna Buttà, proveniente da settentrione e inviare un forte nucleo di fanteria ed artiglieria sulla Debra Amba per occupare i roccioni che si affacciano su Abbi Addi. Così, le truppe della colonna principale si impadronirono del monte Lata senza colpo ferire e riuscirono a stabilire il contatto con gli ascari della colonna Buttà, partiti da Addi Ahà e che avevano a loro volta occupato all'alba l'Endabba Salama. Il fatto che il nemico avesse abbandonato la posizione del Lata avrebbe dovuto mettere sull'avviso il comando italiano, che si sarebbe dovuto porre il dubbio se il fine della manovra non fosse quello di far massa su un altro settore del fronte[151]. Questo settore era la zona del Mai Beles, su cui si sarebbe diretto il gruppo Diamanti. A passo Uarieu si era concentrata in gran parte la divisione Camicie Nere *28 Ottobre*, agli ordini del generale di brigata (poi di divisione) Umberto Somma, combattente della guerra di Libia del 1911-12 e mutilato nei combattimenti sul Vodice durante la prima guerra mondiale. Scrive Caccia Dominioni che Somma era assai quotato negli ambienti militari, tanto che si volle inserire il suo nome nel motto della divisione: *Summa audacia et virtute* (con somma audacia e valore). E aggiunge: *Grave, pericoloso impegno: finché durerà la divisione, il nome del suo primo capo sarà legato ai fasti, ma anche ai guai dell'unità*[152]. La *28 Ottobre* era una Grande Unità costituitasi nel maggio del 1935 ed erede del labaro e delle tradizioni della 1ª divisione d'Assalto, la migliore grande unità italiana della Grande Guerra. La divisione venne mobilitata per l'*esigenza A.O.I.* il sette maggio del 1935[153], e già il 22 maggio iniziò l'addestramento nella zona tra, Scauri, Gaeta e Formia dove il nove luglio ricevette il labaro della 1ª divisione d'Assalto. Il labaro fu consegnato dal generale designato d'Armata Ottavio Zoppi, comandante della 1ª divisione d'Assalto nel 1918, in una sorta di passaggio di consegne tra gli Arditi del 1915-1918 alle Camicie Nere. Poi le

---

[149] Badoglio 1936, p.66.
[150] Ibid., p.67.
[151] Pignatelli 1965, p.159.
[152] Caccia Dominioni 1966, p.316
[153] Pini, Susmel 1973, p.321. Insieme alla *28 Ottobre* vennero mobilitati anche le divisioni *Sabauda*, 1ª CC.NN. *23 Marzo* e tre battaglioni della M.V.S.N.

esercitazioni proseguirono sino ad agosto, con una marcia manovrata sino a Benevento, dove le Camicie Nere vennero passate in rivista da Mussolini sul campo d'aviazione della città il 18. Il capo del governo disse ai legionari: *Voi marcerete travolgendo ogni ostacolo fino alla meta che vi sarà indicata*[154]. Trasferita a Napoli la divisione cominciò ad essere imbarcata per l'Africa, giungendo a Massaua nei primi giorni di settembre. Alla vigilia della battaglia del Tembien la divisione *28 Ottobre* si presentava, dunque, come un reparto ben addestrato e ben armato, che aveva già partecipato all'avanzata su Adua prima e a quella su Macallè poi, dove era stata destinata a guardia di quel grande campo trincerato. Qui, la notte tra il 3 ed il 4 dicembre, la divisione ebbe il suo battesimo del fuoco nella *Santa Barbara di sangue*: una pattuglia di sei Camicie Nere della compagnia sussistenza scese a raccogliere legna fu assalita da una cinquantina di etiopi; dopo essersi strenuamente difesi, i militi vennero massacrati ed evirati. Il cinque dicembre, mentre si svolgevano le esequie dei legionari caduti, i trentasei pezzi d'artiglieria della divisione avevano bombardato per rappresaglia tre villaggi, incendiandoli. Uno di essi, Debrì, venne poi attaccato e rastrellato dalle Camicie Nere e dagli ascari del XXV battaglione eritreo. Sul casco coloniale posto sulla bara di uno dei caduti si leggeva ancora, scritto con il lapis copiativo: *...e col legno della nostra croce abbiamo rifatto l'asta della nostra bandiera*[155]. Come scrive Bandini, *erano ancora tempi in cui i soldati scrivevano a casa, augurandosi "l'olocausto e l'onore di dormire per sempre accanto alla salma di Galliano"*[156]. Bottai scrisse a proposito di un altro motto scritto sulla tela del casco coloniale di un milite caduto sul Calaminò:

Qua e là affiora una certa rettorica; ma è rettorica di buoni e onesti sentimenti. Una delle sei Camicie Nere trucidate dopo aspra resistenza davanti a queste linee, nel dicembre scorso, aveva scritto giro la tesa del suo casco: "Se vivo, voglio vivere all'ombra della mia bandiera. Se muoio, voglio essere crocifisso all'asta della mia bandiera". Un po' gonfio: ma è pienezza dell'animo, che si è donato tutto[157].

Il due gennaio le Camicie Nere della *28 Ottobre* si erano spostate a Gherghember Abù, dove si trovava come riserva di Corpo d'Armata, a Macallè ed a Ghevà; all'alba del giorno successivo guadato il fiume, la divisione s'inoltrò nel Tembien. Scriveva Bandini:

Gli animi erano eccitati e confidenti, la lunga marcia non spaventava: armati di ottime carte inglesi, gli ufficiali non dubitavano di trovare acqua ogni tre o quattro ore di marcia. E l'acqua è l'amica del soldato, in terra d'Africa. Le ottime carte inglesi mentivano spudoratamente. Durante tutta la giornata del 2, le truppe marciarono tormentate da una sete straziante. Nel pomeriggio, solo la forza della disperazione faceva ancora muovere le gambe[158].

---

[154] Pini, Susmel 1973, p.327.
[155] Bandini 1980, p.296.
[156] Ibid.
[157] Bottai 1982, alla data del 5 gennaio 1936
[158] Ibid.

Ricordò nel suo diario il Centurione Galassi, della 114ª Legione:

Quello che ieri ho vissuto, sofferto, con l'angoscia che mi serrava il cuore, con la fatica che mi martellava le tempie, con la sete che mi inaridiva la gola, non si può descrivere, non si può neppure tentare di fissarlo. Pochi potranno dimenticare, anche se il tempo affievolirà il ricordo, smorzerà le reazioni, giustificherà tante cose. La bella, la superba, la ferrea *28 Ottobre*, sfinita, trascinantesi di balza in balza senza più ordine, senza volontà, ansimante per l'erta di Enda Mic[h]ael in un disordine che assumeva di ora in ora un crescendo che angosciava, prostrata dalla fatica, dalla sete e dal caldo. I reparti si allungavano, uomini cadevano a terra senza più respiro, si perdevano. Muli cadevano di schianto, senza più rialzarsi, fulminati. E la ricerca disperata dell'acqua. Il fango filtrato attraverso i fazzoletti nelle gole arse, raccolto nelle forre, sfidando le fucilate abissine che abbattevano senza pietà gli isolati che disperatamente cercavano di rincorrere i reparti allontanatisi nella polvere, nel caldo[159].

Verso sera vi furono infatti primi scontri a fuoco con gli abissini, i quali attaccarono la retroguardia divisionale e i legionari attardatisi per la fatica. I legionari ebbero due morti e tre feriti. Questi piccoli scontri dimostravano che gli etiopici tenevano d'occhio i movimenti delle Camicie Nere. Dopo una marcia di quattordici ore la divisione giunse alle sorgenti del Mai Meretà: *Fu soltanto alle 23 che si riuscì ad arrivare al Ruba Uoinì, con le sue pigre acque verdastre. Innumerevoli tubetti di* steridrolo *comparvero dalle tasche dei soldati, e quella giornata d'inferno ebbe termine*[160]. Dopo la sosta ed il riordinamento, il cinque gennaio le Camicie Nere puntarono su passo Abarò, ad una quota di 2.400 metri. Mentre la divisione proseguiva l'avanzata, a passo Abarò rimase di presidio la 116ª Legione *Alpina* di Como. Verso le nove del mattino armati etiopici attaccarono la retroguardia, venendo ingaggiati da reparti della 180ª Legione *Alessandro Farnese* di Parma, dal battaglione mitraglieri e da elementi dei Carabinieri Reali. Gli abissini si sganciarono dopo aver perso ventidue uomini. A sera, la divisione giunse ad Addi Zubahà, scendendo a 1.655 metri di quota. Qualche giorno dopo, lasciata a presidio della linea la 114ª Legione *Garibaldina* (Bergamo) la *28 Ottobre* raggiunse passo Uarieu dove si accantonò. Le forze della divisione erano ora ridotte alla sola 180ª Legione ed ai reparti divisionali:

180ª Legione *Alessandro Farnese* (comandante console A. Biscaccianti):
CLXXX Btg. CC.NN. (Parma);
CLXXIV Btg. CC.NN. (Fidenza);
180ª compagnia mitraglieri (Cremona e Casalmaggiore);
180ª batteria someggiata su pezzi da 65/17 mm (Tortona ed Alessandria);
II Btg. Mitraglieri (Genova e Savona, com. seniore Caorsi);
II gruppo cannoni (del 30° reggimento Artiglieria *Leonessa*, ten. col. Cecconi[161]);
2ª compagnia Genio (mista CC.NN. e R.E., magg. Rossi)

---
[159] Il diario del Centurione Galassi è pubblicato in appendice.
[160] Ibid.
[161] la denominazione, prima dell'assegnazione alla 2ª div. CC.NN. era gruppo di artiglieria da montagna *Bergamo*.

2ª sezione Carabinieri Reali (Legione di Milano, 1° ten. De Maria)
Quartier Generale Divisionale
2° Reparto salmerie
2ª Sezione Sanità.

A bilanciare la mancanza delle due legioni lasciate indietro vennero posti alle dipendenze tattiche della divisione:

Due battaglioni del 1° Gruppo CC.NN. d'Eritrea (Console Gen. F. Diamanti), II e IV;
VII gruppo autocarrellato di batterie da 77/28-17;
IV gruppo battaglioni eritrei (Col. Buttà): IX e XII, più una compagnia mitraglieri del XVII battaglione[162].

I due battaglioni del gruppo Diamanti si trovavano a passo Uarieu già da dicembre. Il 22 dicembre i due battaglioni di Camicie Nere e la compagnia armi pesanti avevano affrontato circa 13.000 abissini che dall'Amba Tzellerè tentavano di sboccare in pianura; i legionari inflissero pesanti perdite all'avversario che lasciò sul terreno perdite calcolate sui 1.000 morti e 2.000 feriti[163]. La linea di resistenza italiana fu stabilita a Passo Uarieu, dove i due battaglioni restarono di presidio sino all'arrivo della *28 Ottobre*, il 16 gennaio. Nel frattempo, il 27 dicembre era giunto a passo Uarieu anche il gruppo battaglioni eritrei del colonnello Buttà, composto dal IX e XII battaglione. Tra italiani ed etiopici si avevano costanti scambi di fucileria, a volte accompagnati dal tiro dei cannoni italiani ma anche da pezzo d'artiglieria abissino, un *Rheinmetall* da 37 mm, come scrisse a casa il Capomanipolo Luigi Chiavellati, medico del IV battaglione:

Siamo sempre nel Tembien tra roccioni e guglie e solitudini, sferzate dalla cupa voce del cannone e dal metallico gracchiare delle mitragliatrici a cui risponde il "ta-pum" dei fucili abissini di pura marca belga ed inglese. Ieri arrivò anche una cannonata sparata da una vecchia caffettiera. Non ti dico i fischi, gli urli, i motteggi delle brave CC.NN. messe in allegria dal ridicolo effetto[164].

Le posizioni di passo Uarieu si trovavano nella selletta tra la Uork Amba e la Debra Amba. Si trattava di due fortini, costruiti con muretti a secco; nel più arretrato si sistemò il generale Somma con il comando artiglieria e genio, la 180ª Legione *Ales-*

---

[162] Lucas, De Vecchi 1976, p.75. Non risponde assolutamente al vero quanto sostenuto da Mockler che a passo Uarieu erano presenti *i quattro battaglioni di Diamanti rafforzati dalle tre legioni della* 28 Ottobre (Mockler 1972, p. 100 della tr. it.). Prescindendo dal fatto che semmai era la *28 Ottobre* ad essere rinforzata dal gruppo Diamanti, a difendere il fortino c'era solo la legione *Alessandro Farnese*, per di più incompleta (come ricordato, il 174° battaglione CC.NN. e la 180ª compagnia mitraglieri erano stati aggregati ai battaglioni eritrei di Buttà e non erano presenti a passo Uarieu) e due battaglioni CC.NN. d'Eritrea – non quattro – per un totale di quattro battaglioni della Milizia (includendo anche il 2° battaglione mitraglieri), e non di quindici come pretende l'autore inglese; alle truppe della M.V.S.N. si deve aggiungere il XII battaglione eritreo.
[163] Ibid., p.100.
[164] L. Chiavellati, lettera alla moglie del 18 gennaio 1936, in L. Chiavellati, *Luigi Chiavellati, Medaglia d'Oro*, Roma s.d. (ma 1939), p. 68. Due giorni dopo, come si vedrà, Chiavellati sarebbe caduto negli scontri sul Mai Beles guadagnandosi la M.O.V.M. alla memoria.

sandro Farnese, la 180ª batteria da 65, ed il II gruppo cannoni, la sezione dei Carabinieri, due battaglioni mitraglieri, la sanità ed i servizi. Nel fortino più avanzato si acquartierarono i due battaglioni di Diamanti, ed il gruppo autocarrellato da 75/28. I due forti non avevano approvvigionamento idrico proprio: l'unica acqua disponibile era una sorgente a quattro chilometri di distanza, verso il monte Pellegrino. Inoltre gli etiopici occupavano tutte le alture circostanti: la Uork Amba, la Debra Amba, Debra Ansà ed i roccioni di Chernalé[165]. Già il diciotto gennaio il sottotenente Quirino Maffi, comandante del nucleo esplorante del XII battaglione eritreo, aveva avvistato un gruppo di una cinquantina di abissini con alcuni muletti nel corso di una ricognizione verso monte Pellegrino, ed un numero rilevante di fuochi di bivacchi a nord di Melfà. Al ritorno fece rapporto al suo comandante, maggiore Angelini, che lo mise a rapporto dal generale Somma. Questi trattò il Maffi da visionario e lo congedò aggiungendo lapidario: *Non dica sciocchezze*[166]. L'idea di Badoglio, come detto, era quella di far compiere alla *28 Ottobre* un'azione dimostrativa uscendo dalle posizioni di passo Uarieu spingendosi verso la piana del Mai Beles, di concerto con le truppe eritree che avrebbero puntato su Melfà su tre colonne uscite dal passo Abarò.

Lo schema era quello della tenaglia, che va benissimo quando si tratta di manovrare sui campi di battaglia europei, ben forniti di strade: ma che diventa funesto in Africa, soprattutto di fronte a un nemico capace di fare cento chilometri al giorno a piedi con un pugno di dura nello sciamma e di ricominciare il giorno dopo[167].

Gli ordini per l'azione dimostrativa chiamata *Melfà*, forse per confondere sull'obiettivo eventuali spie abissine, che tanti danni avevano arrecato nel 1896, giunsero al comando di Somma sabato 18 gennaio. Il giorno seguente le truppe si disposero sulle posizioni di partenza, occupando con due batterie del II gruppo cannoni i roccioni del monte Scimarbò, ad occidente di passo Uarieu, inviando i battaglioni eritrei comandati dal colonnello Buttà verso l'Endabba Salama. Per aumentare la potenza di fuoco al gruppo Buttà venne aggregata la 180ª compagnia mitraglieri dal centurione Nobis[168]. Il XII battaglione eritreo, al comando del maggiore Angelini, distaccato dal IV gruppo, rimase invece a passo Uarieu. La mattina del 20 gennaio, lunedì, seguendo gli ordini di Somma, il console generale Diamanti assunse il comando di una colonna costituita dai suoi due battaglioni, II e IV, e da una compagnia del II battaglione mitraglieri, in tutto 48 ufficiali e 1.484 militi. La colonna si spinse senza difficoltà sino a tre chilometri da passo Uarieu, mantenendosi al di qua del Mai Beles e rientrando poi nelle linee italiane intorno alle 22.

---

[165] Bandini 1980, pp.296-297.
[166] Caccia Dominioni 1966 p.320.
[167] Ibid., p.297.
[168] La mancanza di notizie del VII gruppo autocarrellato durante la difesa del passo fa pensare che sia stato distaccato dalle truppe di Somma in quest'occasione.

PASSO UARIEU

La mattina del giorno seguente, martedì 21 gennaio, la colonna comandata dal console Diamanti ebbe l'ordine di spingersi sino al Mai Beles, a sei chilometri di distanza, nella stessa formazione del giorno prima, e rinforzata dai pezzi da 65/17 della batteria someggiata del II gruppo, che ne rallentarono notevolmente la velocità di spostamento[169]. Il IV battaglione CC.NN. ebbe il compito di avanzare in primo scaglione, seguito dal II. Alle 10.45 sotto un sole a picco le Camicie Nere raggiunsero l'obiettivo prefissato, notando la presenza di grandi nuclei di armati: migliaia di etiopi molto più aggressivi del giorno prima. Nonostante gli ordini di Badoglio, il gruppo battaglioni Diamanti oltrepassò il Mai Beles di alcuni chilometri. Il console Diamanti rivelò anni dopo che causa di tutto fu l'ordine dato dal comandante della *28 Ottobre* di avanzare e di occupare la Debra Amba. Diamanti obbiettò a Somma che si sarebbe trattato di fare altri sei chilometri in avanti e di attaccare con poco più di mille uomini una posizione fortemente presidiata, distante oltre dodici chilometri da passo Uarieu. Somma gli rispose freddamente, al telefono: *Mi trovo al mio osservatorio e con il cannocchiale ho potuto valutare le forze nemiche*[170]. Somma diede prova in quest'occasione di un atteggiamento di sufficienza verso Diamanti, tipico degli ufficiali del regio Esercito nei riguardi di quelli della Milizia, considerati *dilettanti*. Fu come uno schiaffo per Diamanti, che tacque *per non esser considerato un vigliacco*; perciò alle 11.30 diede ordine di riprendere l'avanzata. Alle 13.30 i suoi uomini raggiunsero la vetta della Debra Amba. Il colonnello Konovaloff, durante la battaglia consigliere militare di ras Sejum, seguì l'avvicinamento dei legionari da un'altura su cui si era appostato insieme al ras per seguire le mosse di Diamanti: i militi avanzavano allineati in colonne, guidati dagli ufficiali, montati sui muletti, e pensò che il loro modo di avanzare non dovesse essere troppo diverso dai tempi di Adua. A questo punto gli abissini, le cui forze comprendevano anche le truppe che avevano evacuato il monte Lata nella notte precedente, iniziarono l'assalto secondo la tattica tradizionale dell'annientamento ad ondate concentriche[171]. Erano presenti le truppe dei ras Cassa e Sejum, dei degiacc Averrà Cassa[172] e Admassu Burrù, del fitaurari Andargè; la quantità di etiopi era tale che la batteria da 65/17, rimasta sul Beles, non poté aprire il fuoco, per evitare di colpire gli italiani. I reparti, piccoli e grandi, dovettero resistere sul posto. Anche la batteria divisionale fu investita da torme di *gascegnà* urlanti; a stento si riuscì a salvare un pezzo, che ripiegò a braccia, di corsa. La seconda compagnia mitraglieri fu sterminata; nonostante la strenua resistenza opposta sino alla fine. La

---

[169] E non dal gruppo autocarrellato come riportato spesso erroneamente.

[170] Diamanti, *Historia*, Marzo 1966; Bandini 1980, pp.297-298; Del Boca 1979, p. 524 n.15. Nel citato articolo Diamanti cerca di accreditarsi, per comprensibili ragioni di opportunità politica, come generale del Regio Esercito anziché come console generale delle M.V.S.N. Nel suo zibaldone, Del Boca, o per sminuire il comportamento dei legionari, o per scarsa conoscenza dell'argomento, fa cenno, con la solita approssimazione, ad *alcune batterie di cannoni* in appoggio al gruppo Diamanti (Del Boca 1979, p.524). In realtà era una sola batteria; per di più il pezzo da 65/17 era una versione obsoleta del vecchio pezzo da montagna da 65 mm, con un raggio di tiro inadeguato (Nicolle 1997, p.38).

[171] Non è probabilmente un caso che fosse martedì, il giorno che secondo le tradizioni etiopiche è favorevole per ingaggiare combattimento (Ruggeri 1988, p.6.).

[172] Averrà Cassa fu fucilato per ordine del generale Tracchia il 21 dicembre 1936, insieme al fratello Asfauossen.

tattica degli abissini era quella dell'attacco ripetuto e concentrico, con il ripiegamento dei gruppi indeboliti dalle perdite, che erano sostituiti da truppe fresche. Era la tattica che aveva funzionato ad Adua, e che faceva affidamento sulla quantità per travolgere nemici meglio equipaggiati ma più deboli numericamente, senza preoccuparsi del numero dei caduti. I guerrieri si lanciavano avanti urlando l'antico grido di guerra *zarraf!* ed incitandosi con il ricordo delle vittorie del 1896: *Makallè! Alagè!* (A Macallè! All'Alagi!). I *gascegnà* erano seguiti da guerrieri più poveri, armati solo di armi bianche od anche di soli bastoni, e da servitori, che non appena vedevano cadere un fuciliere, italiano od etiopico, ne raccoglievano il moschetto e continuavano il combattimento. Nel momento in cui i guerrieri che avevano condotto un assalto si ritiravano per le perdite subite, prima della successiva ondata di *gascegnà*, alle grida ed al suono degli *embiltà*, i corni che incitavano i combattenti con il loro suono seguivano attimi di assoluto silenzio, rotto solo da qualche fucilata[173]. Alle 15 arrivò l'ordine di Somma di tentare di rientrare a passo Uarieu. Bisognava aprirsi un varco e ripiegare: i comandanti gridarono *A noi!* e le Camicie Nere attaccarono all'arma bianca nel tentativo di spezzare la pressione abissina e rompere l'accerchiamento. Nella mischia cadde il seniore Valcarenghi, cremonese, podestà di Azzanello, volontario della guerra di Libia, della Grande Guerra e di questa, comandante del II battaglione CC. NN. d'Eritrea. Malato, anziano, febbricitante, quando seppe che il suo battaglione era destinato all'impiego, si fece dimettere dall'ospedale dov'era ricoverato, e ne riprese il comando. Addossato ad un cespuglio di rovi, l'ufficiale sparò le ultime cartucce, fermandosi ogni tanto per pulire gli occhiali velati dal sudore. Un colpo di *guradè* gli troncò la mano destra, e Valcarenghi, agitando il moncone allontanò i militi che cercavano di aiutarlo: *Fate il vostro dovere, non occupatevi di me. Pensate al battaglione!*[174] Gli abissini, notando i gradi sulle spalline gli si fecero addosso. Riuscì ad uccidere altri due etiopi, venendo poi colpito con una pallottola *dum dum* e decapitato mentre agonizzava. Vicino a lui fu ucciso il centurione padre Reginaldo Giuliani, domenicano, cappellano della 1ª divisione d'Assalto nella Grande Guerra, legionario fiumano, decorato di Medaglia d'Argento e due di Bronzo[175]. Giuliani è stato descritto dai sopravvissuti come instancabile nell'occuparsi dei propri uomini, non soltanto sostenendoli spiritualmente, ma anche nelle necessità quotidiane, ed anche aiutandoli fisicamente, e confortandoli non solo prima e dopo i combattimenti, ma spesso anche

---

[173] Un legionario del gruppo Diamanti presente sul Mai Beles ricordò come *alle urla degli uomini, agli scoppi delle bombe, ai sibili laceranti delle fucilate seguivano strani attimi di lugubre silenzio* (cit. in L. Romersa, *Il Secolo d'Italia*, 20 gennaio 1996).
[174] Dalla motivazione della Medaglia d'Oro al Valor Militare alla memoria.
[175] Padre Giuliani era figlio di Giuseppina Massaia, cugina del cardinale Guglielmo (1809-1889), che fu tra i pionieri italiani dell'esplorazione dell'Etiopia, dove svolse la propria missione durante 35 anni nelle terre dei Galla (che lo soprannominarono *Abuna Messias*) come Vicario apostolico. Nel 1857 il diplomatico piemontese Cristoforo Negri, che lavorava direttamente agli ordini del conte di Cavour, gli indirizzò una lettera per conoscere informazioni geografiche ed economiche sull'Abissinia, allo scopo di sondare i capi locali al fine di stabilire con qualche *principe negro* relazioni commerciali *per assicurare vantaggi alla marina mercantile della Sardegna*. Fu, come scrisse Luigi Pignatelli, *il primo documento col quale l'Etiopia si iscrive nella nostra storia politica* (Pignatelli 1965, p.45). Massaia, una volta rientrato in Italia, fu nominato arcivescovo di Stauropoli e, nel 1884, cardinale. Gli si deve una grammatica latina della lingua amharica ed oromo-galla (1867). Sulla figura di padre Giuliani nella Grande Guerra, si veda Morozzo della Rocca 1980, *ad indicem*.

durante la lotta[176], e proprio questo voler essere tra i suoi soldati nel momento più difficile gli costò la vita sul Beles. Il giorno prima, quasi profetico, scrive Franco Bandini, aveva detto ai suoi militi *domani morrò con voi*. Poco prima, informato che il centurione Francesco S. Capparelli era stato mortalmente ferito all'addome mentre alla testa dei suoi militi caricava il nemico all'arma bianca, padre Giuliani lo accompagnò sino al posto di medicazione. Tornando tra i suoi soldati insieme al generale Diamanti disse al console, quasi sotto voce: *La giornata sarà dura...* aggiungendo subito dopo: *Ma questo porterà maggior gloria alle nostre Camicie Nere...* Padre Giuliani non si concesse momenti di pausa, prodigandosi ad assistere i legionari feriti e moribondi, rincuorando i militi ed incitandoli: *Dobbiamo vincere, il Duce vuole così!* Intorno alle 18 Giuliani venne gravemente ferito da una pallottola esplosiva. Al Capomanipolo P. Morglia che lo invitava a retrocedere, disse: *Tu Morglia sei giovane, ti devi salvare. Racconterai a tutti come le Camicie Nere del Duce sanno morire*[177]. Un legionario reduce dallo scontro ne descrisse la morte in una lettera inviata nell'aprile del 1936 al Padre Provinciale dell'Ordine dei Predicatori di Torino: padre Giuliani fu visto ad un tratto afferrare la salma del Capomanipolo medico Chiavellati per sottrarlo al furore di alcuni abissini che tentavano di spogliare e mutilare il corpo dell'ufficiale. Giuliani, già ferito, si trascinava a fatica. Con la mano sinistra si appoggiava a terra, mentre con la destra teneva alto il crocefisso. Un gruppo di amhara gli si avventò addosso, e un colpo di *guradè* gli asportò quasi di netto la clavicola, uccidendolo[178]. I legionari ne perpetuarono il ricordo nelle loro canzoni:

I morti che lasciammo a Passo Uarieu
sono i pilastri del Romano Impero,
gronda di sangue il gagliardetto nero
che contro l'Amba il barbaro inchiodò!
Sui morti che lasciammo a Passo Uarieu
la croce di Giuliani sfolgorò![179]

---

[176] *He was tireless in giving advice and guidance, looking after his soldiers' spiritual needs, helping them phisically, and inspiring them before and after battle* (Pirocchi 2004, p.44).
[177] Testimonianza riportata in L. Tealdy, *Eroe crociato. P. Reginaldo Giuliani, Medaglia d'Oro*, Roma - Torino XIV (1936), p. 170.
[178] Così il medico militare Albero Lixia descrive il ritrovamento della salma di padre Giuliani: *Ho ritrovato la sua salma sul campo di battaglia il mattino del 25* [gennaio], *ha ancora indosso la camicia nera bagnata dal suo sangue generoso. La clavicola sinistra è nettamente spezzata.. La sciabolata gli è stata vibrata proprio sulla spalla sinistra dove sulla tasca della sahariana è visibilissima la croce rossa, segno distintivo dei cappellani* (cit. in Del Boca 1979, p.525). A padre Giuliani successe come cappellano del Gruppo Diamanti il centurione don Edmondo De Amicis, nipote dello scrittore, già cappellano dei Granatieri di Sardegna in Libia nel 1911- 1912, nella Grande Guerra ed a Fiume, e della Legione *Monte Bianco* della M.V.S.N.. De Amicis aveva chiesto volontariamente di poter sostituire il concittadino ed amico Giuliani, come lui già cappellano a Fiume. Don De Amicis, cappellano della G.N.R., venne vigliaccamente assassinato da un *gappista* a Torino il 24 aprile 1945, mentre si recava a dir messa (sulla morte di padre De Amicis, R. Beretta, *Storia dei preti uccisi dai partigiani*, Casale Monferrato 2005, pp.18 segg.).
[179] Carlo De Biase dà una versione completamente distorta della morte di Reginaldo Giuliani, facendolo cadere il 23 gennaio anziché il 21, e scrivendo: *Il domenicano padre Reginaldo Giuliani esce dalle linee per portare il confronto estremo ai moribondi e l'ultima benedizione ai morti [...] Vorrebbero proibirgli di lasciare le linee, ma padre Reginaldo sa che, non i vivi ma gli agonizzanti, quel 23 gennaio, hanno bisogno di lui e della sua parola. Ed esce dal fortino. Non ha una pistola né fucile tra le mani, ma solo la croce di Cristo e con quella muore colpito da ventiquattro colpi di scimitarre mentre sta impartendo l'estrema unzione ad un ufficiale morente* (De Biase 1966, p.56). Come si è visto, la morte del cappellano si svolse in tutt'altra maniera; è però curioso come De Biase,

Cadde ucciso il Capomanipolo Fausto Beretta, ferrarese: già ferito sparò tutti i nastri di una mitragliatrice, poi si portò ad un'altra, e vuotò anche quella. Impugnò un moschetto 91, poi la pistola, e sparava ancora quando venne ucciso da una sciabolata[180]. Venne ucciso anche il centurione veterinario Armando Maglioni, romagnolo, che poter venire in Africa aveva nascosto una grave menomazione. Malgrado le sue funzioni non lo prevedessero aveva chiesto di partecipare al combattimento anziché *imboscarsi*, e si batté a colpi di moschetto come un semplice legionario. Venne ferito al ventre da un colpo di lancia[181], continuò a battersi finché fu finito da un secondo colpo. Ormai in vista di passo Uarieu cadde ucciso anche il medico del IV battaglione, il Capomanipolo ternano Luigi Chiavellati, trentaquattro anni, colpito al ventre da una pallottola esplosiva sparata a bruciapelo mentre medicava un ferito; Chiavellati aveva ricevuto l'ordine dal console Diamanti di occuparsi del trasporto dei feriti, reso particolarmente arduo dalla mancanza di barelle, e più volte dovette imbracciare il fucile per tenere lontani dai feriti gli etiopi[182]. Accanto a lui cadde il seniore Amerigo Fazio, siciliano, incaricato di scortare i feriti, mentre guidava un assalto alla baionetta. Vicino a Fazio venne ucciso da due pallottole il centurione Armando Laghi. A fianco delle Camicie Nere venne ucciso a Mai Beles il radiotelegrafista del Genio Luigi Neri[183], che quel 21 gennaio era stato distaccato presso il gruppo Battaglioni Diamanti. Nella fase più dura dello scontro Neri, inchiodato alla sua trasmittente, comunicava calmissimo le notizie dello scontro al comando della *28 Ottobre*. Quando si accorse che gli *arbegnuoc* abissini si stavano avventando su di lui per catturarlo e impadronirsi della radio gettò la cuffia, spense la trasmittente, imbracciò il moschetto ed abbatté i nemici più vicini. Non avendo il tempo di inserire un'altra lastrina, usò il proprio fucile come una clava, stendendo al suolo altri guerrieri. Fu subito sopraffatto, e ucciso mentre abbracciava la sua radio, quasi a proteggerla con il proprio corpo. Malgrado la sua fine gloriosa, Neri risulta non decorato dall'elenco ufficiale dei caduti[184]. Il giovanissimo Sottotenente d'artiglieria Flavio Ottaviani, un perugino di ventiquattro anni,

---

altrove autore puntuale – era figlio del gen. Luigi De Biase, vice comandante della div. *Sabauda* e poi comandante della piazza di Addis Abeba e Capo di Stato Maggiore delle truppe in A.O.I., dei cui documenti spesso inediti il figlio fece uso – sia qui incorso in un simile errore, a proposito poi di un episodio tanto noto e pubblicizzato in quegli anni, e per il quale sarebbe bastata leggere la motivazione della medaglia d'oro alla memoria.

[180] Un gran numero di Camicie Nere del Gruppo Diamanti erano originarie di Ferrara, come si può vedere nella Cappella dei Caduti della Basilica ferrarese di S. Maria in Vado, dove nelle due lapidi (ciascuna con due file di nominativi) con i nomi dei caduti in Africa Orientale la grande maggioranza reca la data 21 Gennaio 1936 e l'indicazione Tembien e Mai Beles (in un caso *Passo Aurieu* [sic]).

[181] Comunicazione della famiglia all'A.

[182] Chiavellati, già volontario a Fiume dove era stato ferito durante il "Natale di sangue", aveva una moglie e due figli piccoli, Paola e Giovanni. Chiavellati scrisse in una lettera alla moglie del settembre 1935 delle parole che assumono valore di testamento spirituale, e che ben aiutano a comprendere lo stato d'animo dei combattenti di Passo Uarieu: [...] *Mi passano ora rapidi e luminosi gli anni passati e rivedo le mie sofferenze fisiche, che non riuscivano a domare il mio spirito ed il mio cuore, che oggi, per nulla mutato si lascia ancora sconvolgere dagli avvenimenti. Mia Elena, tu dirai "tutto ciò va bene, solo eri in quel tempo, oggi ti sono accanto io e due testine bionde". Ma tu mia moglie devi comprendere la realtà di questa mia passione che mi trascina e che m'indica il cammino del dovere, e devi sentirti orgogliosa di avere accanto a te un uomo che non è un vigliacco. Porterai così anche tu il contributo della tua fede e del tuo sacrificio e sentirai allora il tuo spirito elevarsi come lo sento io. Tuo GIGI.*
(Chiavellati 1938, p.50).

[183] Neri apparteneva alla 2ª compagnia Genio divisionale della *28 Ottobre*.

[184] Caccia Dominioni 1966, pp.608-609.

durante il ripiegamento vide che una radiotrasmittente, probabilmente la stessa su cui era caduto Neri, era rimasta senza protezione. Tornò a distruggerla, malgrado la presenza dei guerrieri etiopici, e messala fuori uso tornò verso Uarieu, riunendosi ai militi che ripiegavano. Ottaviani era già giunto in vista della ridotta e della salvezza, quando si accorse che il Capomanipolo medico Chiavellati, umbro come lui e con il quale aveva stretto una forte amicizia era rimasto isolato[185]. L'ufficiale tornò indietro in aiuto di Chiavellati, ma venne circondato dagli etiopi che lo massacrarono. Il legionario friulano Luigi Bredòn, del II btg. CC.NN. d'Eritrea, descrisse l'inizio della battaglia in una lettera che inviò all'amico e conterraneo Bruno D'Agostini del 16 Fanteria (div. *Sila*). Come scrisse Caccia Dominioni,

I combattenti del fronte, quando si scrivono tra loro, non usano le perifrasi reticenti normalmente consacrate alle madri e alle spose. Il messaggio ha quella semplicità e quell'accettazione fredda che rivelano la vicinanza delle Alpi[186].

È interessante anche la descrizione della morte del seniore Valcarenghi:

Carissimo,
con molto piacere appresi del tuo ottimo stato di salute, come grazie a Dio ti posso assicurare un simile di tutti noi salvo Guido Salvador che è stato proprio sfortunato perché nei giorni di combattimento si trovava molto male per via di quella pallottola nel petto. Ora ti racconto qualche cosa del combattimento del 21-24 gennaio. Era l'alba del 21 quando i nostri due battaglioni e cioè il II e il IV del gruppo Diamanti, più un plotone di armi pesanti della *28 Ottobre*, in tutto circa 1.300 uomini, lasciammo il fortino di passo Uarieu per poi raggiungere Abbi Addi. Dopo in quarto d'ora di cammino ci troviamo sopra una piccola altura dove prese posto il comando gruppo e l'artiglieria, quindi venne l'ordine che alle undici si avrebbe raggiunto la piana di Mai Beles ove gremivano a migliaia di odiosi etiopici. Sapendo che la battaglia sarebbe stata orribile e che la certezza di morire era 100 per 100 consegnammo tutto ciò che si aveva di più caro ai compagni che rimanevano al gruppo. Alle undici precise si muove giù per la piana. Già cominciano a fischiare le dum dum. Si avanza senza farci caso. Siamo arrivati appena vicino al fiume quando li vediamo venir giù dalle ambe vicine a centinaia, tutti armati di fucili e scimitarre. Noi cominciamo a far fuoco con tutte le nostre possenti mitraglie mentre l'artiglieria li colpiva in pieno, ma malgrado tutto continuano ad avanzare e il combattimento si fa accanito. Alle ore tre siamo quasi accerchiati. Sono a pochi metri quando il nostro maggiore[187] dà l'a noi che come fulmini scagliati da Dio ci buttiamo a tu per tu. Non ti so descrivere cosa nasce. Vidi il mio maggiore Valcarenghi cadere con una dum dum mentre un altro con la

---

[185] Comunicazione dell'ing. G. Chiavellati all'A.
[186] Ibid., p.318. Caccia Dominioni annotò che nel combattimento di Mai Beles caddero trenta legionari della provincia di Udine, e diciotto di quella di Treviso, tra i quali due Arditi del Piave, le CC.NN. Valentino Piccin, di quarantasette anni, e Abramo Zanette, un *ragazzo del '99*.
[187] Si tratta del seniore Luigi Valcarenghi, come sarà detto più avanti. Valcarenghi, comandante del II Battaglione Camicie Nere d'Eritrea, fu decorato di Medaglia d'Oro al Valor Militare alla memoria.

scimitarra gli taglia la testa. Io con me avevo sei bombe a mano e ne lanciai cinque e la sesta sarebbe servita per me in caso disperato. Ti auguro buona guerra.[188]

In breve tempo tutti i comandanti di compagnia erano caduti, e le Camicie Nere si dovettero aprire il passo attaccando alla baionetta per evitare l'accerchiamento. In sostegno alle fanterie intervennero le artiglierie della *28 Ottobre*, con le batterie (la 18ª someggiata, due operative e la comando del II gruppo cannoni) rimaste al passo, ma pur infliggendo forti perdite agli abissini non mutarono la situazione, a causa del gran numero di attaccanti. Ma le Camicie Nere riuscirono, bene o male, a sfondare il cerchio degli attaccanti ed a ripiegare, mentre gli etiopi si attardavano a finire i feriti. Dalle motivazioni delle decorazioni si evince che gli abissini, cercando di evitare lo scontro corpo a corpo, dopo aver colpito e ferito da lontano con le armi da fuoco si gettavano poi sui feriti e su chi li assisteva per finirli all'arma bianca: così padre Giuliani, il Capomanipolo medico Chiavellati, il Capomanipolo Fausto Beretta che scortava una colonna di feriti, e almeno quattro portaferiti[189]. D'altro canto Theodor Konovaloff, che per le proprie funzioni ebbe modo di osservare i guerrieri etiopici in combattimento, testimoniò come il guerriero abissino fosse molto coraggioso quando combatteva in gruppo, ma *pessimo soldato* nei combattimenti individuali[190]. Contrariamente alla vanteria di ras Cassa Darghiè che *dinanzi a tali demoni, gli italiani non conservando che i loro pantaloni appesi alle cinture, sparivano come la polvere*[191], gli abissini preferivano attaccare i feriti, anche per poi spogliarne i corpi, e molto difficilmente ardivano scontrarsi da presso con gli italiani se non in casi di stragrande superiorità numerica[192]. Verso le 17 e trenta ciò che rimaneva dei due battaglioni del gruppo Diamanti era in ripiegamento verso passo Uarieu. Scrive ancora Franco Bandini:

La piana formicola di armati che con terribili urla danno la caccia ai gruppi isolati, ai pochi superstiti. La stessa scena del campo di battaglia di Adua dopo le 13 di quel pomeriggio fatale: nulla è cambiato, c'è solo il suono nuovo delle mitragliatrici[193].

Prima di giungere al fortino di passo Uarieu i mille legionari del gruppo Diamanti subirono ancora la perdita di dieci ufficiali e di centoquaranta militi; i feriti, quasi tutti gravissimi, erano trecentocinquanta. Dalle testimonianze risulta come numerosi legionari isolati o feriti si siano suicidati per non cadere vivi in mano degli abissini, conservando per sé le ultime pallottole. Il II battaglione mitraglieri della *28 Ottobre* occupò con le due compagnie rimaste gli estremi del passo, lasciando un varco perché potessero defluirvi i legionari in ritirata.

---

[188] Riportata in Caccia Dominioni 1966, pp.319-320.
[189] Legionari Billi, Marsi, Segoni e Rossi (De Biase 1966, p 56).
[190] *Individualmente l'abissino è un pessimo soldato. Acquista, invece, eccezionali doti se in massa: e specialmente nell'attacco è deciso e feroce*: Konovaloff 1938, p.42. Dello stesso parere anche Nicolle: *the courage of the Ethiopian warrior was found in a crowd rather than individuals* (Nicolle 1997, p.33). Badoglio al contrario esaltò il *valore eccezionale dei singoli*: Badoglio 1936, p.109.
[191] Cit. in Del Boca 1979, p.536.
[192] *They were virtually unstoppable in a massed charge, but were also prone to panic* (Nicolle 1997, p.33).
[193] Bandini 1980, p.299.

Quando i superstiti della colonna italiana raggiunsero le opere fortificate di Uarieu, queste erano state investite da altre migliaia di armati abissini. Dai muretti a secco del fortino, l'artiglieria e le mitragliatrici pesanti e leggere sparavano, con la fucileria, a distanza ravvicinata e senza un attimo di sosta aprendo brecce nella massa avanzante degli etiopici, ma questi, del tutto incuranti del fuoco che tuonava e crepitava davanti e che intorno uccideva e feriva, correvano schiera dopo schiera all'assalto delle posizioni fortificate. Una parte delle opere si dové abbandonare, così che gli etiopici ebbero via libera per il completo accerchiamento[194].

Alle 18 gli etiopici serrarono sotto il passo, falciati dal tiro delle *Fiat*.
I mitraglieri trattennero gli etiopici il più a lungo possibile, venendo in molti casi abbattuti sulle proprie armi. Intervennero anche gli ascari del XII battaglione eritreo con una tempestiva sortita alleggerendo la situazione delle Camicie Nere[195]. Gli ascari erano già stati impiegati sulla destra dello schieramento difensivo del passo in appoggio alla compagnia mitraglieri del II battaglione; la prima compagnia rimase a presidiare l'accesso alla selletta. Venne inviata poi in appoggio alle altre due compagnie del battaglione eritreo in ripiegamento; nel frattempo il gruppo Diamanti, soverchiato dalle masse nemiche, si abbatté sull'ala sinistra del XII, mentre l'ala destra era impegnata. Anche gli ascari vennero impegnati negli scontri all'arma bianca, perdendo il capitano Luigi Amici ed i tenenti Frezzotti e Bilotta, mentre veniva gravemente ferito il tenente Lepri. Il capitano Luigi Amici, di Arsoli, già ferito sul Grappa, si era distinto a Beni Ulid durante la riconquista della Libia, e in Etiopia, a Abbi Addi; venne ucciso mentre tentava di riconquistare un'arma pesante caduta in mano nemica, *Ferito di pallottola, finito da scimitarra*[196]. Il sottotenente Maffi si prodigò per cercare di creare una linea di resistenza sulle posizioni iniziali del battaglione, riuscendo a respinger il primo urto etiopico. Essendosi accorto che gli abissini cercavano di portarsi sulle posizioni dominanti per eliminare le batterie del II gruppo cannoni e per tenere sotto tiro le posizioni del XII, Maffi, con il *muntaz* Sereché Tella e quattro ascari offertisi volontari salirono sui roccioni e qui il sottotenente riuscì a radunare una ventina di artiglieri che avevano abbandonato i pezzi, sistemandoli a difesa. Mentre scendeva la notte, gli ascari di Maffi misero in rotta alcuni armati nemici che erano piombati sulle salmerie. Qualcosa di simile avvenne anche quando ripiegò la prima batteria, la notte tra mercoledì 22 e giovedì 23. Che non si tratti dello stesso episodio descritto da Maffi, sembra provarlo la testimonianza del caporale Bigolin, che sostiene che la batteria rimase diversi giorni sul monte (Maffi parla della sera tra martedì e mercoledì), e che gli eritrei aprirono il fuoco scambiandoli per abissini, mentre Maffi scrisse nel proprio diario di sapere della presenza della batteria, e di essere intervenuto in sua difesa con i quattro ascari ed il muntaz. Perciò l'episodio descritto nel diario del sottotenente deve riferirsi alla 2ª batteria, i cui pezzi, alla fine della battaglia, ri-

---

[194] Pignatelli 1965, p.160.
[195] Caccia Dominion 1966, p.317.
[196] Ibid. p.325. Amici era decorato di Medaglia d'Argento e di Bronzo.

sultarono inservibili. Gli eritrei persero durante i combattimenti tre ufficiali e ottantasette uomini[197]. Annotò Caccia Dominioni:

Il massacro è quasi totale: e i nostri, in gran parte splendidi combattenti *di allora* e fino al 21 gennaio sprezzanti di *questa* guerra si difendono con furore[198].

Iniziò l'assedio: l'approvvigionamento d'acqua venne interrotto, il fortino avanzato iniziò ad esser battuto dal tiro dei cecchini; la situazione sarebbe ulteriormente peggiorata il giorno successivo, a causa del fuoco di una batteria di cannoni Oerlikon che gli abissini del fitaurari Andarghè poterono piazzare sullo Scimarbò verso l'alba del 22, allorché il monte venne evacuato dagli italiani. Da lì gli etiopi potevano tirare su tutto il forte. Le colonne Dalmazzo e Tracchia, che nella mattinata si erano congiunte con la colonna Buttà, proveniente dall'Endabba Salama ed avevano occupato senza combattere il monte Lata, anziché dirigersi velocemente verso Debra Amba per alleggerire la pressione sui due battaglioni di Diamanti, secondo quanto ordinato da Pirzio Biroli, s'attardarono invece sulle posizioni del monte Lata sino al calar del sole, quando fu troppo tardi per agire[199]. Ci si potrebbe interrogare se si sia trattato solo d'insipienza o di qualcosa di intenzionale. Esisteva, infatti, una sorta di malcelata rivalità tra Esercito e Milizia. In taluni ambienti del Regio Esercito le notizie provenienti da passo Uarieu furono accolte con malcelata soddisfazione, come se una sconfitta inflitta ai *dilettanti* della M.V.S.N. non riguardasse anche le altre forze armate. Ad esempio, il comandante del III Corpo d'Armata, Ettore Bastico, sembrò apertamente rallegrarsi delle notizie che giungevano da passo Uarieu. Si tratta di un atteggiamento che di lì a qualche anno avrebbe portato alla disfatta dell'Otto settembre. Scrisse Bottai nel suo diario:

24 gennaio 1936. Calma. Sempre più calma. Rifermenta in tutti l'impazienza contro la stasi che si prolunga. Arriva il Generale Bastico, col Capo di S.[tato] M.[aggiore] colonnello Calderini e il Capitano Mosca. È tutt'allegro. La sua bocca a salvadanaio si stira fino alle orecchie. Ci dà la notizia, che due battaglioni del gruppo C.C.N.N. Diamanti sono stati circondati e decimati. Cinquanta ufficiali e quattrocento militi morti; otto cannoni e molte mitragliatrici perduti. Bastico racconta con leggerezza, con fatuità. "Gli è inutile! Tutto questo dimostra che alla guerra ci vuole preparazione! Non basta mettersi dei galloni sui bracci". Mentre lui, toccandosi sempre più in alto l'avambraccio allude a un gesto osceno, io guardo fisso, con intenzione, i suoi galloni di generale e gli dico, secco: "À proprio ragione, Eccellenza!" Capisce il latino. Si fa serio e se ne va. [...][200]

Ettore Bastico, futuro Maresciallo d'Italia, era stato il comandante della 1ª Divisione CC.NN. *23 Marzo* sino al 22 novembre, quando fu sostituito dal duca di Pistoia; ciò probabilmente spiega l'acrimonia verso la Milizia. Ad ogni modo quello di Bastico è

---

[197] Del Boca 1979, p.525. Il diario del sottotenente Maffi è riportato in appendice a Romeo di Colloredo 2008, pp.99 segg.
[198] Caccia Dominioni 1966, p.317.
[199] Del Boca 1979, p.524.
[200] Bottai 1989 p.84.

un assai strano atteggiamento, ed è uno spettacolo moralmente squallido quello di un comandante di Corpo d'Armata che *con fatuità* mima *un gesto osceno* verso soldati italiani che stanno combattendo e morendo[201].

---

[201] A proposito del generale Bastico, si può ricordare che Erwin Rommel, che lo ebbe come superiore almeno nominale in Africa Settentrionale, lo soprannominò *Bombastico*, con riferimento alle esagerazioni da lui attribuite al Maresciallo Bastico (si veda Fraser 1993, p.382).

L'ASSEDIO DI PASSO UARIEU

Nel frattempo, nella sera tra il 21 ed il 22, a passo Uarieu era iniziato l'assedio che sarebbe durato sino alla mattina del 24 gennaio. Le forze di cui poteva disporre Somma per la difesa del passo erano, alla sera del 21 gennaio:

180° Btg. CC.NN.;
II Btg. Mitraglieri, senza una compagnia annientata sul Beles, ed indebolito per le perdite di uomini ed armi;
I resti dei battaglioni II e IV del 1° Gruppo CC.NN. d'Eritrea, ridotti a circa ottocentocinquanta uomini, feriti compresi[202];
XII battaglione eritreo;
180° batteria someggiata;
II gruppo cannoni (due batterie operative, 1ª e 2ª, sullo Scimarbò, e la batteria comando);
Quanto restava della 2ª compagnia Genio;
2ª sezione CC.RR.
Quartier Generale Divisionale
2° Reparto salmerie
2ª Sezione Sanità.

Il 22 gennaio il II gruppo era ridotto alla compagnia comando ed a una sola batteria operativa, la prima: oltre alla batteria someggiata persa sul Beles, durante la notte vennero resi inservibili i pezzi di una batteria posta sullo Scimarbò, e i serventi utilizzati come fanteria ripiegarono verso il forte (si veda in appendice il diario del sottotenente Maffi, alla data del 21 gennaio). I pezzi abbandonati furono in totale otto, resi inservibili[203]. I pezzi della 1ª batteria, rimasti senza munizioni, furono nascosti in alcune grotte del monte e recuperati alla fine dei combattimenti, venendo utilizzati per bombardare gli abissini in ritirata[204]. Una questione poco chiara per la lacunosità delle fonti al proposito è quella di quanta artiglieria fosse disponibile per la difesa del passo. Sicuramente, rispetto alla mattina, era stata perduta la batteria someggiata del II gruppo; un'altra batteria dello stesso gruppo sarebbe stata abbandonata dai serventi durante la notte, dopo aver reso inservibili i pezzi. La prima compagnia continuò a sparare finché rimase senza munizioni, ed i suoi artiglieri dopo avere asportati gli otturatori, nascosero i pezzi in alcuni anfratti da dove vennero poi tirati fuori al termine della battaglia[205]. Il giorno successivo sarebbe rimasta in grado di sparare solamente la 180ª batteria, per l'esaurimento delle munizioni anche della prima batteria del II gruppo. Non è chiaro se il gruppo autocarrellato di batterie da 77/28-17 fosse o no

---

[202] Il gruppo Diamanti era ridotto in pratica alla forza di un singolo battaglione sotto organico.
[203] Telegramma di Badoglio al sottosegretario Lessona del 22 gennaio: ASMAI, *AOI*, pos.181,15, f.74.
[204] Il II gruppo, reintegrato nei pezzi, operò nelle successive operazioni di febbraio: Lucas, De Vecchi 1976, pp.76 segg.
[205] Testimonianza del caporale Gaetano Bigolin, (intervista del 5 marzo 1972 al Gruppo Alpini d'Arcade, sez. di Treviso su www.alpiniarcade.it.

presente: alcune fonti lo confondono con la batteria someggiata del II gruppo cannoni, che aveva partecipato allo scontro sul Mai Beles; in ogni caso le fonti non fanno cenno ad una sua partecipazione agli scontri[206]. A passo Uarieu in mattinata erano rimaste quattro batterie[207], delle quali tre operative: la 180ª someggiata, le due batterie operative superstiti e la batteria comando del II gruppo cannoni, che appoggiarono da lontano lo sganciamento delle truppe di Diamanti. Se il gruppo autocarrellato fosse stato presente Somma avrebbe avuto a disposizione altre tre batterie da 77/28-17, il che avrebbe certo modificata a favore delle Camicie Nere la giornata. È dunque da ritenere certo che il gruppo autocarrellato non abbia preso parte alla battaglia. Nella notte tra martedì 21 e mercoledì 22 gli abissini, con un movimento rapido nonostante l'asprezza del terreno e l'oscurità, fecero massa su Abbi Addi, tentando di forzare a qualsiasi costo passo Uarieu per annullare il successo ottenuto dagli italiani sulle alture di Zaban Kerkatà e di monte Lata, al fine di recidere le linee di comunicazione tra l'Endertà e monte Lata[208]. Se gli etiopi fossero riusciti nel loro intento avrebbero potuto tagliare fuori con il Quartier Generale di Macallè l'immensa massa di materiali, artiglierie, depositi dello schieramento avanzato, isolandolo dalla colonia eritrea[209]. Verso le 23 vennero fatti saltare i pezzi della batteria sui roccioni, e gli artiglieri rientrarono rafforzando la linea difensiva tenuta dagli ascari. Restarono invece isolati sullo Scimarbò gli artiglieri della 1ª batteria del II gruppo, rientrando solo il ventiquattro. A causa della presenza delle masse abissine il maggiore Angelini, comandante del XII, chiese a Somma l'autorizzazione di abbandonare le posizioni prima dell'alba, per evitare di essere bersagliati dagli abissini che avevano occupato le rocce che dominavano il battaglione; dapprima la risposta fu negativa, poi, verso le quattro della mattina giunse l'ordine di ripiegare verso i fortini tenuti dalla *28 Ottobre*. All'alba le forze abissine dello Yeggiù e del Lasta, sotto il comando del degiacc Admassu Burrù e del fitaurari Andarghè, si trovarono padrone dei fianchi delle due montagne che fiancheggiano il passo, la Uork Amba e lo Scimarbò, che occuparono definitivamente dopo che gli ascari e gli artiglieri avevano ripiegato, rinforzando i nuclei di tiratori infiltratisi nella serata e nella notte, ed issando sullo Scimarbò anche una batteria di cannoncini antiaerei *Oerlikon* da 20 mm. Tale batteria si aggiunse così agli altri *Oerlikon* ed al *Rheinmetall* da 37 mm posizionati sulle posizioni dell'amba Chernalè e dello Zebbandàs in modo da battere le posizioni italiane[210]. Ras Cassa scrisse il 22 al negus annunciando:

---

[206] Così farebbe pensare Del Boca 1979, p.524, al solito impreciso sugli aspetti militari, ma è improbabile. Sul Beles operò secondo Lucas e De Vecchi, molto più informati e precisi, solo la batteria del II gruppo (Lucas, De Vecchi 1976, p.74).
[207] Lucas, De Vecchi 1976, p.74. In una lettera al padre, il milite ferrarese Giuseppe Tartari fa cenno alla presenza nel fortino di trattori (probabilmente i traini dei pezzi del II gruppo) ma non delle autocarrette.
[208] Scala 1952, p. 442.
[209] Artieri 1995, p.144 n.18.
[210] Il Seniore Biagio Pace ricorda la presenza di un pezzo da 42 (ribattezzato *Berta* dai legionari) che dalla Uork Amba tirava, con nessun risultato, sul fortino (Pace 1936, p.134).

Grazie a Dio abbiamo respinto il nemico dal nostro fronte. Sono morti molti europei, abbiamo occupato il posto, abbiamo preso molti armamenti, tra cui alcuni cannoni. Io e Sua Altezza ras Sejum stiamo bene e siamo insieme[211].

Insomma, secondo il suo carattere smargiasso ras Cassa dava per già conquistato il forte. Ma evidentemente il negus lo doveva conoscere piuttosto bene, se, oltre alle espressioni di soddisfazione e di ringraziamenti e menzioni di Dio, chiese al ras maggiori particolari, segno evidentemente che la laconicità di ras Cassa non l'aveva soddisfatto.

Nel prendere visione del tuo telegramma ho ringraziato il nostro Creatore. Mi compiaccio per gli aiuti che Dio vi ha dato. Noi in principio abbiamo abbracciato la causa ponendo le nostre speranze in Dio e non come coloro che si sono fidato della loro ricchezze e della loro forza; e di questo solo è testimone Lui, il nostro Creatore. Non appena ricevuto il tuo telegramma ho disposto che il degiacc Mescescià Uoldè ti porti le cartucce urgentemente. L'ignoranza delle località, delle fortificazioni, del numero degli armamenti catturati, nonché il numero di bianchi morti e fatti prigionieri, causa una diminuzione dell'importanza della notizia da trasmettere in Europa, nonché della gioia di divulgarla all'interno del nostro paese[212].

La notte tra martedì 21 e mercoledì 22 gennaio le notizie che giungevano da passo Uarieu scesero sul Comando Superiore all'Enda Jesus di Macallè come *una cappa di piombo*[213]. Se la *28 Ottobre* avesse ceduto ras Cassa avrebbe avuto libera davanti a sé la via di Hausien da dove avrebbe potuto agevolmente tagliar fuori Macallè dalle retrovie e dalla colonia eritrea. Peggio ancora, dal punto di vista politico una sconfitta delle Camicie Nere ad opera degli abissini avrebbe avuto ripercussioni gravissime sul piano interno ed estero, forse mettendo in crisi la sopravvivenza dello stesso regime fascista. Badoglio non riusciva a nascondere la propria ansia. Anzi, come scrive De Biase, aveva perduto la testa. *Forse pensa ad Adua*, scrisse Raffaele Ciasca[214] ma sarebbe più corretto dire a Caporetto[215], dove il 24 ottobre del 17 le truppe tedesche dell'*Alpenkorps* avevano sfondato il fronte del IV Corpo d'Armata del gen. Cavaciocchi, e del XXVII, comandato proprio da Badoglio: anzi, proprio il silenzio delle artiglierie di quest'ultimo corpo, dovuti peraltro a fattori indipendenti dall'azione di

---

[211] ACS fondo Graziani, b.67, f. 230/5.
[212] Riportata in Del Boca 1979, pp.525-526.
[213] Caccia Dominioni 1966, p.344.
[214] Ciasca 1940 p.664.
[215] De Biase 1966 p. 48. La frase è ripresa parola per parola da Angelo Del Boca (op. cit. p.531) senza però citare la fonte: De Biase era, infatti, un autore *neofascista*, ed il suo libro pubblicato dalla casa editrice *Il Borghese*, dichiaratamente di destra, pertanto ritenuto indegno di essere citato dal *progressista* Del Boca, il quale giunse a scrivere, parlando del proprio libro del 1965, che avrebbe a suo dire suscitato *ampi consensi da parte della stampa democratica* [sic, per di sinistra e d'area comunista] *e, di riscontro, la violentissima reazione degli ambienti nazionalfascisti* (Del Boca 1984, p.432; subito dopo il giornalista piemontese cita opere di vari autori, quasi tutti di un solo orientamento). Si tratta di un passaggio autoreferenziale davvero inconsueto, per di più nel testo e non in una nota a piè di pagina, la cui lettura è assai istruttiva. Naturalmente Del Boca non cita le critiche alla sua metodologia di ricerca ed alla selettività sulla scelta delle fonti e del loro utilizzo (si vedano p.e. Goglia, Grassi 1981, p.425, certo non sospettabili di simpatie *nazionalfasciste*).

comando del generale piemontese, fu determinante per il successo germanico[216]. Badoglio, sia per i suoi legami politici che, si disse allora, per quelli massonici, cosa assolutamente non vera, ma che pure era stata detta dal Capello e da altri suoi avversari, era stato salvato dalla commissione d'inchiesta su Caporetto, tanto che le tredici pagine della relazione finale riguardanti il suo operato erano state stralciate. Cose risapute, e che nel caso di una sconfitta nel Tembien avrebbero segnato definitivamente la fine della carriera del Maresciallo, con una probabile commissione d'inchiesta. Nella notte Badoglio non si coricò, nervoso, interrogava i piloti di ritorno dai voli di ricognizione, si recava in continuazione nella tenda della stazione radio per informarsi se arrivassero messaggi di Pirzio Biroli. Per il Maresciallo, solitamente riservato, da buon piemontese, quasi impenetrabile, non riusciva a mascherare la propria preoccupazione, che col passare delle ore diventò angoscia: usciva ed entrava dalla tenda, fumava una sigaretta dopo l'altra, beveva caffè in continuazione, uno spettacolo certo insolito in un comandante superiore. Caccia Dominioni narra a questo proposito un episodio molto indicativo:

Lo sciumbasci Taklè Aptemariam, addetto alla mensa del comando, si avvicina ad un generale che conosce da venti o trent'anni: "Signor generale, perché quello scellenza continua uscire tenda e a andare altre tende, con quello faccia? Non dovere fare, cosa pensare ascari, per carità signor generale, lei dire che non fare"[217].

Se dopo Dembeguinà il Maresciallo aveva opposto alle circostanze pressanti la sua natura fredda, positiva, calcolatrice – per usare le già ricordate parole di Artieri[218] – ora i suoi nervi sembravano essere quasi sul punto di cedere, segno evidente della gravità della situazione a passo Uarieu. Ordinò che due battaglioni autocarrati si recassero ad Hausien per rafforzarne il presidio, inviò la 1ª divisione eritrea (gen. Pesenti) da Macallè a bloccare passo Abarò, e dispose che la 2ª divisione (gen. Vaccarisi) abbandonasse monte Lata per accorrere in soccorso della *28 Ottobre* a Passo Uarieu. Ma il mercoledì non portò notizie migliori: ras Cassa lanciava i suoi più furiosi assalti – condotti in maniera eccezionalmente valorosa: lo stesso Maresciallo Badoglio scrisse con ammirazione di *stoici attacchi*[219] – contro le Camicie Nere, che resistevano strenuamente, ma ormai senz'acqua e con le munizioni sempre più scarse; sicuramente se non si fosse trattato di truppe così motivate politicamente e spiritualmente e tra cui si trovavano molti veterani abituati ai combattimenti della Prima Guerra mondiale sarebbe stata la catastrofe. Il generale Santini, comandante del I° Corpo d'Armata, affermò che i legionari costituivano, proprio per la loro motivazione, l'*élite* delle truppe italiane in Africa Orientale, anche se lo stesso non poteva dirsi dei quadri:

---

[216] Su Badoglio nella Grande Guerra, un rapido profilo in P. Romeo di Colloredo, *La battaglia del Solstizio. Piave, giugno 1918*, Genova 2008, pp. 87 segg. Per Caporetto, fondamentale Gian Luca Badoglio, *Il Memoriale di Pietro Badoglio su Caporetto*, Udine 2000.
[217] Caccia Dominioni 1966, p.344.
[218] Artieri 1995, p.112.
[219] Badoglio 1936, p.83.

Delle truppe, le camicie nere costituiscono, per la formazione volontaristica della loro coscienza, la parte migliore. Nell'esercito sono migliori i quadri, che, nella Milizia, sono raccogliticci e tecnicamente scarsi [220].

Badoglio ricevette nella giornata del 23 un telegramma del Duce che gli ribadiva la propria piena fiducia:

Accolgo notizie su scontri attorno ad Hausièn senza soverchia preoccupazione perché so di poter contare sulla saggezza ed energia di V.E. e sullo spirito combattivo delle truppe. Mussolini Accolgo notizie su scontri attorno ad Hausièn senza soverchia preoccupazione perché so di poter contare sulla saggezza ed energia di V.E. e sullo spirito combattivo delle truppe. Mussolini [221].

Malgrado ciò, Badoglio fu sul punto di perdere la testa, e con essa la guerra: oramai sicuro che la *28 Ottobre* avrebbe ceduto al numero soverchiante si preparò a fare lo stesso errore che nel 1866 era costato agli italiani la sconfitta di Custoza: ritirarsi, regalando al nemico una vittoria che ancora non aveva conquistato. Badoglio sapeva che tutto stava in piedi sulla resistenza del passo, di Somma: se quell'argine avesse ceduto la frana avrebbe potuto travolgere anche le truppe che accorrevano in soccorso degli assediati, e non fermarsi più. Badoglio scrisse poi:

Non potevo trascurare alla possibilità, sia tenue, del peggio. Pensare al peggio e prepararsi a fronteggiarlo e a dominarlo è da forti. Mentre rinforzavo il presidio di Hauzien con due battaglioni – trasportati con automezzi da Macallè – e con alcune batterie da posizione, ordinavo, pertanto, lo studio delle modalità da seguire per una eventuale ritirata da Macallè. Di una massa cioè di circa 70.000 uomini, 14.000 quadrupedi, 300 pezzi di vario calibro, dalle due alle tre giornate di fuoco, di sei giornate di viveri, di numerose dotazioni di materiali del genio e di carburanti: il tutto da avviare lungo una sola strada, e per di più in via di costruzione [222].

In realtà Badoglio non si limitò semplicemente ad ordinare *lo studio delle modalità da seguire per una eventuale ritirata da Macallè* come poi pretese, ma inviò all'intendente generale Dall'Ora il seguente messaggio:

Provveda immediatamente a sgomberare o distruggere magazzini e basi logistiche al tergo delle truppe operanti in zona Scirè ed Ausien[223].

Ciò avrebbe significato, come scrisse poi il generale Canevari, che per primo rivelò quest'episodio, *una vera catastrofe*[224]. Dell'Ora non obbedì, anzi, oltre a rifiutarsi di sgomberare i depositi dell'Intendenza, ordinò di proclamare lo stato d'allarme, orga-

---

[220] Bottai 1982, alla data del 16 maggio 1936.
[221] Telegramma di Mussolini a Badoglio, ASMAI, *AOI*, pos.181/15, f.74.
[222] Badoglio 1936, p.70. Badoglio afferma di aver pensato ad una ritirata nella notte tra il 21 ed il 22 gennaio; le altre fonti concordano per la notte seguente, tra il 22 ed il 23.
[223] De Biase 1966, p.48; Del Boca 1979, pp.530-531.
[224] Cit. in De Biase 1966, p.49.

nizzando la difesa sul posto[225]. Il risultato fu che *dopo quarantott'ore, conclusasi felicemente l'azione, Badoglio fece chiamare Dall'Ora e gli disse: "La ringrazio di non avermi ubbidito"*[226]. Merita al riguardo di esser ricordata la testimonianza del generale Simon Pietro Mattei[227], che ricorda come anche il colonnello Vittorio Ruggero, già addetto militare ad Addis Abeba, e che ora dirigeva l'ufficio politico presso il Comando Superiore dovette intervenire per dissuadere il comandante superiore dall'abbandonare Macallè. Vittorio Ruggero era colui che Del Boca definisce *l'uomo della sovversione, il miglior conoscitore del pianeta Etiopia*[228]. Nella sua intervista il generale riferì a Del Boca che dopo che Ruggero aveva ricevuto da Macallè notizie allarmati circa la prevista ritirata su Axum o addirittura su Senafè i due si recarono in volo – con un *CA 101* pilotato da Mattei – al Quartier Generale dell'Enda Jesus. Arrivati trovarono che *dai visi sembrava di assistere ad un funerale*[229]. Il colonnello Ruggero fu ricevuto da Badoglio per un colloquio, il cui contenuto riferì poi a Mattei. Ruggero fece presente al generale che un ripiegamento da Macallè sarebbe stato l'avvio di una fuga generale; e assicurò che non ci sarebbe stato alcun pericolo se il Comando superiore si fosse deciso a mettere in linea le due divisioni della riserva, e consigliò di impiegare subito la brigata eritrea. Il capo dell'ufficio politico *la spuntò: e i camion con tutto il materiale dello Stato Maggiore, che erano già pronti a partire, furono scaricati rapidamente*[230]. Ma in quei giorni Badoglio era in preda al panico, tanto da temere che gli abissini avessero già sfondato e fossero entrati in Eritrea. L'aeronautica veniva così tenuta pronta per intervenire al primo allarme, su ordine del Maresciallo, che dispose il ridislocamento di alcuni reparti entro il vecchio confine eritreo, anche in vista dell'arretramento del fronte. Il generale Giuseppe Valle, allora sottosegretario di Stato all'Aeronautica, ricordò come quest'insano timore portò anche ad un tragico errore, che avrebbe potuto avere conseguenze anche peggiori di quelle che ebbe:

---

[225] Artieri 1995, p.144 n.18.
[226] Canevari, in De Biase 1966, loc. cit.
[227] Del Boca lo chiama erroneamente *Matteo*: Del Boca 1979, p.531. Simon Pietro Mattei, all'epoca tenente colonnello pilota, era il vice capo dell'ufficio politico, e pilota personale di Ruggero; Caccia Dominioni lo descrive come *un antico bersagliere e un cervello pari al carattere, assai bene accoppiato al suo capo* (Caccia Dominioni 1966, p.235). In Del Boca non sono infrequenti nomi riportati in modo erroneo, indice di un lavoro sovente inaccurato.
[228] Per comprendere il personaggio, si può qui citare un episodio riportato da Pignatelli della *Leonessa*. Ruggero, allora addetto militare in Etiopia, allo scopo di fomentare una rivolta nel Goggiam dove la popolazione era ostile al governo centrale del negus, si recò a Roma, dove venne ricevuto da Mussolini, che trovò sufficientemente aggiornato sulla situazione interna abissina. "Quanto vi occorre?" chiese il capo del governo. Il colonnello rispose che mezzo milione poteva bastare. "Mezzo milione di che?" "Di lire, eccellenza." "E che credete di poter fare con mezzo milione?" "Eccellenza, quando si danno dieci milioni a un uomo perché uccida il proprio fratello, egli intascherà quel prezzo ma poi, quando si troverà di fronte al fratello, la mano gli tremerà e non ne farà probabilmente nulla. Se invece si dà a qualcuno l'incarico di recar danno a un suo mortale nemico, egli lo farà anche gratis e basterà regalargli il biglietto del tram perché egli possa raggiungere l'obiettivo, il mezzo milione che ho chiesto è appunto quel biglietto di tram" (Pignatelli 1965, p.88). Mussolini approvò e Ruggero ebbe i mezzi richiesti, ed il Goggiam non costituì un pericolo per gli italiani, ma anzi assorbì truppe negussite contro i ribelli sottraendoli dai fronti di guerra.
[229] Mattei, cit. in Del Boca 1979, p.531.
[230] Ibid.

Si visse per un certo periodo una serie di giornate critiche veramente dominate dal panico che infierì nella stessa tenda di Badoglio a Makallè.
L'aviazione dovette essere pronta ad ogni minimo allarme, capace di qualsiasi compito; furono inviati a Senafè entro il vecchio confine aeroplani da bombardamento incaricati di spezzonare una banda di predoni che gli informatori segnalarono essere entrati nell'Eritrea. Risultò poi di trattarsi di una nostra banda che ebbe otto morti e numerosi feriti e sarebbe stata distrutta se il buon senso dei piloti non avesse interrotto l'azione[231].

Badoglio, in preda ad una preoccupazione crescente arrivò ad ordinare al generale Aymone Cat, comandante della Regia Aeronautica dell'Africa Orientale di bombardare *financo con l'iprite* le zone di passo Uarieu, Sciem Amberà e Kassa Damba per ritardare l'eventuale avanzata di colonne nemiche. Aymone Cat rifiutò di eseguire l'ordine, anche per motivi tecnici[232] e riferì a Roma, tanto che Valle presentò una formale protesta per gli ordini dati all'Aviazione *che non si possono eseguire o non sarebbe prudente eseguire[233]*. Badoglio non aveva idee chiare circa l'utilizzo bellico dell'aeronautica, che impiegava a propria totale discrezione, senza alcun criterio di economia e senza dimostrare alcuna considerazione di un elementare rapporto tra potenzialità dei mezzi, importanza dell'obiettivo e onerosità dell'operazione. Più volte, preoccupati per l'allarmante logorio di velivoli, mezzi e carburante risultanti dai criteri d'impiego voluti dal Maresciallo intervennero sia il sottosegretario Valle che Aymone-Cat, comandante della Regia Aeronautica in Africa Orientale, chiedendo che venissero scelti obiettivi più remunerativi e meno logoranti. Badoglio non diede loro ascolto, e l'aviazione continuò ad essere usata per un'attività intensissima ma disordinata cui non sempre seguirono risultati adeguati ai mezzi utilizzati[234], come avvenne con l'allontanamento di alcuni bombardieri dal settore del Tembien proprio nei giorni cruciali della battaglia, per bombardare inesistenti infiltrazioni. Ricorda Paolo Monelli:

Quella notte del 23 gennaio il maresciallo Badoglio, al suo posto di comando di Endà Iesùs presso Macallè, non andò a letto. Rimase tutta la notte nella tenda del comando accanto al telefono. Seduto sopra uno sgabello, il cappotto indosso, la mantellina sulle ginocchia come una coperta. Ascoltava muto le rare comunicazioni, il viso impietrito nella luce cruda della lampada a incandescenza. Ogni tanto dettava un ordine tutta la notte non si mosse, non disse una parola che non fossero quei brevi ordini, quelle domande al telefono. Quando sull'alba giunse la notizia che aspettava, l'ombra di un

---

[231] Valle 1958, cit. in D'Avanzo 1981, p.207.
[232] De Biase 1966, pp.49 segg; l'episodio è ricordato anche da Mockler 1972, p.508 n.8 e invece totalmente ignorato da Del Boca, che sostiene le fantasie etiopiche sui gas che avrebbero determinato l'esito dell'assedio. Sul Ghevà vennero sganciate trenta bombe *C.500T*, forse ipritiche, ma non è sicuro che fossero caricate a gas, anche se appare probabile.
Al presunto uso dei gas a passo Uarieu dedicheremo un discorso più approfondito in avanti.
[233] Valle, cit. in De Biase 1966, p.49.
[234] D'Avanzo 1981, p.206. D'Avanzo scrive che Badoglio si avvalse dei *propri criteri di comando nei confronti delle forze aeree senza minimamente curarsi di consultare i comandanti aeronautici, ridotti alla funzione di "passacarte" o "trasmettitori di ordini"* (ibid., p.207).

sorriso gli distese il volto. Si alzò, uscì fuori a fare i soliti quattro passi della mattina, su e giù fra le tende abbandonate[235].

La notizia era che le truppe eritree di Vaccarisi erano finalmente giunte in vista di passo Uarieu. Alle 14, quando arrivarono le notizie del definitivo sblocco del passo, e della rotta dei *gascegnà* di ras Cassa tallonati dalle Camicie Nere e dagli ascari, Badoglio entrò nella sua tenda e si gettò sul letto vestito, dicendo al figlio Mario: *Finalmente! Mi son tolto un gran peso dal cuore!*[236] In seguito agli ordini del Comando Superiore, il 23 mattina Vaccarisi mosse con la sua 2ª divisione eritrea da passo Abarò giungendo in serata solo ad Addi Zubahà. Passo Uarieu venne raggiunta dal XXIV battaglione eritreo solo nella mattinata di venerdì 24 gennaio. D'altro canto non erano state giornate facili neppure per le truppe eritree. È stato affermato che alla vigilia della battaglia Vaccarisi fosse *preoccupato per le continue diserzioni di ascari eritrei*[237]. Ciò non sembra rispondere al vero, poiché l'unico caso notevole di diserzioni di ascari sul fronte nord si ebbe dopo che un colonnello aveva ordinato di dare sepoltura solo ai caduti nazionali, perché uno sciumbasci, Andom Tesfazien, che aveva protestato era stato punito[238], e fu un evento non soltanto isolato, ma anche di portata limitata: disertarono 90 uomini, 10 appartenenti alla 1ª divisione eritrea e 80 alla 2ª. Tesfazien morì nel 1939, durante la guerriglia contro gli italiani; il negus gli aveva concesso il rango di fitaurari[239]. Come scrisse Pignatelli, gli abissini tentarono di ridurre con le diserzioni il potenziale delle truppe coloniali italiane, ma *salvo casi isolati e trascurabili, questo scopo non fu minimamente raggiunto*[240]. Alla vigilia della fine delle ostilità il totale dei disertori infatti era di meno di duemila unità[241], comprendendovi anche il già menzionato caso di diserzione avvenuto presso la IV brigata, sul fronte sud, e ciò a fronte di circa 100.000 soldati appartenenti al Regio Corpo Truppe Coloniali (60.000 in Eritrea e 40.000 in Somalia, esclusi i reparti libici). Un motivo ricorrente della propaganda etiopica era che gli eritrei, soprattutto i copti – sarebbero tutti passati dalla parte del negus, ma così non fu, ed al contrario migliaia di ex ascari etiopici varcarono il confine prima dell'inizio delle ostilità per arruolarsi con gli italiani, venendo mandati di guarnigione in Libia a sostituire i reparti libici inviati sul fronte somalo, oppure nei reparti di lavoro[242]. Non mancarono neppure casi di diserzione di truppe etiopiche durante la guerra. Waugh scrisse di aver visto presso l'ospedale americano di Dessiè *alcuni soldati che avevano disertato dall'esercito eritreo* [sic; si trattava con ogni probabilità degli uomini di Tesfazien] *ed erano stati ridotti a mal partito da una compagnia di truppe abissine che stava disertando nella direzione opposta*[243]. Quanto al comportamento degli ascari, ecco qualche esempio relativo alla prima battaglia del Tembien. Caccia Dominioni riporta stralcio di una re-

---

[235] P. Monelli, in *Storia Illustrata*, maggio 1963, p.651.
[236] Bottai 1982, alla data del 5 febbraio.
[237] Del Boca 1979, p.528
[238] Telegramma di Badoglio a Lessona, ASMAI, *AOI*, pos.181/ 15, f.74.
[239] Montanelli, Cervi 1979, p.310; Goglia, Grassi, 1993, p.337 n.12.
[240] Pignatelli 1965, p.91.
[241] Si tratta di cifre fornite dallo stesso Del Boca 1979, p.516.
[242] Quirico 2002, p.321.
[243] Waugh 1946, p.436.

lazione del comandante la terza compagnia del II btg. eritreo *Hidalgo*, il capitano Salvatore Talotta: il 20 gennaio

durante la forzata sosta protrattasi per alcune ore, i capi abissini, dalla sommità dell'altura [di Mekennò] facendo uso di megafoni, invitano con suadenti parole i nostri ascari a defezionare e ad unirsi ad essi per combattere contro gli italiani. Nessuno raccoglie l'invito, anzi, ad un tratto, balzano fuori dei loro appostamenti due vecchi e valorosi graduati: lo sciumbasci Hailè Taamè e il bulukbasci Mangascià Gheremeden[244], già distintisi in Libia. Temerariamente in piedi essi rivolgono ai nemici fiere e sdegnose parole, dicendo loro che gli ascari del II battaglione eritreo non abbandonano i loro ufficiali, sono fedeli all'Italia e preferiscono morire anziché tradire[245].

Ad ulteriore smentita delle affermazioni fatte a proposito della presunta propensione a disertare degli ascari, citeremo il muntaz del XXII btg. eritreo Mangescià Lubsù che freddava con la baionetta un nemico che lo invitava alla resa, dicendo:

La bandiera italiana è più grande e più forte di quella abissina! Io non la tradirò mai![246]

Konovaloff ammise che

Qualche decina di soldati eritrei erano passati a noi (su sessantamila!) ma dalla popolazione appresi che gli eritrei in generale difendevano bene la frontiera italiana e mi accorsi che il sogno del negus [la diserzione in massa degli ascari] era molto lontano dal divenire realtà.[247].

Questo atteggiamento orgoglioso costò caro agli ascari presi prigionieri: a passo Uarieu alcuni eritrei del XII battaglione vennero gettati nei fuochi dei bivacchi dagli etiopi venendo bruciati vivi. Lunedì 20 gennaio, come detto, da passo Abarò, pilastro di partenza orientale, così come Uarieu costituiva il perno occidentale dello schieramento, mosse la II brigata eritrea del generale Renzo Dalmazzo, con due colonne principali che dovevano, dopo aver oltrepassato separatamente un massiccio montuoso, convergere poi ad ovest occupando Zeban Kerkatà e congiungendosi con la colonna Buttà presso monte Lata. Le truppe erano così suddivise:

Colonna di sinistra: III gruppo, comandante Francesco Scotti: V btg eritreo *Ameglio*, com. magg. U. Bordoni; X btg. *Ruggero*, com. magg. D. Ruggiero; XXI btg. *Fulmine*, com. magg. E. Fabiani.

---

[244] Si noti come si tratti di nomi cristiani, e non di musulmani, dunque i due sottufficiali erano correligionari degli etiopi, teoricamente più inclini a passare dalla parte del Negus.
[245] Riportato in Caccia Dominioni 1966, p.340 .
[246] Caccia Dominioni 1966, pp.337-338.
[247] Konovaloff 1938, cit. in Quirico 2002, p.322 Konovaloff 1938, cit. in Quirico 2002, p.322

Colonna di destra: VII gruppo, comandante colonnello Ruggero Tracchia: IV btg. eritreo *Toselli*; com. magg. C. Corsi; XIX btg. *Cafaro*, com. magg. G. Pacifico; XXII btg., com. magg. G. Pucci di Filicaia.

Con le colonne operavano il II gruppo artiglieria del maggiore Livio Spezzaferro, aliquote d'artiglieria, Genio e della M.V.S.N. con mitragliatrici pesanti[248]. In riserva erano gli ascari del VI battaglione *Cossu*[249]. Dalmazzo e la colonna Scotti si spinsero sino a Zeban Kerketà superando piccoli scontri a fuoco, mentre il VII gruppo del colonnello Tracchia incontrò una fortissima resistenza presso Mekennò e Tansaè; gli ascari passarono momenti di crisi, che vennero superati grazie all'intervento del VI gruppo battaglioni della 1ª divisione eritrea del generale Pesenti; in seguito a ciò anche Tracchia poté riprendere il movimento, sostenendo poi nuovi combattimenti presso Zeban Kerketà, incontrandosi poi con la colonna Buttà all'imbrunire del 22 gennaio, ed affrontando un furioso combattimento. Lo scopo della manovra era quello di puntare a sud per sbloccare la *28 Ottobre* a passo Uarieu, ma come detto in precedenza, le truppe di Buttà e Tracchia non si mossero. Vista la pressione delle truppe di ras Cassa il comandante del Corpo d'Armata eritreo, Pirzio Biroli, ordinò il ripiegamento su passo Abarò, dove le due colonne si sarebbero radunate, e da dove Vaccarisi avrebbe poi mosso verso passo Uarieu, seguendo però un itinerario più facile, e dove si ricongiunse con le truppe di Somma il 24[250]. Per quanto però fossero pericolose le masse abissine, resta difficile comprendere l'esitazione ed i ripensamenti dei comandanti di colonna e soprattutto del generale Vaccarisi: loro obiettivo doveva essere lo sblocco di passo Uarieu, che grazie a tali manovre e contromanovre rischiò seriamente di cadere, con le conseguenze che Badoglio paventava. In effetti, non si capisce se il comportamento della 2ª divisione eritrea fosse dettato da un pericolo obiettivo, da insipienza o da cattiva volontà. Sicuramente si può ritenere che se a passo Uarieu ci fossero stati reparti con un morale inferiore a quello delle Camicie Nere, ras Cassa sarebbe passato già il 22 gennaio. Anche Angelo Del Boca ritiene a ragione che l'azione di Vaccarisi sia stata *incerta e lenta, quando dovrebbe essere decisa e travolgente*[251]. Gli ascari arrivarono *quando i difensori di passo Uarieu stanno ormai rianimandosi e passando al contrattacco, non più in tempo per agganciare l'avversario e impartirgli, come chiede Badoglio "una dura lezione"*[252]. La colonna Buttà era passata per duri scontri con le truppe del bigerondi Lalibetù Gabrè nei giorni tra il 19 ed il 22 gennaio, tentando di sostenere la 2ª eritrea nel suo sforzo verso Melfà ed Abbi Addi. Il 22 la retroguardia, formata dal XVII e da parte dell'XI battaglione venne accerchiata nel vallone di Ruba Dehò, presso il monte Lata e praticamente distrutta. Caddero il capitano genovese Lorenzo Righetti ed il tenente Giambattista Lapucci, di Macerata, entrambi decapitati sul posto; e venne catturato il sottotenente Alberto Boato, uno dei tre prigionieri italiani della battaglia. Circondato da

---

[248] Alla colonna Buttà erano aggregati due reparti della 180ª legione *A. Farnese*, il 174° battaglione CC. NN. (Fidenza) e la 180ª compagnia mitraglieri (Cremona e Casalmaggiore), che per tale motivo non parteciparono ai combattimenti di passo Uarieu.
[249] Caccia Dominioni 1966, p.333.
[250] Ibid., p.354.
[251] Del Boca 1979, p.528.
[252] Ibid.

quattro guerrieri Boato stava per esser fatto a pezzi dalle *guradè* abissine, quando uno dei quattro fermò gli altri. Spogliato e derubato di tutti i suoi averi – uno dei catturatori cercò si svellergli un dente d'oro dalla bocca con uno di quei pugnali ricurvi che Paolo Monelli aveva ribattezzati *castrini* – Boato venne preso in consegna dal suo salvatore: era un ex ascari, attendente in Libia di un ufficiale degli Alpini. Boato portava il cappello alpino, ed ad esso doveva la vita. La sera successiva venne portato di fronte a ras Cassa, che lo trattò bene e lo difese dai tentativi di ucciderlo di vari guerrieri esagitati[253]. Il XXI battaglione, avanguardia della colonna Scotti, giunse sino a Meberrò, tra Debra Amba e monte Lata ebbe uno scontro durissimo nel corso del quale perse tre ufficiali ed una compagnia di ascari[254], la sera dello stesso giorno poi, il battaglione ricevette l'ordine del generale Dalmazzo di incolonnarsi e scendere in avanguardia verso il Tonquà, verso il tergo di passo Uarieu. Il comandante del battaglione fece presente al generale che si sarebbe trattato di una marcia notturna di sette od otto ore incalzati da orde nemiche baldanzose e spavalde, in uno stato di depressione e stanchezza per le perdite, il combattimento della mattinata e la stanchezza della marcia, ma Dalmazzo confermò l'ordine di avanzata. Iniziato il movimento, gli ascari furono attaccati alle spalle dagli abissini, e solo l'intervento della 180° compagnia mitraglieri della *Alessandro Farnese* aggregata al battaglione salvò la situazione: il comandante di compagnia, centurione Nobis, ordinò il *dietro-front* e, lasciate a terra le armi pesanti, le Camicie Nere attaccarono alla baionetta, respingendo i guerrieri etiopici[255]. L'ordine di marcia venne pertanto revocato, lasciando le Camicie Nere di Somma al loro destino. Mentre al comando di Macallè Badoglio era in preda all'angoscia e meditava di sgomberare tutto il Tembien e ritirarsi su Axum, la *28 Ottobre* resisteva ferocemente, nonostante la situazione sempre più grave. Nessun luogo del forte era al sicuro dal tiro degli etiopici, neppure l'ospedale da campo, su cui piovevano le pallottole, colpendo i feriti, uccidendo gli infermieri. Rimaneva una sola batteria in grado di sparare, la 180ª someggiata da 65/17, comandata in modo ammirevole dal tenente colonnello Seghetti, comandante l'artiglieria divisionale, ma le munizioni andavano esaurendosi, tanto che rimanevano solo ventiquattro colpi. Ricordò il Seniore Pace – nella vita insigne archeologo – che il generale Somma innanzi tutto esigeva una disciplina rigorosissima del fuoco delle mitragliatrici, delle artiglierie e dei moschetti. *Ogni colpo sia indirizzato ad un bersaglio; considero un delitto contro la patria consumare le munizioni senza ragione*[256]. Soprattutto, mancava l'acqua. Le scorte disponibili erano solo 1.200 litri, e sarebbero bastate per 3.000 uomini per quattro giorni. Il milite ferrarese Giuseppe Tartari scrisse al padre:

---

[253] Bandini 1980, p.301. Boato finì prigioniero nel Goggiam sino a dicembre.
[254] Caccia Dominioni 1966, p.346.
[255] Ibid., p.331.
[256] Pace 1936, pp.111-112. Biagio Pace, professore universitario a Pisa e deputato, combatté in Africa Orientale e partecipò alla difesa di passo Uarieu. Raccolse le proprie reminiscenze della battaglia nel volume *Tembien*, un opera ricca di documenti, fotografie, cifre sulle perdite, interrogatori di prigionieri, etc. Il lavoro, ormai introvabile, sarà ripubblicato dall'Ass. Culturale ITALIA a cura di chi scrive. Pace fu il massimo studioso della Sicilia antica, cui si devono gli scavi di Kamares, Selinunte, Mozia e della villa di Piazza Armerina. Della sua opera scientifica ricordiamo tra gli altri, *Camarina. Topografia, storia, archeologia*, Catania 1927; *Arte e civiltà della Sicilia Antica*, Città di Castello 1938; *L'architettura in Sicilia. Periodo preistorico e periodo greco*, Palermo 1955; *I mosaici di Piazza Armerina*, Roma 1955. Nel dopoguerra fu tra i fondatori del M.S.I. Sull'opera scientifica del Pace, si veda Arias 1976.

Non vi descriverò il tormento perché credo che voi lo capirete. Stanotte, come un ladro, sono andato a svuotare tutti i radiatori dei trattori dell'artiglieria, ma li ho trovati tutti vuoti[257].

Nella giornata di giovedì 23 il console Biscaccianti, per economizzare il prezioso liquido, ne bagnò un batuffolo di cotone, passando ad inumidire le labbra dei militi[258]. Il Seniore Biagio Pace, volontario ultracinquantenne nelle Camicie Nere, ricordò che

Si videro giovani in deliquio, altri buttarsi a succhiare fango sotto una bottiglia infranta, altri ricorrere per reminiscenza letteraria di dannose letture ai più ripugnanti ripieghi[259].

A quali "ripieghi" si riferisse Pace è chiaro da questi versi di Filippo Tommaso Marinetti:

Signor maggiore questo liquido è
L'orina dei compagni cotta bevuta da noi
Ma l'acqua delle mitragliatrici intatta
brilla magnetizza la bocca[260]

Il sottotenente Maffi ricorda nel suo diario come ufficiali ed ascari del XII avessero provato a bere l'acqua di una pozza in cui si trovava un cammello in putrefazione. Peggio ancora, la sete corrodeva cervelli e cuori: nonostante un piccolo corso d'acqua vicino al forte fosse completamente a secco, molti militi, incuranti dei comandi, delle preghiere, delle minacce, uscivano dalle fortificazioni a secco nella speranza di riuscire a bere almeno un sorso e conquistare un impossibile ristoro. Ad uno ad uno i cecchini etiopi ne uccisero ventotto, mentre aumentavano i casi di deliquio causato dal sole e dalla disidratazione. E tutto ciò mente gli etiopici continuavano gli assalti al fortino, incuranti del fuoco rabbioso degli assediati, delle mitragliatrici pesanti e degli spezzonamenti degli aerei italiani che senza sosta facevano la spola tra le basi aeree e il passo. *Contro i fuochi organizzati della difesa* – scrisse poi Badoglio, ammirato – *compatte falange di armati* – *molti anche di semplici armi bianche* – *rinnovavano attacchi furibondi, spingendosi fin sotto i reticolati che tentavano di abbattere con le ricurve loro scimitarre*[261]. Tuttavia la battaglia per gli etiopici, senza che questi ancora se ne potessero accorgere, era cambiata. I militi, arroccati dietro i muretti a secco, non erano più nelle condizioni sfavorevoli dei due battaglioni di Diamanti: i legionari avevano ritrovato la guerra che sapevano fare meglio, quella di posizione. Si è già

---

[257] Lettera del 24 gennaio 1936, riportata in Del Boca 1979, p.529.
[258] Ibid.
[259] Pace 1936, pp. 93- 94.
[260] Marinetti 1937, p. 191. Di Marinetti a Passo Uarieu scrisse Biagio Pace: *vorrei saper ripetere (...) quale splendore di ingegno e nobiltà di passione eroica infine abbia profuso F.T. Marinetti, il piú desiderabile camerata di guerra che sia lecito immaginare* (Pace 1936, p.X). Per il suo comportamento durante la battaglia, F.T. Marinetti ricevette la Medaglia di Bronzo al Valor Militare e la promozione a Seniore.
[261] Badoglio 1936, p.82.

detto come in gran parte fossero veterani della Grande Guerra, dapprima sprezzanti di una campagna coloniale, di quella che gli inglesi vittoriani avrebbero definita *a little war*; per questo vennero sorpresi e sopraffatti dal numero di un nemico pericolosamente sottostimato. Adesso si trovavano arroccati a fare la guerra che avevano imparato a combattere sull'Isonzo: ma gli abissini non avevano la capacità tecniche per riuscire a spuntarla se non facendo affidamento ai grandi numeri, venendo falciati dalle mitragliatrici appostate sapientemente e dal fuoco mirato dei fucilieri. Nella fase iniziale, sul Mai Beles, la mobilità ed il numero avevano favorito le truppe di ras Cassa, nella seconda fase gli etiopi si trovarono a sferrare assalti frontali, senza nemmeno saperlo fare bene, contro chi questo tipo di assalti li aveva fatti e li aveva affrontati per anni[262]. Che le Camicie Nere sapessero far bene la guerra di posizione, lo prova un fatto, che è poi proprio quello cui fa riferimento Marinetti: molti preferirono tentare di compiere sortite alla ricerca d'acqua, ma nessuno toccò quella dei serbatoi di raffreddamento delle mitragliatrici *Fiat-Revelli*, neppure nei momenti peggiori. Somma non si limitò ad una difesa passiva: quando se ne presentava l'opportunità gli italiani organizzavano delle brevi sortite. Ancora Pace ricordò che

Non appena veniva segnalato in qualche riposta piega del terreno un addensarsi di gruppi nemici, ecco a scompigliarli uscire in ordine di battaglia una compagnia o un plotone, rovesciando un fuoco infernale per far quindi ritorno alle posizioni, sotto una predisposta protezione di artiglieria e di mitragliatrici pesanti a tiro indiretto. Da ciò perdite notevoli al nemico, inciampi ai suoi disegni, ma sovratutto ai difensori una consapevolezza di iniziativa, un senso di libero respiro atto a diradare potentemente il senso negativo di una difesa entro piccole opere quasi sguarnite[263].

La forza del nemico era però tutta nel numero; se gli italiani avessero finito le munizioni o avessero ceduto, la strada per Macallè sarebbe stata aperta. Gli abissini, al comando di due figli di ras Cassa, Uonduossen e Averrà e del degiacc Admasù Burrù continuavano a premere contro le posizioni di Uarieu, incitati dal rullare del *negaritt* e dal suono dei corni. Il 22 gennaio iniziò anche l'appoggio della Regia Aeronautica agli assediati. I *Caproni* Ca. 133 del 14° Stormo compirono spezzonamenti a sud est del passo, mentre cinque biplani *Romeo Ro.1* mitragliarono gli assedianti lanciando anche alcune bombe. Per due giorni quasi tutta l'aviazione dell'Eritrea viene impiegata per rifornire di munizioni gli assediati; dal campo di Sciafat, presso Macallè, gli aerei scaricarono sugli obiettivi fra Abbi Addi e Uarieu trecentosessanta quintali di esplosivo[264]. Va detto subito che contrariamente a quanto troppo spesso ripetuto da autori in malafede[265] durante l'assedio non furono effettuati bombardamenti a gas sull'area di passo Uarieu, poiché in un ambiente ristretto quale la selletta le nubi di

---

[262] Molti militi veneti e friulani venivano dagli Alpini, e molti altri dagli Arditi.
[263] Pace 1936, pp. 112-113.
[264] Alle operazioni aeree su passo Uarieu partecipò anche l'allora tenente pilota Ettore Muti, futuro segretario del P.N.F. e medaglia d'oro al valore. Muti era in forza alla 13ª squadriglia del 9° stormo (Carafòli, Bocchini Padiglione 2002, p.98).
[265] Come Del Boca nel suo zibaldone: Del Boca 1979 p.528 scrive che vennero lanciati *360 quintali di esplosivo e di iprite*, senza indicare da dove abbia tratte queste cifre. *Ipse dixit*.

gas tossici avrebbero investito anche i difensori; ci occuperemo di quest'argomento più avanti. Se su Passo Uarieu non vennero usati gas, sui guadi del Ghevà vennero invece lanciate trenta bombe *C 500T* assai probabilmente caricate ad iprite per interrompere l'afflusso dei rinforzi etiopici. La Regia Aeronautica fece prodigi: i piloti si abbassavano tra i roccioni, incuranti delle correnti ascensionali calde, del tiro degli etiopi contro le carlinghe (molti modelli di aerei erano ancora in legno e tela), con turni di servizio massacranti e continui. Fin dalle nove del mattino del 23 gennaio iniziarono gli attacchi aerei si infittirono durante la giornata, con ondate di *Caproni* Ca. 133 appoggiati da *Romeo Ro.1* e *Ro.37* (costruiti su licenza della danese *Fokker*); alle dieci intervennero, tra Abbi Addi e Uarieu, anche sei *Savoia Marchetti SM 81* e *Caproni Ca.111*. Negli intervalli tra le ondate dei bombardieri i *Romeo* scendevano a bassissima quota a mitragliare gli etiopi, alla mercé dei tiri delle pallottole esplosive. Nella sola giornata del 23 vennero sganciati 8.370 spezzoni da due chilogrammi, 2877 chilogrammi di bombe dirompenti e sparati oltre quattromila colpi di mitragliatrice. Konovaloff, pilota militare egli stesso, scrisse degli aviatori italiani di cui aveva seguito le azioni sul Tembien: *Questa brillante aviazione faceva il suo dovere coraggiosamente. Mi sembrava che rischiasse più del necessario […]* [266]. Anche un altro mercenario al soldo degli abissini, il colonnello Boghossian, rimase colpito dalla spericolatezza e dalla temerarietà dei piloti: *Gli aerei scendevano, per mitragliarci, fino a dieci metri, e ci offrivano, con la morte, anche un buon bersaglio*[267]. Spesso gli etiopi tiravano contro gli apparecchi italiani con pallottole esplosive; va detto che questa era una delle poche possibilità che avevano gli abissini, con pochi pezzi antiaerei e ancor meno aeroplani, di tentare di abbattere i velivoli nemici[268]. Scrisse Alessandro Pavolini, pilota della squadriglia *Disperata*:

Durante tutta la permanenza del sole in cielo non vi furono cinque minuti senza atterraggi, decolli, passaggi in formazione entro il breve orizzonte delle ambe. Centocinquanta decolli in uno spazio angusto senza un'imbardata né un urto […] Nei trimotori in arrivo si vedevano gli osservatori sulla soglia delle portiere spalancate, pronti a saltare giù alla frenata; gli equipaggi della ricognizione volteggiavano via dalle carlinghe, impazienti tutti, di portare le più fresche notizie della battaglia, omettendo ogni accenno a quanto li riguardava, ai buchi nelle ali e alle schegge nelle fusoliere, computo da farsi con comodo. Subito gli avieri alzavano gli imbuti, ricavavano le spezzoniere, riappendevano le bombe ai ganci[269].

Alle 13 di giovedì 23 gennaio un aereo sorvolò il fortino e lasciò cadere un messaggio breve ma che rialzò il morale dei militi:

Coraggio mio Somma. Vaccarisi è vicino. Le tue Camicie Nere stanno scrivendo una pagina magnifica. Resisti ed avrai la vittoria! Badoglio.

---

[266] Konovaloff 1938, p. 151.
[267] Cit. in Del Boca 1965, p.162.
[268] Bandini 1980, p.356.
[269] A. Pavolini, citato in Del Boca 1979 p.528.

Il tenente colonnello Seghetti lesse queste parole ai militi impegnati nel combattimento. Alla fine della lettura del messaggio di Badoglio qualcuno, forse lo stesso Somma, forse un legionario, intonò le strofe iniziali di *Giovinezza*, cui si unirono immediatamente le altre Camicie Nere:

Salve o popolo d'eroi,
salve o Patria immortale![270]

L'inno venne accompagnato da un'intensificarsi rabbioso della fucileria dei militi contro gli assedianti, quasi a voler consumare fino all'ultima cartuccia prima della fine dell'assedio. In realtà Vaccarisi non era vicino: anzi, si stava barcamenando indeciso su come comportarsi. Per i difensori di passo Uarieu l'assedio continuò per tutto il pomeriggio e per tutta la notte seguente, quando lo sforzo offensivo di ras Cassa e di ras Sejum andò scemando d'intensità, sino alla mattinata di venerdì. Verso la sera del 23 gennaio i primi nuclei abissini iniziarono il ripiegamento. Avevano perso *la speranza di ripetere una nuova Adua: questi italiani, a differenza dei loro padri, erano uomini valorosi, "gombos", disponevano di una potente artiglieria e i loro aerei pilotati dai* Mussolini Ligg, *volavano bassi e con ardimento.*[271] Ras Cassa non si era fidato di impegnare in battaglia il nucleo dei suoi uomini più fidati, per il timore di rimanere senza la sua guardia del corpo fra i pericoli delle rivalità con gli altri ras e della prevedibile ostilità dei tigrini contro gli amhara in caso di sconfitta. Aveva allora richiesto rinforzi a ras Mulughietà allo scopo di sfruttare il successo del Mai Beles e di conseguire lo sfondamento della linea di passo Uarieu, ma il ministro della guerra non aveva acconsentito alla richiesta di Cassa – o meglio, non aveva ubbidito al suo ordine, poiché ras Cassa in quanto comandante del fronte nord era suo superiore – e col pretesto di esser anch'egli impegnato contro gli italiani non aveva inviato nessuno[272]. In seguito alle insistenze di ras Cassa il Primo Fitaurari si decise a malincuore ad inviare un piccolo gruppo di cavalieri Galla e delle munizioni, un gesto poco più che simbolico, ma che non poteva avere alcun peso nella battaglia, e soltanto dopo aver lasciato passare deliberatamente ore preziose[273]. In realtà il Primo Fitaurari si rifiutava di riconoscere ras Cassa come proprio superiore. Mulughietà si sentiva sminuito dal fatto di esser stato sottoposto, lui che si considerava un combattente nato, a chi giudicava un uomo più da chiesa che da guerra[274], e non aveva alcuna intenzione di soccorrere ras Cassa. Questi si era allora rivolto al negus, che aveva stabilito l'invio di rinforzi da Quoran, a sei giorni di marcia dalle truppe del ras; mentre eventuali rinforzi inviati da Mulughietà dalla zona dell'Amba Aradam sarebbero giunti in poche ore[275], cambiando le sorti della battaglia e probabilmente della stessa campagna. L'alba di venerdì 24 gennaio si alzò tersissima senza che si avvistassero le trup-

---

[270] *Subito si eleva il canto possente e formidabile:* Giovinezza (Lucas, De Vecchi 1976, p.75). L'allora Centurione Ettore Lucas era nella *XXVIII Ottobre*, e combatté a passo Uarieu, venendo decorato. La citazione assume quindi forza di testimonianza diretta.
[271] Mockler 1972 p.101.
[272] Pignatelli 1965, p.162.
[273] Del Boca 1979, p.527.
[274] Ibid.
[275] Montanelli, Cervi 1979 p.297.

pe di Vaccarisi. La situazione era grave. Non rimanevano che i ventiquattro colpi della batteria del capitano Borgatti, e anche le Camicie Nere avevano quasi del tutto esaurite le cartucce. Ma alle otto della mattina[276] le vedette notarono i lampi di sole di un eliografo dalla parte dell'Enda Michael. Le truppe di soccorso erano "a portata tattica", ed alle 12 e 30 gli ascari del XXIV battaglione eritreo comandato dal colonnello Galliani raggiunsero e superarono il forte di passo Uarieu, caricando gli etiopici al grido tradizionale *Ambessà ambettà!,* "feroci come leoni, distruttori come le cavallette!". Non appena l'eliografo aveva segnalato l'avvicinarsi delle truppe di Galliani, a passo Uarieu fu organizzata una sortita; all'attacco degli ascari si unì quello dei residui del gruppo Diamanti e i legionari della *28 Ottobre*[277]. Secondo il generale Scala gli etiopi volsero in ritirata prima che si delineasse l'azione della colonna eritrea sul loro fianco destro, inseguiti, nonostante il terreno accidentatissimo, dai militi di Somma, i quali, quantunque stremati da tre giorni di vivacissima lotta, riuscivano, con ardite puntate, ad infliggere all'avversario altre numerose perdite[278]. Gli artiglieri della prima batteria del II gruppo risalirono sullo Scimarbò, recuperando i pezzi che avevano nascosto nelle forre del monte, e, piazzatili in batteria, dopo che erano arrivati i muli con le munizioni, cominciarono a sparare sulle truppe di ras Cassa in fuga. Ricorda il caporale Bigolin che

A'a matina, quand che è vegnest ciaro, ìon tirà fora i nostri canon 'ncora dove ìo 'véa imbusadi in mèzo a 'e grote de 'e montagne, – che se llri, i Abissini, i era furbi i 'i ciapéa par 'e code e 'i butéa zò per un buròn che non se 'i vedèa gnanca pi – ; e dopo, drio l'cul de noaltri, a 'a matina presto è vegnesti su i conduçenti co 'e munission e 'von scominçà 'ncora, su 'a piana del Veles[279], a tirarghe drio queialtri che 'i se ritirèa

(La mattina, quand'è venuto chiaro, abbiamo ritirato fuori i nostri cannoni, da dove li avevamo nascosti nelle grotte della montagna – che se loro, gli abissini, fossero stati furbi, li avrebbero presi per le code e buttati in un burrone che non li avremmo visti più – dopo, dietro di noi, sono arrivati i conducenti colle munizioni e abbiamo cominciato ancora, sulla piana del Beles, a sparare a quegli altri che si ritiravano) [280]

Si tratta di una dichiarazione molto interessante, perché altrove non si fa cenno a quest'episodio se non in termini molto generici. Inoltre, se la memorialistica ha ricordato l'arrivo degli ascari a passo Uarieu, è stata tralasciata completamente la presenza di rinforzi della Milizia. A questo proposito è interessante citare il diario del Centurione Romolo Galassi, della 114ª Legione *Garibaldina*[281]:

---

[276] Alle nove secondo Bandini 1980, p.300.
[277] Badoglio 1936, p.70; Lucas, De Vecchi 1976 p.75; Pignatelli scrisse che *gli italiani del forte trovarono ancora tanto slancio e tanta forza da inseguire e impegnare con successo le retroguardie* (Pignatelli 1965, p.163).
[278] Scala 1952, p 442.
[279] Sic per Beles.
[280] Caporale G. Bigolin, intervista del 5 marzo 1972 al Gruppo Alpini d'Arcade, sez. di Treviso: www.alpiniarcade.it, cit.
[281] Brani del diario del Centurione Galassi sono pubblicati in appendice al presente volume. Galassi cadde durante la conquista della Amba Uork, venendo decorato di Medaglia d'Oro alla memoria.

Adi Zubaha 23 gennaio

Da ieri il cannone tuona. Le mitragliatrici picchiettano in lontananza. Nei punti scoperti della strada che noi guardiamo le colonne sono assalite a fucilate. Bisogna difendersi, e come, lo sanno gli autisti. Ieri nove vi hanno lasciato la pelle. Due autocarri bruciati. A mezzogiorno arriva l'ordine. Partenza per il punto più avanzato per cercare di disimpegnare una nostra legione ed il Gruppo Diamanti fortemente impegnati e circondati. Arriva l'autocolonna, ci carichiamo. Saluto il mio bravo Sciragi (l'attendente di Galassi, N.d.A.) che mi ha servito bene ed è diritto, impalato sull'attenti, il braccio teso nel saluto romano […] L'autocolonna procede lentamente. Urti, sobbalzi, ruote che girano freneticamente non trovando presa nella sabbia rossastra, arresti improvvisi, salti in avanti. I legionari stesi sul fondo, le armi appoggiate ai bordi, scrutano tutto in giro… Si aspetta di momento in momento la scarica nemica. […]

Il diario di Galassi conferma che il 23 i soccorsi non erano ancora giunti a Passo Uarieu, e si fermarono per la notte:

Intanto cala la sera. Più rosso del rosso del tramonto d'Africa il fuoco dei villaggi che bruciano all'orizzonte.
In lontananza i soliti guaiti, i soliti ululati dei carnivori che cercano o si disputano il pasto serale.
Si arriva, finalmente, dopo che sono uscito di pista con il camion un paio di volte.
La notte è illune.
Dormo steso sul lettino con un paio di coperte. Di tenda non se ne parla […]

Infine, il 24, in vista del Passo,

scariche nette, decise, brevi delle Breda leggere, sgranio più lento, più lungo, insistente, delle Fiat pesanti. Schianti intermittenti degli spezzoni che gli apparecchi seminano sulle ambe intorno. L'artiglieria batte a volta a volta colpo per colpo, a volte con improvvise salve di batteria, gli anfratti, i dirupi, i profondi canali, i terrazzi delle altre. […] l'arrivo del nostro battaglione e dei nuovi ascari ha fatto cessare la pressione, ha dato la possibilità di rifornimenti.
Il fuoco ci ha sfiorato, non ci ha provati. Ora siamo qui a presidio di monte Pellegrino, pronti.

La vittoria della resistenza di passo Uarieu non fu che delle sole Camicie Nere. Gli ascari e le Camicie Nere della 114[a], come si è visto, arrivarono con almeno un giorno di ritardo, quando la battaglia aveva già cambiato volto, e quando le truppe di ras Cassa avevano iniziato la ritirata. Un ritardo inspiegabile e inescusabile, che espose tutto lo schieramento italiano del fronte Nord ad un rischio gravissimo. Le Camicie Nere avevano lasciato a passo Uarieu centoottantotto morti e cinquecento feriti. Erano stati abbandonati otto pezzi da 65/17 resi inservibili[282] e catturate due Camicie Nere, i militi Luigi Petrarca e Raffaele Matis, entrambi della *28 Ottobre*; nel corso della battaglia fu preso anche un altro prigioniero, il sottotenente Alberto Boato del XVII Btg. eritreo [283]. Il bollettino etiopico del 31 gennaio millantava che

il gruppo Diamanti e specialmente la brigata (sic!) fascista *28 Ottobre* sono stati annientati […] I nostri vittoriosi soldati fino a tutto il 30 gennaio hanno trasportato al posto di comando 29 cannoni, 175 mitragliatrici, 2.654 fucili, muli carichi di munizioni, materiali vari e numerosi prigionieri [284].

Su comunicati come questo basavano i loro resoconti gli inviati ad Addis Abeba, influenzando l'opinione pubblica internazionale[285]! Quasi tutti gli Autori concordano nel datare al 23 gennaio la ritirata etiopica, basandosi sul bollettino del Comando superiore che recita:

[…] Il giorno 23 un'altra colonna eritrea operava la sua congiunzione con la Seconda Divisione Camicie Nere […];

in realtà i consoli generali Lucas e De Vecchi, che si basarono sui diari storici delle unità della M.V.S.N. riportano che

il 23 sera la pressione nemica è in rapido declino. Alle 8 del 24 l'arrivo della colonna della 2ª Divisione eritrea […] è annunciato dal XXIV Btg. Eritreo che si affaccia dalle colline di Enda Michael [286].

Ciò trova conferma anche nel diario del sottotenente Maffi:

24 gennaio. All'alba riorganizzo la mia colonna di muli per l'acqua. […] Frattanto sale a nostro soccorso, da Addi Zubahà, il XXIV eritreo, che deve sostenere un accanito combattimento per raggiungere le nostre posizioni.

In una lettera inviata da Hausien il 25 gennaio al ten. col. Emilio Faldella, all'epoca responsabile del S.I.M. ed in seguito illustre storico militare, Dominioni scriveva:

Ho visto oltre duecento feriti del gruppo camicie nere Diamanti, reduci dalle giornate carsiche di passo Uariéu: avevano il morale alto benché uscissero direttamente dall'inferno cessato ieri [287].

---

[282] Cfr. il già citato telegramma di Badoglio al ministro Lessona del 22 gennaio '36, ASMAI, *AOI*, pos.181/ 15, f.74.
[283] Del Boca 1979, p.534 n.44).
[284] Di Lauro 1939, p.142, cit. in Del Boca 1979, p.534.
[285] Si legga in proposito il divertentissimo libro di Evelyn Waugh (Del Boca riesce a sbagliarne nome e cognome, chiamandolo *Evelyne* – che è un nome femminile! – *Waught*: ibid., p.362 n) allora inviato in Etiopia. Waugh dà un quadro molto interessante delle mistificazioni etiopiche e del pressappochismo dei giornalisti.
[286] Lucas, De Vecchi 1976, p.75
[287] Caccia Dominioni 1966., p.348; il corsivo è di Dominioni

Si è già visto come centurione Romolo Galassi nel suo diario ricordi il fatto che la colonna di soccorso si fosse accampata al tramonto del 23, giungendo a passo Uarieu solo il mattino dopo. Anche il caporale della 1ª batteria, II gruppo Gaetano Bigolin parla del 24 gennaio:

iera al vintiquatro de zenaro del 1936 [...] Dopo 'i vegnesti su i nostri eritrei da... bè, no so da dove che 'i sia 'rivadi, e 'i ha portato su l'acqua[288].

La liberazione del fortino di passo Uarieu è perciò avvenuta sicuramente il 24 gennaio, malgrado per motivi propagandistici fosse stata antedatata al giorno precedente. E del resto, il 24 gennaio è la data riporta nell'ordine del giorno n.78 del comando della *28 Ottobre*[289]. Il 25 giunse l'elogio del Comando Superiore. Badoglio indirizzò ai difensori superstiti il seguente messaggio:

Camicie Nere del presidio di Uarieu, a Passo Uarieu attaccati da soverchianti forze nemiche, avete resistito ed avete vinto. Le lunghe ore di combattimento, le privazioni imposte dalla deficienza di viveri e di acqua, l'impetuosità del nemico reso più tracotante dalla stragrande superiorità numerica, non hanno fatto vacillare, neppure per un istante, i vostri cuori.
Brave CC.NN.: sono contento di voi! Badoglio.

---

[288] Rip. in www.alpiniarcade.it/storia/intervis/bigolin.htm. L'intervista è in veneto.
[289] L'O.d.G. del gen. U. Somma è riportato in appendice.

LA "QUESTIONE" DEI GAS

La batosta presa dagli abissini spinse ras Cassa ed il negus a giustificare il bruciante insuccesso ricorrendo alla solita storiella dell'uso dei gas, che avrebbe messo in crisi gli eroici combattenti etiopi. Naturalmente la storia dell'iprite è stata ripresa e sposata da autori di ben chiaro schieramento. Mockler, visto che non poteva attribuire ai gas italiani i massacri di cui si è favoleggiato, arrivò a scrivere che

Il gas costituiva un grosso problema, ma causava più spavento che danni [...] Anche quando i gas arrivavano a contatto della pelle, le scottature potevano essere evitate. Ras Immirù aveva avvertito i suoi uomini di "lavarsi sempre"[290].

Ovviamente non si lava via l'iprite: quindi, non si trattava di gas. Ma si doveva dimostrare che gli italiani *saturavano* di gas l'Etiopia. Addirittura nel suo *pamphlet* sulle guerre del Duce Denis Mack Smith arriva a scrivere di *ordini espliciti di Mussolini* che *imponevano all'esercito di ricorrere se necessario, ad ogni mezzo, dal bombardamento degli ospedali all'impiego "anche su vasta scala di qualunque gas" e addirittura alla guerra batteriologica*[291]. Anche gli altri ordini citati dallo storico britannico non esistono: anzi, riguardo al *bombardamento degli ospedali* in un telegramma del Duce a Badoglio del 1 gennaio 1936 si fa esplicitamente divieto di bombardare la Croce Rossa:

[V.E.] dia ordini tassativi perché impianti croce rossa siano dovunque e diligentemente rispettati [292].

Mack Smith giunse a scrivere che Mussolini aveva deciso di attaccare l'Etiopia *riservandosi come obiettivi successivi l'Egitto e il Sudan e magari anche il Kenya*[293]. Il che vuol dire non aver capito niente della visione sostanzialmente conservatrice della politica estera italiana sino alla guerra di Spagna; Mussolini temeva semmai che gli inglesi potessero attaccare dal Sudan le forze impegnate contro gli abissini, tanto che il 12 aprile del 1936 raccomandò a Badoglio di studiare eventuali misure difensive. Il Maresciallo incaricò di tale studio il generale Babbini[294]. Si parlò dello studio delle possibilità di un'azione *difensiva* verso il Sudan come copertura per la missione di

---

[290] Mockler 1972, p.102. Tuttavia come si è ricordato più sopra, persino Mockler, per quanto apertamente filoetiope, dovette ammettere che a passo Uarieu non furono utilizzati i gas, anche se con argomenti capziosi: *l'Imperatore e ras Cassa affermarono che l'attacco fu spezzato con bombardamenti all'iprite. Da parte italiana risulta che il generale [Aymone] Cat non potè eseguire l'ordine di Badoglio di usare i gas perché i rifornimenti erano momentaneamente esauriti.* (p.508 n.8).
[291] Mack Smith 1976, p.97; la punteggiatura è quella della traduzione italiana, errori compresi: ciò sulla base di due articoli di Del Boca, apparsi su *Il Giorno* del 12 e del 14 novembre 1968. Va detto che Del Boca nelle sue opere ha avuto il buon senso di omettere accenni all'uso di armi batteriologiche, di cui l'Italia non disponeva. Programmi di ricerca in tal senso furono sviluppati dagli inglesi nel 1925 e dai giapponesi nel 1932; gli statunitensi iniziarono ad occuparsene nel 1941, e i tedeschi solo nel 1943: Tschanz 2003, pp.17 segg.
[292] DEPA, *tel. Mussolini AO*, segreto n. 005.
[293] Mack Smith 1976, p. 91, che cita come fonte ancora un articolo dell'instancabile Del Boca, su *Il Giorno* dell'11 novembre 1968.
[294] Pini, Susmel 1955, p.347

Badoglio e Lessona nell'ottobre del 1935, ma, come scrivono Montanelli e Cervi, *De Bono [...] non era sciocco al punto di bere questa panzana*. Mack Smith evidentemente sì[295]. Del Boca fa naturalmente da amplificatore alle chiacchiere di ras Cassa, di cui riporta dichiarazioni di grande drammaticità che non si possono negare al lettore:

Il bombardamento era al colmo quando, all'improvviso, si videro alcuni uomini lasciar cadere le loro armi, portare urlando le loro mani agli occhi, cadere in ginocchio e poi crollare a terra. Era la brina impalpabile del liquido corrosivo che cadeva sulla mia armata. Tutto ciò che le bombe avevano lasciato in piedi, i gas l'abbatterono. In questa sola giornata un numero che non oso dire dei miei uomini perirono. Duemila bestie si abbatterono nelle praterie contaminate. I muli, le vacche, i montoni, le bestie selvatiche fuggirono nelle forre e si gettarono nei precipizi. Gli aerei tornarono anche nei giorni successivi. E cosparsero di iprite ogni regione dove scoprirono qualche movimento[296].

Una piaga biblica. Evidentemente gli uomini di ras Cassa non avevano acqua per lavarsi… né risulta che sia deceduto un solo ascaro, un solo nazionale, un solo mulo italiano. Ora, se è vero che i gas tossici furono certamente impiegati in misura assai maggiore di quanto ammise Lessona, in realtà non influirono in maniera rilevante sulle operazioni militari, così come non furono decisivi nella Grande Guerra[297]. Questa è

---

[295] Montanelli, Cervi 1979, p.264. Mack Smith nel suo indefinibile libretto altera del resto spesso e volentieri la realtà dei fatti, citando fonti a sproposito, od alterandole, non si capisce se per scarsa conoscenza dell'italiano o per malafede: cfr. quanto scritto al riguardo in Goglia, Grassi 1993, p.337 n.14.

[296] Cit. in Del Boca 1979 p.532. Questi accetta *in toto* le affermazioni del ras, arrivando a scrivere, a giustificazione delle melodrammatiche affermazioni di Cassa Darghiè sulla *brina impalpabile* ecc. che *l'iprite sinora era stata lanciata soltanto in grossi bidoni e non irrorata con speciali diffusori* (ivi). Il che è l'ennesima sciocchezza: i gas venivano lanciati con le bombe C.500T, che esplodevano ad un'altezza di 250 metri spargendosi poi per ellisse di 500 m per 100, e non diffusi con *irrogatori*. E proprio le trenta bombe *C.500T* lanciate sui guadi del Ghevà (e non su passo Uarieu!) furono probabilmente le sole bombe a gas lanciate durante la battaglia. Angelo Del Boca dedicò ampio spazio all'argomento della guerra chimica (cui dedicò un successivo volume, *I gas di Mussolini. Il fascismo e la guerra d'Etiopia*). Approfittando del prolungato e colpevole silenzio ufficiale sull'argomento la realtà venne deformata, parlando di *migliaia*, o addirittura *centinaia di migliaia* di morti. Del Boca si affida per sostenere le sue tesi soprattutto a fonti abissine e a testimonianze di giornalisti anti italiani che, ad esser generosi, si possono definire quantomeno di dubbia attendibilità. Per quanto riguarda l'affidabilità della testimonianza di ras Cassa si può citare come esempio: *A Choum Aorié [...] le cento mitragliatrici che furono prese là, caddero nelle nostre mani senza l'aiuto del fucile, ma solo con quello delle sciabole. Nessuna forza di terra avrebbe potuto arrestare i miei uomini che sembravano passare fra le raffiche. Essi piombavano così rapidi sugli italiani che gli strappavano dalle mani il fucile [...] dinanzi a tali demoni, gli italiani, non conservando che i loro pantaloni appesi alle cinture, sparivano come la polvere* (cit. in Del Boca 1979, p.536). Ovviamente, gli italiani non persero mai cento mitragliatrici. Come si vede, voler scrivere la storia della guerra d'Etiopia basandosi su queste fonti è come voler scrivere la storia della prima Crociata basandosi su Torquato Tasso.

[297] Mantoan 2001, p.206. Per quanto riguarda l'uso dei gas, la richiesta di Badoglio (che non va dimenticato, s'era formato in gran parte durante la guerra 1915-18, in cui i gas furono utilizzati normalmente) di utilizzare aggressivi chimici allo scopo di accelerare le operazioni belliche, richiesta accolta dal Duce solo in casi eccezionali *per supreme ragioni di difesa* (DEPA, *Tel. Mussolini A.O.*, segreto, n. 14551), è da ritenersi *una decisione profondamente errata: sotto il profilo militare, perché non recò alcun effettivo vantaggio; sotto il profilo politico perché diede l'occasione di screditare le forze armate e, quindi l'Italia, a tutti coloro che all'estero avevano disapprovato il conflitto* (Bovio 1999, p.146). Tra questi il ministro degli esteri britannico Anthony Eden, che scrisse nelle proprie memorie in totale malafede che *l'effetto dei gas fu crudele ed assai grave* (cit. in De Biase 1966, p.58). Come scrisse Bandini i gas *diventavano addirittura una stupidaggine, e di quelle grosse, quando il loro impiego era così limitato da non produrre alcun sostanziale vantaggio militare: ma abbastanza diffuso da tirarci addosso tutte le conseguenze negative di un fatto che necessariamente prescindeva dalla "quantità"* (Bandini 1980, p.352).

anche l'opinione di Luigi Goglia che pur ricordando come l'uso dei gas non solo a scopo di rappresaglia sia ricordato nel Diario storico del Comando Supremo AOI[298], ma scrive che *da parte etiopica si è forse voluto sopravvalutare l'importanza dei bombardamenti a gas fatti dagli italiani*[299]. Per tornare al Del Boca, questi ha spesso sostenuto d'esser stato il primo a portare a conoscenza del pubblico italiano l'impiego delle armi chimiche, ma ciò non risponde a verità. Che durante la guerra d'Etiopia si fossero usati i gas era noto già da prima dei lavori di Del Boca; si è già avuto modo di citare la testimonianza di Caccia Dominioni sui bombardamenti sul Mai Tonquà del gennaio 1936; Bottai annota nel proprio diario, alla data del 5 febbraio dello stesso anno:

[...] Precauzioni: non raccogliere le bombe inesplose dei nostri aeroplani, che si trovassero sul terreno *e le schegge di bombe, che potrebbero essere ipritiche* [...][300].

Circolavano inoltre fotografie scattate da soldati italiani di morti per i gas[301], che vennero sicuramente mostrate al ritorno dalla guerra ad amici e familiari in Italia. Se realmente dunque gli aggressivi chimici fossero stati usati in maniera massiccia come preteso dagli etiopi e da certi storiografi se ne avrebbero molte più testimonianze, mentre molti soldati italiani poterono ignorarne l'uso in perfetta buona fede[302]. Ciò è ricordato anche da Goglia: *a questo proposito* (il fatto che i combattenti ignorassero l'uso dei gas asfissianti) *è stato notato da altri, ma anche chi scrive ne ha fatto diretta esperienza intervistando reduci di quella campagna, che l'uso dei gas era ignorato allora dai più (ancora oggi molti sono increduli)*[303]. Basti dire che malgrado fotografie e filmati realizzati durante la campagna siano numerosissimi e ben noti, in nessuno è visibile un solo soldato italiano equipaggiato con portamaschere modello 1933 o 1935, cosa impensabile se davvero i gas fossero stati usati nelle quantità pretese dal giornalista novarese. Anche Pignatelli della *Leonessa* si era occupato dell'uso dei gas prima del giornalista novarese e con ben altra obiettività, scrivendo che:

Dobbiamo ritenere (e a Ginevra non lo smentimmo) che nel corso della campagna fu fatto talvolta uso, dai bombardieri italiani, di bombe all'iprite. L'impiego di questa

---

Per quel che riguarda Eden, l'11 marzo 1936 a Risib, nel Somaliland britannico, durante una protesta dei nativi contro le eccessive tasse imposte dall'amministrazione coloniale inglese, per un colpo accidentale di fucile fu ucciso il vice-residente britannico. Per rappresaglia vennero dati alle fiamme sei villaggi e passati per le armi centocinquantotto somali, ovviamente estranei ai fatti. Gli stessi inglesi usarono i gas nel 1931 a Sulainam, in Irak, per sopprimere il capo curdo Karim bey, reo dell'uccisione di due funzionari britannici e ancora nel 1935 in Afghanistan, lungo la frontiera con l'India (De Biase 1966 pp.58-59). Va poi ricordato che una nave statunitense piena di aggressivi chimici venne affondata nel porto di Bari nell'ottobre del 1943 dalla *Luftwaffe*. Per una migliore comprensione storica il comportamento degli italiani in Etiopia andrebbe quanto meno contestualizzato nel quadro della condotta coloniale dell'epoca.

[298] Goglia 1985, p18 n.20. Quanto al Diario storico in verità si tratta di un documento posteriore alla guerra del 1935-36 e relativo alle operazioni di *grande polizia coloniale*: durante la guerra non esisteva un Comando Supremo AOI ma quelli dell'Eritrea e della Somalia.
[299] Goglia 1985, p.10.
[300] Bottai 1982, p.86; il corsivo è di Bottai.
[301] Mignemi 1984, fig.269, 305, con didascalia sul retro *colpito dalla liprite* [sic].
[302] Montanelli, Cervi 1979, p.295.
[303] Goglia 1985, p.18 n.20.

terribile arma, che con altre simili e peggiori era stata largamente utilizzata da entrambe le parti belligeranti nella guerra 1914-1918, fu limitato a particolari casi e se non mancò di avere effetto psicologico, fu ben lontano, come è ovvio, dall'agire risolutivamente sulle sorti della campagna. Sconsigliato a suo tempo dagli ufficiali esperti della guerra coloniale, fu, senza alcun dubbio, un inutile errore. Un racconto anche sommario del conflitto italo etiopico, non può, in ogni modo, prescindere dal registrare obiettivamente il fatto, il quale non è destituito d'importanza[304].

Un'ultima annotazione. Spesso si è attribuito quasi un significato *politico* all'uso delle armi chimiche, tralasciando di notare come non si fece impiego dei gas nella prima fase della campagna, sotto il comando del fascista e quadrumviro della Rivoluzione De Bono, ma a partire dal dicembre del 1936, sotto quello del *tecnico* Badoglio (e, in Somalia, di Graziani, che fascista non fu mai, neppure durante la R.S.I.). Mussolini diede sì l'autorizzazione all'uso delle armi chimiche, ma su richiesta di Badoglio in qualità di Comandante superiore e di capo di stato maggiore del Regio Esercito, sul quale come s'è visto, faceva pieno affidamento per la parte operativa della campagna. Furono usate bombe all'iprite e, sul fronte sud, anche fosgene. Si è affermato che vennero usati anche proiettili a gas sparati dai pezzi da 105/8, secondo il sistema in uso nella guerra del 1915-18. Il fatto che siano stati realmente usati i gas non deve nascondere che molto di quello che scrissero allora i giornalisti (poi ripreso da certi autori) fosse frutto di psicosi e di propaganda assolutamente non basata sulla realtà. Waugh ricorda che la notte tra il due ed il tre ottobre del 1935 i giornalisti di Addis Abeba erano in preda al timore dei bombardamenti italiani, aggiungendo che di certi corrispondenti *si racconta che giocarono a poker tutta la notte indossando le maschere antigas* [305].

Si è già ricordato come il primo uso di gas avvenne solo nel dicembre; ma la propaganda etiopica aveva già iniziato a parlarne prima della guerra, così che poi le denunce in proposito che vennero propalate da Addis Abeba vennero prese per vere (e lo

---

[304] Pignatelli 1965, p.238.
[305] Waugh 1946, p.409. La psicosi dei bombardamenti e la propaganda anti italiana nei primi giorni di guerra è ben evidenziato dall'episodio grottesco delle corrispondenze sul bombardamento e la distruzione dell'ospedale di Adua, *distruggendolo ed uccidendo molte donne e bambini*, e dove sarebbe morta un'infermiera volta a volta svedese od americana, della quale si dava una descrizione che in realtà variava di volta in volta, come l'età, una bella signora alta un metro e settanta, di trentadue anni, descrizioni che variavano a seconda che "testimoni" fossero un greco *che conosceva bene il posto*, un architetto svizzero sposato ad una mulatta od un pilota di colore americano cui l'infermiera avrebbe offerto una cioccolata proprio cinque minuti prima del bombardamento. Lo stesso Haile Selassie rimase colpito e turbato dalla tragica fine dell'infermiera. In realtà non erano mai esistiti né l'ospedale né la crocerossina martire, come ben presto Waugh ed i suoi colleghi avevano capito: *Quando cominciammo a cercare di raccogliere particolari sull'accaduto, ci nacque il dubbio che forse ad Adua non c'era mai stato nessun ospedale. Di certo non esisteva un ospedale etiopico, e le unità della Croce Rossa non erano ancora arrivate fin lassù*; quanto alle missioni, *non sapevano nulla di un loro ospedale ad Adua, né i Consolati sapevano di loro connazionali che vi fossero occupati*. I giornalisti furono costretti a rispondere alle pressione dei propri giornali per avere notizie: *Ben presto cominciarono ad arrivare cablogrammi da Londra e da New York: "Richiediamo al più presto nome biografia fotografia infermiera americana saltata aria". Rispondemmo: "Infermiera non saltata aria" e dopo qualche giorno la cosa aveva già cessato di fare notizia*: Waugh 1946, pp. 409- 411; Caccia Dominioni 1966, pp. 137- 138 (Caccia Dominioni intitolò il capitolo proprio *Infermiera non saltata in aria*), Pignatelli 1965, p.109 scrive a proposito di quest'episodio: *La stampa internazionale, nella quale contavamo in quel tempo ben pochi amici non ci risparmiò le sue rampogne, esagerò anzi i racconti dell'episodio, indicando gli italiani come massacratori di popolazioni inermi*. Ancor oggi taluni *storici* continuano a parlare del bombardamento di Adua e del suo ospedale.

sono tuttora) senza alcuna verifica! In molti casi morti di colera vennero spacciati per vittime delle armi chimiche, così come foto di lebbrosi vennero diffuse come di *vittime dell'iprite*[306]. L'iprite non sfigura i volti come la lebbra; né le fotografie di veri morti per iprite mostrano tracce di deformazioni simili[307]. Va ricordato come la concentrazione minima dell'iprite debba essere di un decimo di grammo per metro cubo d'aria, ragion per cui. se si desiderasse appestare un quadrato di quattro chilometri di lato, alto una ventina di metri, anche questo piccolissimo valore darebbe pur sempre un peso totale di trentadue tonnellate, più quello dei contenitori o dei proiettili necessari. Un bombardiere italiano del 1936 poteva trasportare sui cinquecento o mille chili di bombe: ne sarebbero occorsi non meno di una sessantina per un modesto raid che si proponesse il limitato obiettivo che c'è servito di calcolo e di semplicissimo esempio[308]. L'iprite è un gas estremamente persistente, perché non è solubile in acqua: il suo effetto può durare per delle settimane, addirittura mesi, rendendo impercorribili le zone in cui si è depositata, tanto che nella Grande Guerra veniva usato per inibire al nemico le avanzate e per favorire le ritirate. Proprio questa persistenza rendeva l'uso del gas estremamente difficile: in caso d'avanzata, occorreva prendere speciali precauzioni per la salvaguardia delle proprie truppe[309]. Né si deve dimenticare come bastasse un minimo di vento per disperdere subito la nuvola mortale: per cui la velocità del vento stesso, sulla base delle conclusive esperienze della prima guerra mondiale, non doveva mai superare i quattro o cinque metri al secondo. Ma se non ce n'era del tutto, la nuvola non si formava neppure. E queste due condizioni *limite* sono, alla fine, piuttosto rare: quando si verificavano, potevano non durare abbastanza a lungo. E se anche duravano, bisognava vedere qual era la velocità di spostamento dell'avversario. Se era legato ad un sistema di trincee, che non doveva e non poteva abbandonare, è una cosa: ma se si trovava in rasa campagna, non legato a una posizione fissa, era un'altra cosa[310]. Il sottosegretario di Stato all'Aeronautica, generale Giuseppe Valle, in una sua relazione sulle operazioni in A.O.I., scrisse a proposito dell'aleatorietà dell'azione aerea in un simile contesto operativo:

Data la grande distensione del fronte, la vastità del territorio e l'assenza di centri vitali, il nemico dal punto di vista aereo poteva dimostrarsi organismo amorfo. Truppe non acquartierate e radunate in località non certo determinabili come nei paesi civili, ma aggruppantesi qua e là attorno ai vari capi. I movimenti erano effettuati poi in piste pochissimo note con una suddivisione minuta degli armati che andavano verso punti di concentramento di difficile definizione. Tutto ciò rendeva nullo ed esasperante il compito dell'aviazione[311].

A passo Uarieu quindi, se davvero vi fosse stato un impiego massiccio dei gas, anche volendo ammettere che le trenta bombe lanciate sul Ghevà fossero ipritiche, a pagar-

---

[306] Incredibilmente Mack Smith le prende per vere: Mack Smith 1976, p.97
[307] Si vedano, per esempio, le fotografie scattate da soldati italiani e pubblicate in Mignemi 1984, fig.269, 305.
[308] Bandini 1980, p.350.
[309] Ibid.
[310] Ibid.

[311] Cit. in De Biase 1966, p.50.

ne le maggiori conseguenze sarebbero state paradossalmente le Camicie Nere assediate all'interno del forte. Gli italiani, si dice, saturarono i fronti avanti alle loro truppe di nuvole di gas: tuttavia è certo che non fu presa nessuna speciale precauzione quando si trattò di andare all'inseguimento, come fecero le Camicie Nere di passo Uarieu e gli ascari di Vaccarisi. Eppure le truppe indigene, che marciavano a piedi nudi, erano particolarmente esposte alle conseguenze della presenza di gas, così come vi erano esposte le truppe nazionali, in una regione dove l'acqua scarseggiava, e bisognava pur bere[312]. Né risulta che qualcuno dei difensori di passo Uarieu abbia riportato conseguenze dall'aver bevuto, dopo l'assedio, l'acqua *contaminata*... In realtà non è vero nulla. La ritirata etiopica fu causata dalla sconfitta militare, causata dalla strenua ed inaspettata resistenza della *28 Ottobre* e delle Camicie Nere del I gruppo, che avevano trattenuto le truppe di ras Cassa sino all'arrivo della 2ª divisione eritrea. Tutte le testimonianze sono concordi nel confermare che i primi nuclei di prime forze abissine avevano iniziato a ritirarsi nella serata, ma che i combattimenti si protrassero anche la mattina del 24 e che la rotta avvenne quando comparvero gli ascari di Vaccarisi. Ras Cassa pretese invece che i suoi guerrieri fossero stati gasati mentre conducevano l'attacco al forte, quindi a ridosso delle posizioni italiane: oltre che smentita dai fatti, la versione abissina è inverosimile dal punto di vista tecnico. L'iprite è un gas a carattere molto persistente, adatto ad inibire al nemico le zone possedute, manifestando la propria azione tossica molto lentamente, fissandosi al terreno ed alle cose anche per molti giorni e usato nel 1914-1918 proprio per favorire le ritirate, inibendo l'avanzata del nemic[313]. Esattamente l'opposto di quanto avvenne a passo Uarieu, ma come probabilmente fu fatto sul Ghevà, ripetiamo, se davvero le trenta bombe *C.500T* lanciate il 23 gennaio fossero state caricate a gas[314], per bloccare l'afflusso di rinforzi abissini.

---

[312] Bandini 1980, p.351.
[313] Mantoan 2001, p.76. La lettura di quest'agile volumetto è utilissima per capire le proprietà dei vari gas, e per controllare quanto talune affermazioni sull'uso dei gas nella guerra d'Etiopia siano spesso dovute all'ignoranza della materia. Indro Montanelli scrisse che l'accusa fatta agli italiani di aver adoperato indiscriminatamente i gas, era *infondata: le armi chimiche non vennero usate che su scala ridotta, e comunque tale da non modificare sensibilmente il corso del conflitto* (I. Montanelli, *Presentazione* in Graziani 1986, p.7). Non si può che sottoscrivere tale giudizio totalmente.
[314] Tale possibilità va doverosamente ricordata, anche se la cosa tuttavia non è certa, dato il rifiuto di Aymone Cat di ordinare l'uso dei gas.

DOPO LA PRIMA BATTAGLIA DEL TEMBIEN

Terminate le operazioni, il Comando Superiore emise il seguente bollettino[315], in verità abbastanza impreciso, che annunciava l'esito vittorioso della battaglia:

Il giorno 19, il terzo Corpo d'Armata avanzava a sud-ovest di Macallè occupando i villaggi di Debri e Negaidà e impedendo così che le forze avversarie, innanzi ad Antalò, potessero ulteriormente spostarsi nel Tembien. Il giorno 21, nel Tembien, una colonna di truppe eritree, procedendo da est verso ovest, attaccava decisamente il nemico che aveva preso posizione sulle alture di Zeban Kerkatà e sul monte Lata, mentre la Seconda Divisione Camicie Nere, dal passo di Uarieu, impegnava decisamente l'avversario procedendo da nord verso sud. La manovra riusciva pienamente. Gli eritrei conquistavano, dopo accanito combattimento, Zeban Kerkatà, costringendo l'avversario a ripiegare sul monte Lata. Il giorno 22[316], il grosso abissino, spostatosi verso Uarieu, attaccava con forze notevoli la Seconda Divisione Camicie Nere nell'intento di forzare il passo Uarieu e annullare i risultati da noi raggiunti il giorno precedente. La Seconda Divisione Camicie Nere resisteva con indomito valore per tutta la giornata del ventidue alle forze avversarie, dando così alle truppe eritree la possibilità di attaccare e conquistare il monte Lata. Il giorno 23[317] un'altra colonna eritrea operava la sua congiunzione con la Seconda Divisione Camicie Nere. Il nemico era così dunque battuto. Sono caduti da parte nostra 25 ufficiali e 19 feriti e 389 nazionali tra morti e feriti. Gli eritrei hanno avuto 310 uomini tra morti e feriti. Le perdite abissine, per quanto non ancora definitivamente accertate, sono valutate a oltre 2.500 tra morti e feriti. L'aviazione ha grandemente contribuito al nostro successo, bombardando instancabilmente l'avversario e segnalando con attivissime ricognizioni i movimenti delle varie colonne[318].

Anche il governo di Addis Abeba, i cui bollettini non annunciavano che continue vittorie etiopiche, dovette ammettere che:

Le truppe di ras Cassa furono costrette a ritirarsi e le perdite sarebbero di 8.000 uomini, superiori a quelle italiane[319].

Addis Abeba, dunque, comunicava di aver subito perdite tre volte superiori rispetto alle cifre annunciate dal bollettino italiano. Gli etiopici subirono la perdita di numeroso materiale, soprattutto armi e munizioni. Tra esse vi era un'ingente quantità di proiettili esplosivi (le pallottole *dum dum*) il cui uso era proibito dalle convenzioni in-

---

[315] Bollettino n.110 del 30 gennaio 1936.
[316] Sic. In realtà il 21 gennaio.
[317] Sic. In realtà il 24 gennaio.
[318] Il bollettino è riportato in Caimpenta 1937, pp.306-307. Le perdite furono in realtà di 60 ufficiali, 605 nazionali e 417 eritrei tra morti e feriti (Pignatelli 1965, p.164). Secondo il governo etiopico, le perdite abissine furono di oltre ottomila uomini (ivi, pp.163-164).
[319] Cit. in Pignatelli 1965, p.163.

ternazionali[320]. Tale fatto è totalmente taciuto da taluni autori che invece si dilungano sugli inesistenti attacchi coi gas su passo Uarieu. Addirittura Del Boca arriva a scrivere che si trattava di proiettili di *piombo dolce*: ennesima falsità (fingendo di ignorare che le pallottole a piombo dolce sono anch'esse proibiti dalle convenzioni internazionali) perché gli etiopi usavano proiettili forati, o *dum-dum*. Un esempio tra i tanti:

L'ultima delle mitragliatrici conquistate, una *Vickers Armstrong*, è nuova e moderna. Nel nastro di canapa che vi è infilato, ogni venticinque cartucce, normali, ve ne sono dieci forate all'estremità. Le classiche *dum dum* che quando colpiscono provocano orrendi squarci di difficile guarigione e il più delle volte mortali[321].

Le pallottole *dum-dum* utilizzate dagli abissini erano prodotte dalle ditte *Société Française des Munitions*, *Kynoch Witton Limited* di Birmingham e *Eley Brothers ltd* di Londra[322]. La resistenza dei militi di Somma aveva salvato la situazione; ma il comportamento di Vaccarisi era stato inescusabile. Lo stesso giorno dello sblocco di passo Uarieu, il comandante della 2ª divisione eritrea venne quindi esonerato dal comando, con un *siluramento* che ricordava molto quelli della Grande Guerra[323], e fatto in seguito rimpatriare la sera stessa.

Il 24 gennaio Badoglio scrisse al sottosegretario alla Guerra, Baistrocchi:

Chi non si è mostrato all'altezza della situazione è Vaccarisi; quasi certamente lo rimpatrierò. Parolaio, che non vede che le difficoltà[324].
In un rapporto riservato, il Maresciallo Badoglio affermò che

La responsabilità più grave va attribuita al comandante della 2ª divisione eritrea, infatti subito esonerato dal comando.

Si tratta di un documento interessante, i cui giudizi sull'azione di comando della 2ª divisione eritrea sono pienamente condivisibili. Secondo l'opinione di Badoglio, Vaccarisi era un generale proveniente dall'arti-glieria, *che aveva trascorso la sua carriera tra uffici e comandi di stato maggiore* inviato a *comandare una divisione* sui generis *quali quelle di ascari, senza che fosse stato mai in dimestichezza con essi*[325]. C'è da chiedersi perché allora lo avesse mantenuto al comando…[326] Badoglio, nel suo rapporto riservato espresse dubbi anche sul comportamento di Pirzio Biroli:

---

[320] Scala 1952, p.443.
[321] S. Sandri, cit. in Caccia Dominioni 1966, p.182
[322] De Biase 1966, p.51. Le *dum dum* prendono nome dall'arsenale di Dum Dum presso Calcutta.
[323] In particolare la rimozione di Vaccarisi ricorda l'esonero, voluto da Badoglio dopo la battaglia del Piave del giugno 1918, del generale Giuseppe Pennella, comandante l'VIII Corpo d'Armata, che fu sostituito dal generale Enrico Caviglia il 23 giugno, appena superato il momento di crisi.
[324] Cit. in Del Boca 1979, p.528. La data ivi riportata *27 gennaio* è sicuramente un errore: infatti lo stesso Del Boca (loc. cit., n.26) riporta che Vaccarisi fu rimpatriato la sera stessa del 24.
[325] Rapporto di Badoglio a Baistrocchi, cit. in Caccia Dominioni 1966, p.352.
[326] Bottai, nel proprio diario, dà il seguente ritratto di Vaccarisi: *Taglio di comandante alla Garibaldi, popolaresco. Baffi, capelli si arricciolano bravamente sul suo faccione di carrettiere siciliani. I soldati lo adorano. Lo*

ma se non è agevole, tenuto conto delle difficilissime condizioni del terreno e della scarsa conoscenza di esso, formulare giudizi precisi sull'azione di comando del comandante del corpo d'armata, è però ormai provata e acquisita la scarsa energia del comandante della 2ª divisione eritrea la cui fiacca azione di comando si è riflessa nelle unità ai suoi ordini determinando ritardi e lentezza di movimenti nelle giornate del 22 e del 23, ritardi e lentezze che non hanno consentito di riprendere contatto con il nemico nella zona di Uarieu e di dargli una dura lezione. Il comandante di divisione per tali motivi è stato rimpatriato[327]

Scrisse Dominioni, allora ufficiale delle truppe coloniali e favorevole a Vaccarisi che il siluramento del comandante la 2ª divisione eritrea deve ritenersi

quanto mai precipitoso. Gli era stato ordinato di sbloccare la difesa di passo Uarieu con le sue truppe, senza contare che erano truppe estenuate da tre giorni battaglia: il percorso fino alla meta non poteva farsi in corsa allegra, e vi si giunse la sera del 23 anziché qualche ora prima[328].

Appunto, se fossero arrivati la sera di giovedì 23, come Badoglio si aspettava e come aveva annunziato nel messaggio lanciato a Somma; ma gli eritrei il 23 sera non si mossero da Addi Zubahà, e lasciarono i difensori del passo – anche loro *truppe estenuate da tre giorni di battaglia,* per di più senz'acqua e con munizioni in esaurimento – ad affrontare un'altra notte di assedio. Senza contare che una marcia notturna avrebbe molto probabilmente preso di sorpresa le truppe di ras Cassa, perché, se era notte per gli ascari, lo era anche per gli abissini; l'uso di nuclei scelti avrebbe potuto sfruttare l'effetto sorpresa, disorientando gli etiopi. Del resto si trattava di terreno sì davvero difficile, ma se non altro conosciuto in precedenza dagli italiani[329]. Del resto le Camicie Nere del I battaglione d'Eritrea e gli Alpini del VII battaglione complementare sorpresero di notte le truppe di Mulughietà che presidiavano la Uork Amba, ritenuta imprendibile, e la conquistarono. Il giorno dopo la fine dell'assedio del forte Paolo Caccia Dominioni ebbe modo di vedere ad Hausien i feriti del gruppo Diamanti che arrivavano da passo Uarieu, interrogandoli per conto del servizio informazioni. Trovò che il morale dei non più giovanissimi legionari era elevatissimo, e che c'era una gran voglia di ricominciare a battersi; ma osservandoli gli venne fatto di pensare allo spettacolo dei combattenti della Grande Guerra che scendevano dalla prima linea dopo i più duri combattimenti sul fronte isontino. Ecco la sua descrizione, che costituisce uno splendido quadro psicologico:

---

adoravano quelli della Sila, di cui fu a capo. Parla un italiano tradotto in dialetto. I soldati sono, per lui, picciotti. Il suo ideale è di stutare *(spegnere) il nemico* (Bottai 1982, alla data 19 novembre 1935)
[327] Ibid., p.353.
[328] Caccia Dominioni 1966, p.352.
[329] Durante la marcia di avvicinamento ad Adua, la notte tra il 29 febbraio ed il 1 marzo 1896, gli abissini non attaccarono mai le truppe in marcia, preferendo aspettare il giorno. Gli etiopici preferirono anche nella campagna del 1935-1936 attaccare all'alba, come testimoniato da numerosi reduci.

In questi giorni mi è sembrato di tornare indietro vent'anni. Le cannonate non erano molto vicine, ma non ne avevo ancora sentite in questa campagna. Più delle cannonate, ho ritrovato lo sguardo vuoto e allucinato dei feriti di passo Uarieu. Bella gente, soldatoni maturi e solidi, impazienti di tornare in linea: ma quello sguardo mi ricordava i miei soldati quando scendevamo da Castagnevizza, o i fanti della brigata Treviso che tornavano da due settimane di guerra a Vertoiba. Ho visto, all'ospedaletto, un bel tipo serio e poco parolaio della colonna Diamanti, Bruno Rao Torres, capomanipolo, con il torace attraversato da una pallottola [...] [330].

Conclusi i combattimenti, Badoglio inviò il primo febbraio un telegramma a Mussolini, in cui in pratica prometteva di passare al più presto all'offensiva. Il tono del telegramma è colmo di autocompiacimento, e costituisce in documento importante per comprendere il carattere del Maresciallo:

È sempre stata mia norma essere meticoloso nella preparazione per poter essere irruente nell'azione. V.E. mi ha perfettamente compreso et Sue parole sono sempre state di molto conforto per me.

In realtà Mussolini non era rimasto per nulla contento di come erano andate le cose, a parte ovviamente la grande soddisfazione per il comportamento eroico delle Camicie Nere; ma, prescindendo dall'indubbio successo difensivo, la battaglia aveva portato alla luce una serie di problemi a livelli di comando. Per quanto riguarda passo Uarieu vanno sottolineati alcuni errori che ebbero gravi conseguenze, e che ancora di più gravi ne avrebbero potute avere se non fosse stato per l'abnegazione dei legionari:

la mancata ricognizione oltre il Mai Beles il venti gennaio;
l'ordine del generale Somma di avanzare oltre i limiti stabiliti dal Comando superiore, e la mancanza di fiducia nelle valutazioni − fatte *in loco*! − del console generale Diamanti, che, come ufficiale della M.V.S.N. era scarsamente considerato;
la mancata profondità delle difese dei due fortini, che pure il periodo passato sul posto dalla divisione avrebbe consentito di approntare;
non aver apprestato a difesa le alture dello Scimarbò, con la conseguente evacuazione del monte, dove dovettero essere abbandonati i pezzi del II gruppo cannoni, e da dove gli etiopi poterono sparare sul forte da posizioni dominanti;

---

[330] Caccia Dominioni 1966, p.350. Nel già citato rapporto inviato il 25 gennaio al ten. col. Emilio Faldella del S.I.M., Dominioni ribadiva la sua impressione, paragonando passo Uarieu ai combattimenti della Grande Guerra: *Ho visto oltre duecento feriti del gruppo camicie nere Diamanti, reduci dalle giornate* carsiche *di passo Uarieu: avevano il morale alto benché uscissero direttamente dall'inferno cessato ieri* (ibid., p.348; il corsivo è di Dominioni). Sempre nell'opera di Caccia Dominioni viene riportata una lettera del sottotenente di cavalleria Filippo Senni del 1 maggio del 1936, che definisce il gruppo Diamanti *il più bell'assieme di combattenti che io abbia mai visto* (ibid., p.560). Ricordiamo ancora una volta che Dominioni fu antifascista e comandante partigiano: tali attestazioni assumono dunque un valore particolare. Rao Torres combatté valorosamente sul fronte russo, comandando la 1ª compagnia del VI btg. CC.NN. M del Gruppo *Montebello*. Nel 1943 divenne Federale di Arezzo. Il *Montebello* era inquadrato con il Gruppo *Tagliamento* nel Raggruppamento CC.NN. M *3 Gennaio*, agli ordini del Console Generale Diamanti, il difensore di Passo Uarieu (P. Romeo di Colloredo, *Emme Rossa! Le Camicie Nere sul Fronte Russo 1941- 1943*, Genova 2008, pp. 77 segg.).

lo spezzettamento della grande unità, con due legioni lasciate indietro come presidio, e unità minori assegnate ai gruppi di battaglioni eritrei, ciò che impedì fossero presenti al passo nel momento del bisogno.

Tutti questi errori vanno ascritti al generale Somma i primi, ed al comando del Corpo d'Armata, da cui la divisione dipendeva, l'ultimo; e quindi ad esponenti dell'esercito e non della Milizia, ai quali tante accuse erano state mosse di pressappochismo e di scarse capacità tecniche. Gli errori dei capi vennero scontati nell'occasione dai gregari, alla cui tenacia, va ripetuto ancora una volta, si deve se la situazione alla fine si concluse favorevolmente. Il 28 gennaio il sottosegretario alla Guerra generale Baistrocchi inviò a Mussolini un promemoria fortemente critico verso Badoglio, accusato di eccessiva cautela, in cui tra l'altro, si faceva un implicito paragone tra le doti di comandante di Graziani e quelle di Badoglio: infatti

Se in Somalia tutto sembra a posto sotto il punto di vista dei capi, altrettanto non si può dire per l'Eritrea. Si ha l'impressione che, su questo fronte, si sia ormai radicata una mentalità statica per la quale la soluzione dei problemi è basata più sul tempo che sull'azione. Le difficoltà del terreno, la mobile aggressività del nemico hanno fatto perdere l'iniziativa delle operazioni che bisognava invece riprendere ad ogni costo[331].

Su Badoglio cadeva dunque l'implicita accusa d'essere oramai imbevuto di *mentalità eritrea*, la medesima che il Maresciallo aveva indirizzato a De Bono, provocandone la rimozione dal comando. Il Duce sottolineò molti brani di un secondo rapporto riservato speditogli qualche giorno dopo dal sottosegretario Baistrocchi, e particolarmente i passi di aspra critica all'operato del Comandante superiore in Africa Orientale:

1. Battaglia scatenata senza alcuna preparazione senza riserve con incoscienza massima perché non si attacca con inferiorità di forze e senza un battaglione di riserva. Guai se il nemico avesse sfondato ai passi Uarieu e Abarò.
2. Comando superiore AO dice che generale Pirzio Biroli ha proposto l'attacco e poi non l'ha preparato: domandiamo che c'entra Pirzio Biroli? È il comandante in capo che: o non doveva accoglierla, o accolta, doveva curarne preparazione inviando tempestivamente forze che giunsero tardive. [...] [332]

Non è però condivisibile un punto della relazione del generale Baistrocchi, laddove imputa a Diamanti ed a Somma di non aver manovrato, cosa assai difficile se non del tutto impossibile in quelle circostanze[333]. Il Duce era sul punto di decidersi a sostituire Badoglio; ma ciò, a poca distanza dall'insediamento di questi al comando delle truppe ed all'indomani della risicata vittoria nel Tembien, avrebbe fatta una pessima impressione sull'opinione pubblica internazionale, già ostile all'Italia ed imbita della propaganda abissina cui facevano da megafono i giornalisti accreditati ad Addis

---

[331] Cit. in Pieri, Rochat 1974, p. 691.
[332] Il testo completo del rapporto di Baistrocchi è riprodotto nell'appendice 2.
[333] *Diamanti, Somma, comandanti valorosi hanno pagato di esempio, hanno contrattaccato, ma dove un lampo di genialità? Valore di soldati... ma basta.*

Abeba e i mezzi di comunicazione antifascisti, e soprattutto su quella interna. Decise dunque di soprassedere, tanto più che Badoglio iniziò davvero le operazioni offensive, e le svolse in una maniera sorprendente, tale da mutare completamente l'animo del Duce verso di lui.

BADOGLIO PASSA ALL'OFFENSIVA

Sebbene conclusasi con una vittoria italiana[334], la prima battaglia del Tembien era stata dura: lo era stata per gli etiopici, che avevano ottomila uomini fuori combattimento ed avevano esauriti quasi completamente munizioni e viveri, e lo era stata anche per le truppe di Badoglio, che avevano perso, tra morti e feriti, 60 ufficiali, 605 soldati nazionali e 417 eritrei. Anche se gli etiopici non erano stati del tutto respinti dal Tembien, come era stato nei piani del Comando Superiore, il nemico non era più in grado di agire offensivamente. Le forze che Badoglio aveva di fronte erano però ancora consistenti, nonostante le perdite: restavano gli 80.000 uomini di ras Mulughietà, solo marginalmente impiegati nei combattimenti; 30.000 complessivamente i guerrieri di ras Cassa Darghiè e di ras Sejum nel Tembien – ridotti per le numerose defezioni e per le perdite subite – nello Scirè restavano 30 o 40.000 uomini di ras Immirù, nella zona del lago Ascianghi si stimava la presenza di 15.000, massimo 20.000 uomini. In tutto duecentomila uomini, cui andava aggiunta la Guardia imperiale, che era ancora nella lontanissima Addis Abeba. Ma la battaglia aveva pressoché distrutto le possibilità offensive degli abissini, che non avrebbero fatto altro d'ora in poi che subire l'iniziativa italiana. E, come si è detto, erano emersi i contrasti, neppure troppo latenti, tra i capi etiopici: ras Mulughietà era restato sordo agli appelli di Cassa, suo superiore diretto, ed aveva disubbidito allo stesso imperatore. Ras Immirù non si era neppure mosso, forse perché non al corrente degli avvenimenti – ma questo è poco probabile – forse intenzionalmente. Badoglio scrisse nel suo libro di memorie che

Così, di fronte alle nostre colonne che puntavano a Melfà quegli armati avevano combattuto accanitamente e di fronte alla nostra tenace resistenza di passo Uarieu quegli altri armati avevano reiterato stoici attacchi, cadendo a migliaia; quando, abbandonato il campo di battaglia di monte Lata e Zeban Chercatà, stavamo per correre verso il pericolante Uarieu e poco bastava che la situazione criticissima più non si sostenesse, noi potemmo compiere pressoché indisturbati la nostra manovra. Azioni individuali e brillanti da parte di capi e sottocapi si potevano dunque prevedere e, anche, temere; ma non certamente una vigorosa azione di comando da parte dei ras[335].

Ora il Maresciallo sarebbe potuto passare all'offensiva, eseguendo la prevista operazione contro l'Amba Aradam, dove erano arroccate le truppe del *mahel safari* del ministro della guerra Mulughietà. La dislocazione delle truppe etiopiche nella zona dell' Uork Amba, come ha riferì più tardi il degiacc Behrè Agos, che si sarebbe sottomesso tra i primi dopo la fuga di ras Cassa, era la seguente:

a) 12.000 del degiacc Mescescià Uoldiè del Chimbatà, rovescio dell'Uork Amba.
b) 5.000 del degiacc Bejenè dell'Uollamo, Debra Ansa.

---

[334] Come scrisse il sottosegretario Baistrocchi a Mussolini nel suo rapporto: *Battaglia vinta, perché si è vinto (4.300 uomini hanno ricacciato oltre 15.000 uomini infliggendo perdite colossali) senza manovra alcuna.*
[335] Badoglio 1936, pp.82-83.

c) 3.000 del degiacc Mengbescià Ilmà del Sibù (capo di S. M. di ras Mulughietà) Totaminò dietro Debra Ansa.
d) 2.000 tigrini di degiacc Admasù Burrù, Amarè Gara
Sillassi, Behrè Agos, Tzetzerà e verso Amba Aradam.

Le forze etiopiche delle altre zone erano:

a) 12.000 di ras Cassa, Abbi Addì (Debra Amba).
b) 5.000 dei degiacc Hailù Kebbedè e Latibelù Gabrè,
volle del Tonquà.
c) 4.000 dei degiac Uonduossen Cassa e degiac Uorchcnè del Lasta, Melfa, Mariam Quorar.
d) 4.000 di ras Sejum con degiac Marù, Tsellerè[336].

Badoglio era tanto sicuro di sé da convocare il nove febbraio i giornalisti per spiegare loro il piano di quella che sarebbe stata definita la battaglia dell'Endertà, ripetendo volutamente – ed immodestamente – il comportamento di Napoleone alla viglia d'Austerlitz:

Ho deciso di dar battaglia al ras Mulughietà. Domani, lunedì 10 febbraio, il primo Corpo d'Armata inizierà un movimento in avanti per prendere una linea a sud dell'attuale. Dopodomani tanto il primo Corpo quanto il terzo avanzeranno su due colonne per ricongiungersi ad Antalò, a sud del massiccio dell'Aradam. La cosa sarà grossa, anzi grossissima. Io muoverò una massa di settantamila uomini. Lor signori vedranno cose grosse, anzi grossissime: vinceremo la guerra con una campagna fulminea, come non s'è mai vista dall'epoca napoleonica. Lor signori vedranno l'impero etiopico crollare, sfiancato sotto i nostri colpi, in poco più di due mesi[337].

Paolo Monelli ricorda che, a tali parole, i corrispondenti di guerra *si guardarono in faccia scettici*. Le cose andarono poi come previsto dal Maresciallo: la ritirata del negus sconfitto sarebbe iniziata meno due mesi dopo, e prima che fossero passati tre mesi dalla conferenza stampa Badoglio entrava in Addis Abeba. L'undici febbraio il I Corpo, con la divisione *Sabauda* sull'ala sinistra e la *3 Gennaio* su quella destra, avanzò occupando la linea Adi Asmebù-Enda Mariam-Monte Addimarà-Taga Taga; nello stesso tempo le divisioni *Pusteria* ed *Assietta* raggiunsero il passo Dogheà, mentre le artiglierie d'Armata completavano lo schieramento. Lo stesso giorno il negus invitò ras Cassa a soccorrere Mulughietà, ma l'ordine giunse solo il 15 febbraio, quando il ministro della guerra aveva già ordinato la ritirata. Almeno così sostenne poi ras Cassa: ma è probabile che Mulughietà fosse stato ripagato per il proprio comportamento durante la battaglia di passo Uarieu, quando non aveva inviato i rinforzi richiesti da Cassa[338]. Il 12 febbraio l'avanzata proseguì lungo tutto il fronte. Il I Cor-

---

[336] Pace 1936, p 131.
[337] Rip. in Bandini 1980, p. 328.
[338] La corrispondenza intercorsa nei giorni della battaglia tra l'imperatore e ras Cassa è allo stesso tempo paradossale e sconcertante, e dà un'idea di quale fosse il livello della classe dirigente etiopica dell'epoca. Cassa, il 12 feb-

po d'Armata occupò le alture d'Adi Serghem-Adi Achelai (46° reggimento fanteria *Sabauda*), dell'Enda Tecle Hamainot (3° Bersaglieri) e dell'Enda Gaber (4ª div. CC.NN. *3 gennaio*), posizioni che dominavano la conca di Buiè. Il III Corpo con alla testa la divisione *Sila* risalì le pendici nord occidentali dell'Amba Aradam. La 4ª Divisione CC.NN. *3 Gennaio* ebbe un ruolo da protagonista: entrata in linea all'alba del 10 febbraio alla destra della divisione *Sabauda* la divisione s'ammassò sulla Sella Malmolà: la 104ª Legione *Santarosa* con due compagnie mitraglieri ed il gruppo cannoni in avanguardia, la 101ª Legione *Sabauda* sempre in prima schiera e la 215ª *Cimino* in riserva; la divisione occupò gli obiettivi prefissati, che erano il costone nord dell'Enda Gaber-Enda Ghiorghis. La *3 Gennaio* riprese l'avanzata alle 7 del mattino dell'11, come già detto; sulla destra la 101ª, superata rapidamente la piana del fiume Gabat iniziò l'ascesa verso la quota senza nome a S.O. di Scelicot, occupandola e sistemandosi a difesa, mentre a sinistra la 104ª, guadato il Gabat occupò Addi Marà alle 8.45. Il giorno successivo, 12 febbraio, le tre legioni formarono ciascuna una colonna: la 101ª Legione aveva come obiettivo la Quota senza nome a nord di Taga Taga, mentre la 104ª Legione, l'Amba Meternè. La 215ª avrebbe dovuto supportare l'azione della 101ª. L'azione avrebbe dovuto avere inizio alle 7 del mattino, ma alle 6.50 un violento assalto etiopico investì la colonna di destra (101ª) sul fianco. Gli attacchi etiopici presso l'Enda Gaber (Taga Taga) vennero poi contenuti e respinti dalle Camicie Nere della 101a legione *Sabauda* (Torino), appoggiate dal battaglione *Pieve di Teco* del 7° Alpini. Alle 6.50 come detto le Camicie Nere torinesi erano state investite da un forte attacco da parte di oltre duemila etiopi sceso dall'Amba Aradam e dall'Enda Gaber; i militi riuscirono a bloccare l'avversario, a contrattaccare ed avanzare lentamente tanto che a mezzogiorno le Camicie Nere avevano occupato dopo un assalto alla baionetta tutto il costone di Enda Gaber, ed a sera, combattendo appoggiata dal *Pieve di Teco* la 101ª Legione *Sabauda* aveva occupato la Quota senza nome. La colonna di sinistra (104ª Legione) non incontrò inizialmente opposizione ed occupò il costone di Adi Gul Negus, tranne la punta Ovest, venendo però attaccata sulla destra da forti nuclei abissini armati di mitragliatrici. In appoggio alla Legione venne inviato allora il battaglione *Saluzzo* dell'11° Reggimento Alpini, anch'esso, come il *Pieve di Teco* appartenente alla divisione *Pusteria*. Gli Alpini tentarono di occupare la punta dello sperone roccioso, aggirandolo da destra, ma l'alzarsi di una fitta nebbia e il calar della notte imposero la sospensione dell'azione. Il 13 febbraio la *3 Gennaio* venne scavalcata dalla *Pusteria*, che venne però rinforzata dalla 215ª Legione *Cimino*, non provata dai combattimenti de giorno precedente[339]. Sulla fronte del III Corpo la divisione *Sila* raggiunse nella serata gli obiettivi assegnati, superando la resistenza

---

braio, chiede *almeno un cannone* che gli avrebbe consentito di *accerchiare le forze italiane e di riconquistare Adua ed Axum!* Il 12 febbraio il negus ordinava nuovamente a Cassa di accorrere in aiuto di ras Mulughietà, o in alternativa, di occupare Macallè *nel caso si trovasse vuota*. La risposta di ras Cassa fu che si trovava egli stesso attaccato dagli italiani, che, *avvicinatisi da quattro direzioni, sparano su di noi con l'artiglieria*: il che, almeno in quel momento (il telegramma è del 20 febbraio), non era vero (Pignatelli 1965, p.189). Cassa in quel dispaccio parlò anche di attaccare il nemico *che abbiamo circondato (!) e che ci circonda*. Badoglio dedicò alla corrispondenza tra Selassiè e ras Cassa diverse pagine del suo libro: Badoglio 1936, pp.115 segg.

[339] Il 12 febbraio la *3 Gennaio* aveva avute le seguenti perdite: Caduti: 6 ufficiali, 40 CC.NN.; feriti: 9 ufficiali, 127 CC.NN.. Tra i caduti vi fu anche il centurione C. Hindard-Barany (CCXX btg., 215ª Legione), che ebbe la Medaglia d'Oro alla memoria.

delle truppe di Mulughietà. Nei giorni del 13 e 14 febbraio venne sospesa l'avanzata, rafforzando le posizioni raggiunte e spostando avanti artiglierie e servizi. Mulughietà sferrò due attacchi contro le ali interne del I e del III Corpo d'Armata, attacchi respinti in pieno. La giornata del 14 febbraio, invece, trascorse calma. Sabato 15 febbraio, dopo un bombardamento degno della prima guerra mondiale scatenato da 280 pezzi d'artiglieria, che spararono oltre ventitremila colpi, e sostenuto da 170 apparecchi che spezzonavano e bombardavano dal cielo, mossero in avanti le fanterie. Si è sostenuto che i pezzi da 105/8 abbiano sparato in quest'occasione ben 1.367 proiettili caricati a gas. Quando però gli italiani avanzarono e conquistarono l'amba non presero nessuna speciale precauzione, né vi furono intossicati tra le truppe, cosa impossibile se si fosse bombardata la zona d'operazioni e la cima dell'Amba Aradam con una tale concentrazione di gas tossici a lunga persistenza. Come per passo Uarieu, gli italiani avrebbero saturato di gas le zone che avrebbero occupate dopo poche ore, il che è impossibile[340]. All'inizio i movimenti italiani, protetti dalla nebbia, non incontrarono resistenza, ma, quando la nebbia si diradò, il *mahel safari* avvistò gli italiani, opponendo su tutta la fronte una tenace difesa, tanto da rallentare le ali interne dei due Corpi d'Armata. Al contrario, le ali esterne avanzarono molto più speditamente, riunendosi nel pomeriggio nella zona di Antalò. Nelle stesse ore le Camicie Nere della 1ª divisione *23 Marzo* e gli Alpini del battaglione *Saluzzo*, appartenente alla 5ª divisione *Pusteria*[341] conquistarono l'Amba; furono le Camicie Nere livornesi del 188° battaglione[342] che, preceduti gli Alpini, issarono il tricolore sulla vetta più alta dell'Amba Aradam (q.2756) alle diciassette e trentadue. Nella battaglia si era distinta anche la divisione *Sila* ed in particolare il III battaglione mitraglieri del 16° fanteria sotto il comando del maggiore Giuseppe Bottai, che si impadronì della cima che divenne poi nota come *Quota Sila* e della posizione nota come *Amba mozza*[343]. Mulughietà era riuscito però a sganciarsi con buona parte del *mahel safari*, scendendo dal versante meridionale dell'Aradam, che era a declivio, a differenza di quello settentrionale da cui passarono gli italiani, che era a strapiombo. Le sue truppe però vennero attaccate incessantemente dall'aviazione italiana e si sbandarono, divenendo facili prede della cavalleria Galla, esattamente come gli italiani ad Adua quarant'anni prima. Gli Azebò Galla, nemici tradizionali degli scioani, visto l'andamento della guerra, e grazie alle sovvenzioni in talleri di Maria Teresa[344] del Comando superiore A.O., erano passati dalla parte degli italiani. Alla notizia che uno dei suoi figli, ras Tadessà Mulughietà era stato ucciso ed evirato dai Galla[345], il ministro della guerra volle tornare indietro

---

[340]. Sulle proprietà dell'iprite si veda Mantoan 2001, p.76.
[341] La divisione (comandata dal generale Negri-Cesi) inquadrava la Va brigata alpina, con i reggimenti 7° (btg. *Feltre*, *Exilles*, *Pieve di Teco*) ed 11° (btg. *Intra*, *Saluzzo* e *Trento*) ed i gruppi d'artiglieria da montagna *Belluno* e *Lanzo*.
Gli Alpini celebrarono la conquista dell'Amba Aradam, cantando: *Il marescial Badoglio/ ha scritto a Mussolini/ per prender l'Abissinia/ ci vogliono gli Alpini!* (cit. in Del Boca 1979, p.558).
[342] Il battaglione faceva parte della 135ª legione *Indomita* (La Spezia): Lucas, De Vecchi 1976, p.66.
[343] Bottai 1937, *passim*.
[344] La moneta di uso corrente in Etiopia e nell'Africa orientale era il tallero d'argento di Maria Teresa d'Austria, nella coniazione della zecca di Praga del 1780, a quanto pare preferito per la *profusione di seno nell'effigie dell'imperatrice* (Moorehead 1962, p.251). A causa della scarsa quantità di talleri in circolazione inglesi ed italiani ne rifecero decine di migliaia con i conii della zecca imperiale austriaca (Il solo Napier ne fece coniare 50.000 in occasione della spedizione contro il negus Teodoro del 1867: Moorehead 1962, p.252).
[345] Secondo Mockler, Tadessà Mulughietà rimase ucciso in un attacco aereo italiano. Mockler 1972, p.115.

per recuperarne il corpo, ma venne ucciso non si sa se dal mitragliamento di un aereo italiano o dai Galla[346]. La battaglia dell'Amba Aradam era costata agli italiani ottocento uomini tra morti e feriti, agli abissini ventimila uomini. Il *mahel safari* aveva cessato di esistere. Adesso Badoglio rivolse la propria attenzione alle truppe di ras Cassa e di ras Sejum. La seconda battaglia del Tembien sarebbe stata la prima fase di un disegno strategico diretto alla distruzione completa dell'armata del negus. A ras Cassa si presentavano tre possibilità: dirigersi verso nord, per unire le proprie forze superstiti con quelle di ras Immirù nel Semien; ritirarsi verso sud est ed unirsi ai resti del mahel safari; oppure resistere sul posto, fidando nelle possibilità difensive del Tembien. Non appena conclusa la battaglia dell'Amba Aradam il III Corpo d'Armata di Bastico venne trasferito nell'impervia regione di Gaela, ossia alle spalle delle truppe abissine del Tembien, le quali avevano di fronte le truppe del Corpo d'Armata eritreo di Pirzio Biroli. Tra il 27 ed il 28 febbraio la *23 Marzo* raggiunto il fiume Ghevà puntò verso Dibbuk, nella regione di Andinò, per bloccare la ritirata delle truppe di Cassa e Seyum, incalzate da nord dalla *28 Ottobre* e dalla 2ª Eritrea che avanzavano verso Abbi Addi. La 192ª Legione *Francesco Ferrucci* oltrepassò il fiume Ghevà ed espugnò l'Amba Tzellerè, per poi ricongiungersi con la Divisione percorrendo e rastrellando la valle del Mai Tonquà, dopo avere occupato l'Andinò ripulendolo degli ultimi nuclei avversari. Il 5 marzo il duca di Pistoia, comandante della Divisione, inviò un telegramma al Podestà di Firenze in cui riassumeva quanto compiuto dalle sue Camicie Nere:

All'imbrunire del 28 febbraio la 192ª Legione CC.NN. fiorentina, dopo aver combattuto e vinto, conquistava l'Amba Tzellerè, impediva al nemico la ritirata, lo batteva nuovamente il giorno successivo, occupava tutto l'Andinò, dominava i valloni verso Abbì Addì, cuore del Tembien. Ancora una volta, seguendo le tradizioni antiche e recenti, il popolo di Firenze in armi nella magnifica Legione *Francesco Ferrucci* (192ª), fece vedere chi sia. Filiberto di Savoia-Genova[347]

Con le dette operazioni, la 1ª Divisione CC.NN. concluse il suo ciclo operativo[348]. Il 29 febbraio le armate di ras Cassa e di ras Sejum vennero annientate, mentre Camicie Nere della 114ª Legione *Alpina* della *28 Ottobre* ed Alpini del VII battaglione complementare occuparono la Uork Amba, ritenuta imprendibile, con un colpo di mano notturno.

---

[346] Il cagnasmacc Averrau si attribuì il merito dell'uccisione di Mulughietà. Caccia Dominioni 1966, pp.521-522. Oltre a lui almeno altri due capi Galla si vantarono dell'impresa.
[347] Tel. di F. di Savoia-Genova al Podestà di Firenze del 5 marzo 1936, rip. in Lucas, De Vecchi 1976, pp. 66-67
[348] Fra il 6 ed il 12 marzo, il III Corpo d'Armata (div. *23 Marzo* e 1ª Eritrea) venne concentrato nella zona Samrè-Feneroà, collaborando alla costruzione della strada; prima ancora che questa fosse ultimata una colonna di CC.NN. ed ascari venne distaccata per occupare Socotà, distante ottanta km di mulattiera. Fu necessario ex novo l'organizzazione di rifornimento, con 4.000 uomini del Corpo d'Armata che trasportarono viveri e materiali a spalla per oltre quaranta km. Scrisse Badoglio: *60 tonnellate di viveri furono trasportate a spalla da 4.000 soldati... Con soldati come questi si va in capo al mondo* (Badoglio, cit. in Lucas, De Vecchi 1976, p.67). Socotà fu occupata il 28 marzo. La *23 Marzo* durante la guerra perse 108 Caduti, tra cui una Medaglia d'Oro, il Capomanipolo E. Maccolini, della 192ª *Ferrucci*.

FOTOGRAFIE

Camicie Nere armate di Breda 30 *in una posizione improvvisata, ben mimetizzata dalla sterpaglia etiope (foto L. Maiorano)*

Un Ufficiale manovra un Breda 30 *sparante da una feritoia in un fortino italiano, come d'uso costituito da bassi muretti a secco. Gli abissini usavano invece solitamente a scopo difensivo dei campi trincerati, solitamente a pianta circolare (foto L. Maiorano)*

Camicie Nere della 143ª Compagnia mitragliatrici pesanti Sannio *di Benevento apprestano le posizioni per le loro* Fiat 1914. *Pesanti più di 40 chili, le* Fiat *in dotazione alle Compagnie Mitraglieri rallentavano la marcia dei Reparti di CC.NN. ai quali erano aggregati; tuttavia, durante gli scontri difensivi, sparando da posizioni preparate, il loro fuoco lento ma continuo diede un contributo inestimabile alla difesa contro gli attacchi di massa abissini (foto L. Maiorano)*

Mitraglieri delle CC.NN. armati di **Breda 30** *(foto L. Maiorano)*

Una sezione di CC.NN. armata di Fiat 1914. *Notare, nella foto seguente, i distintivi da Mitragliere sulla manica sinistra dei due mitraglieri in primo piano. (foto L. Maiorano)*

Drammatica foto in azione di un reparto di CC.NN. durante un attacco eritreo (foto L. Maiorano)

Bella foto di una Fiat 1914 *di un reparto mitraglieri delle CC.NN. (foto L. Maiorano)*

Sfilata di un reparto di Camicie Nere (foto L. Maiorano)

Ufficiali delle CC.NN. studiano la situazione sul campo (foto L. Maiorano)

Accampamento di Camicie Nere (foto L. Maiorano)

Ponte in ferro costruito dai Genieri italiani (foto L. Maiorano)

Il Caproni *"1" della* Disperata, *comandato da Galeazzo Ciano*
(foto L. Maiorano)

*Bella foto di alcune Camicie Nere con dei giovanissimi abissini
(foto L. Maiorano)*

Foto ricordo di un Legionario (foto L. Maiorano)

Foto di studio di tre Ufficiali della 128ª Legione CC.NN. Randaccio *di Vercelli (foto L. Maiorano)*

Il trombettiere delle CC.NN. Vincenzo Fusco, MAVM e a soli 12 anni, il più giovane volontario di guerra in Africa Orientale (foto L. Maiorano)

Il tramonto su Passo Uarieu (questa foto e le seguenti, Gianni de Angelis)

La pista che porta al villaggio di Abbi Addi, capitale del Tembien, venendo da Sud

In alto: vista della montagna di Uorc Amba. A sinistra il Sud, a destra il Nord. Il Uorc Amba delimita a destra, per le truppe italiane che venivano da nord, da Adua, il Passo Uarieu. Il lato sinistro era delimitato dai Roccioni di Scimarbò (foto al centro). Sotto, i resti del fortino Centurione Guido Paglia

In alto, i Roccioni di Scimarbò. Foto in basso: a destra, in secondo piano, la punta estrema dei Roccioni di Scmarbò. Sullo sfondo il Debra Amba. e tutta a destra del Debra Amba i Roccioni di Daran. Qui inizia la zona dove si è combattuto la battaglia del Mai Beles

Edicola con la Madonna della Misericordia formata da mattonelle maiolicate, donata dalla città di Savona alla 28 Ottobre e a suoi mitraglieri. Si trova proprio sotto ai rossi Roccioni di Scimarbò

Questa foto è stata scattata dal luogo dove sorgeva il fortino Centurione Guido Paglia. Dietro al cimitero, dentro una gola, vi è l'unica pista che veniva da Nord per andare a Abbi Addi, a Oriente della montagna del Uorc Amba. In fondo a destra della foto vi è l'altro fortino Di Fazio. In questa zona si sono svolti i combattimenti delle CC.NN. della 28 Ottobre

Cimitero militare italiano Aldo Lusardi *di Hawsien, la lapide della CC.NN. Enea Tamburini, del* Gruppo Diamanti, *morto il 28 gennaio 1936*

La tomba di Padre Giuliani a cui è dedicato il cimitero

Il Cimitero militare italiano di Work Amba. Le donne e i bambini che hanno aiutato Gianni de Angelis a pulire il Cimitero

Il monumento a ricordo della prima e seconda battaglia del Tembien. In fondo a destra della foto, sul cocuzzolo, vi era il fortino Guido Paglia

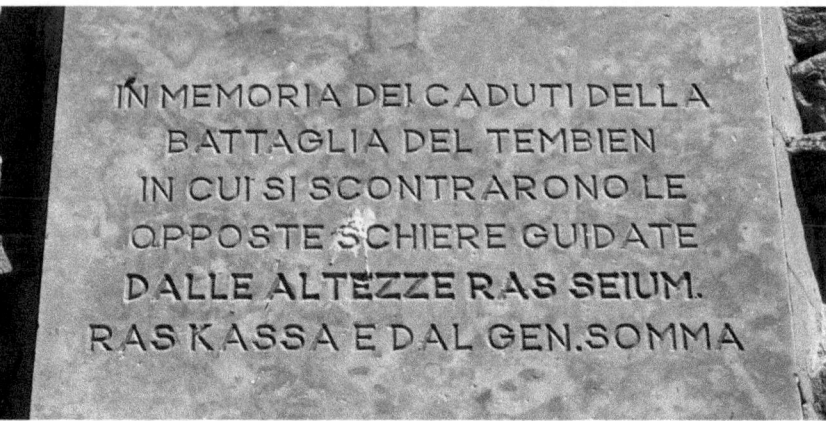

*Le lapidi in italiano e inglese sul monumento a ricordo
delle battaglie del Tembien*

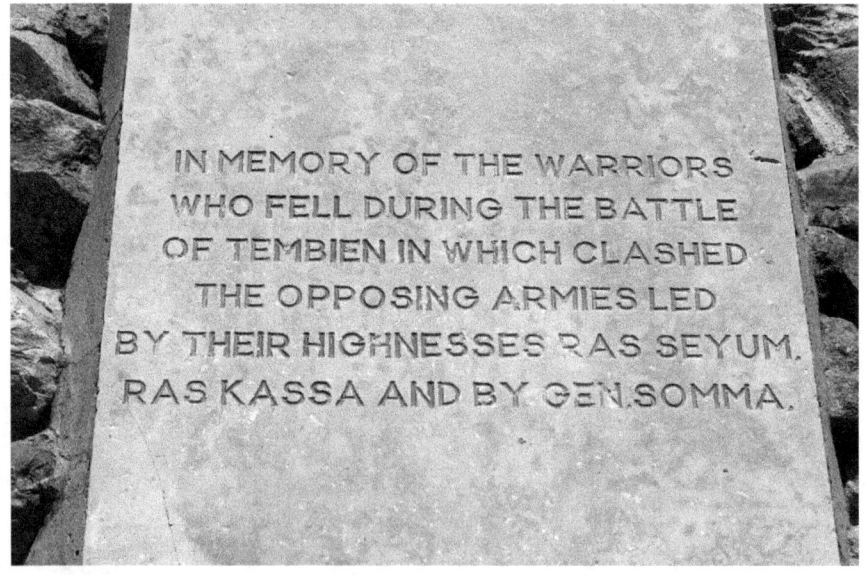

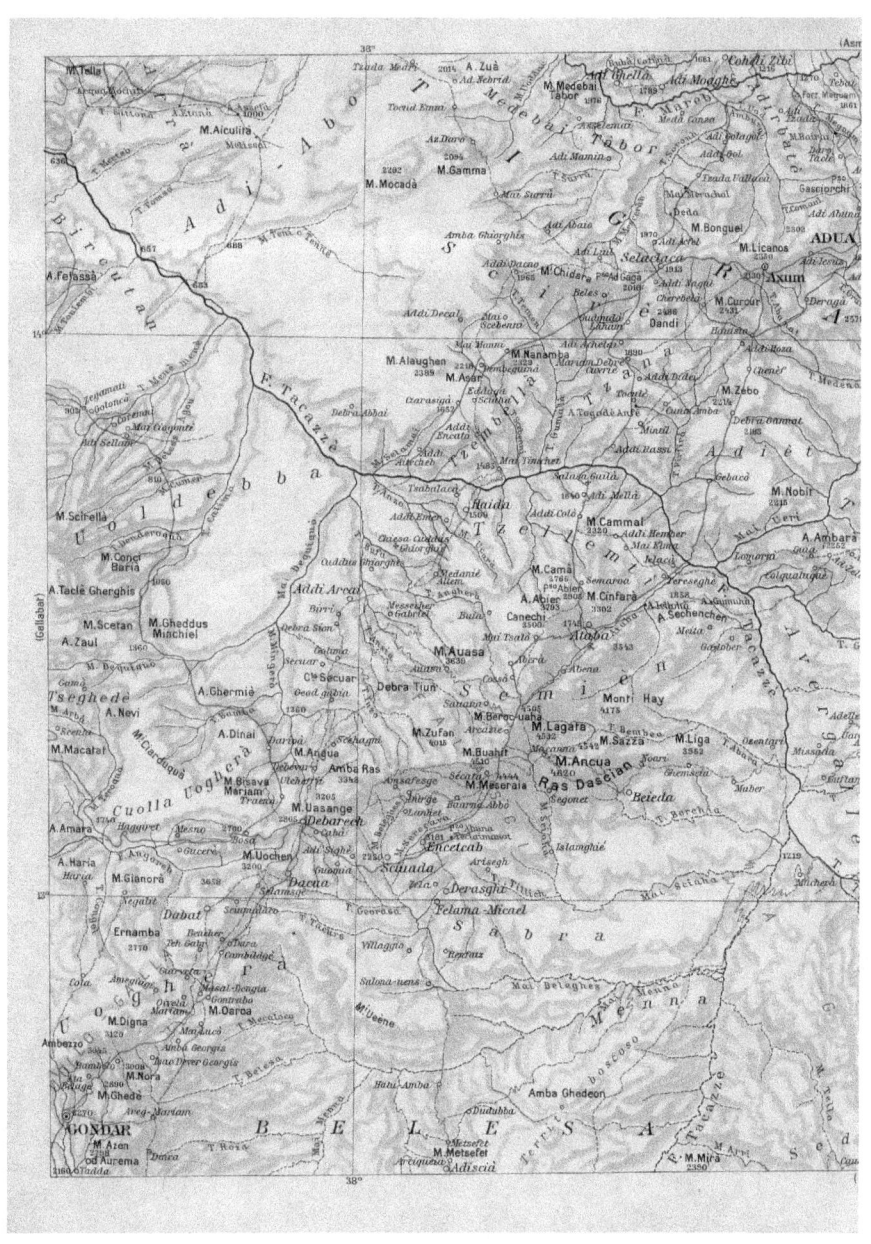

Cartina dell'Etiopia tra Adua e Gondar: al centro la regione del Tembien

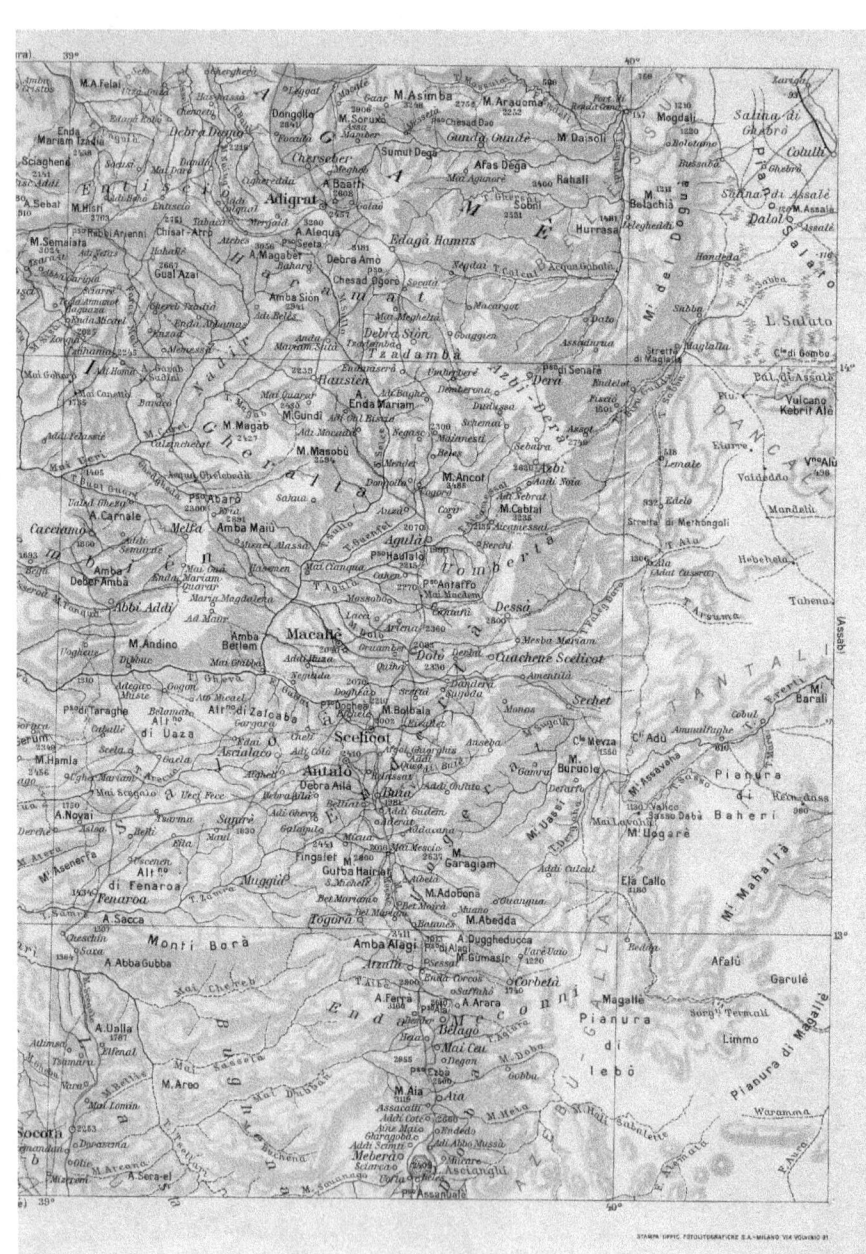

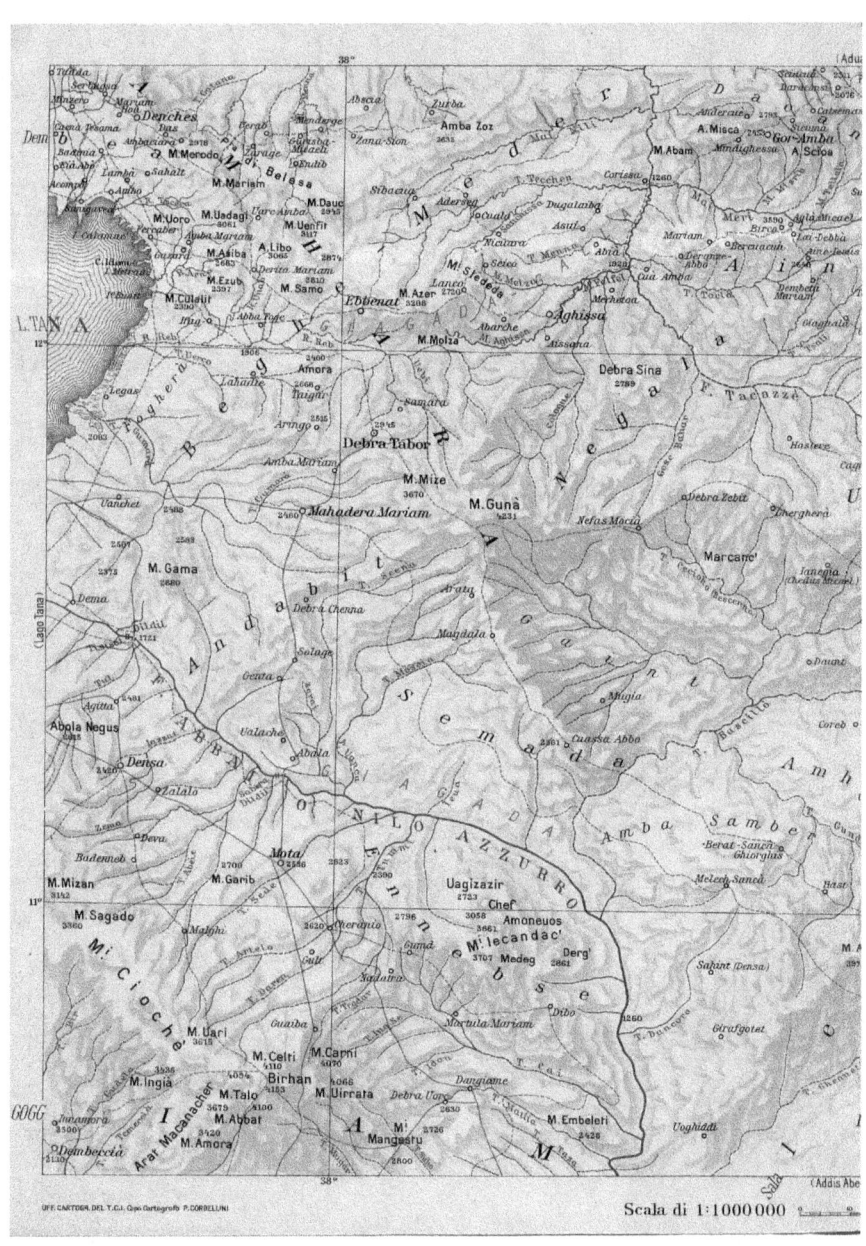

Cartina dell'Etiopia tra Debra Tabor e Dessiè

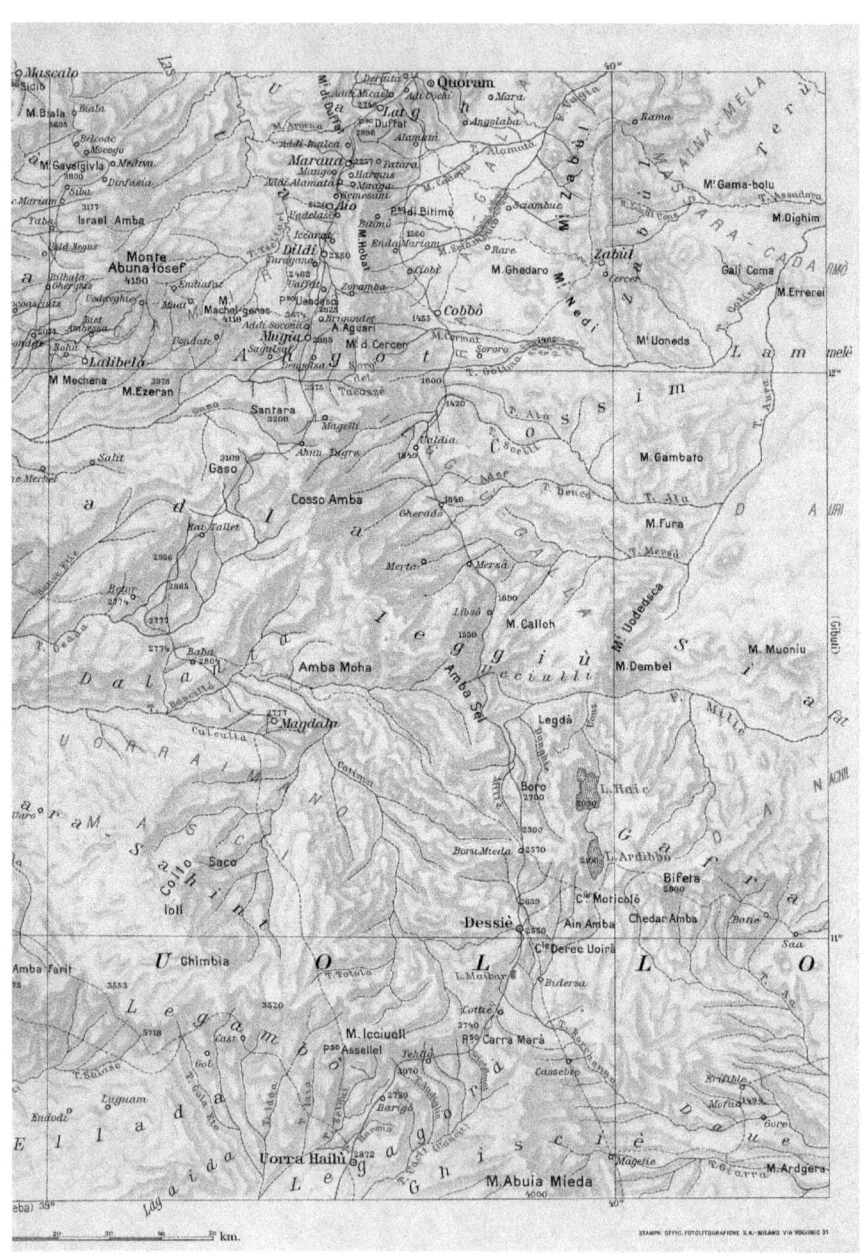

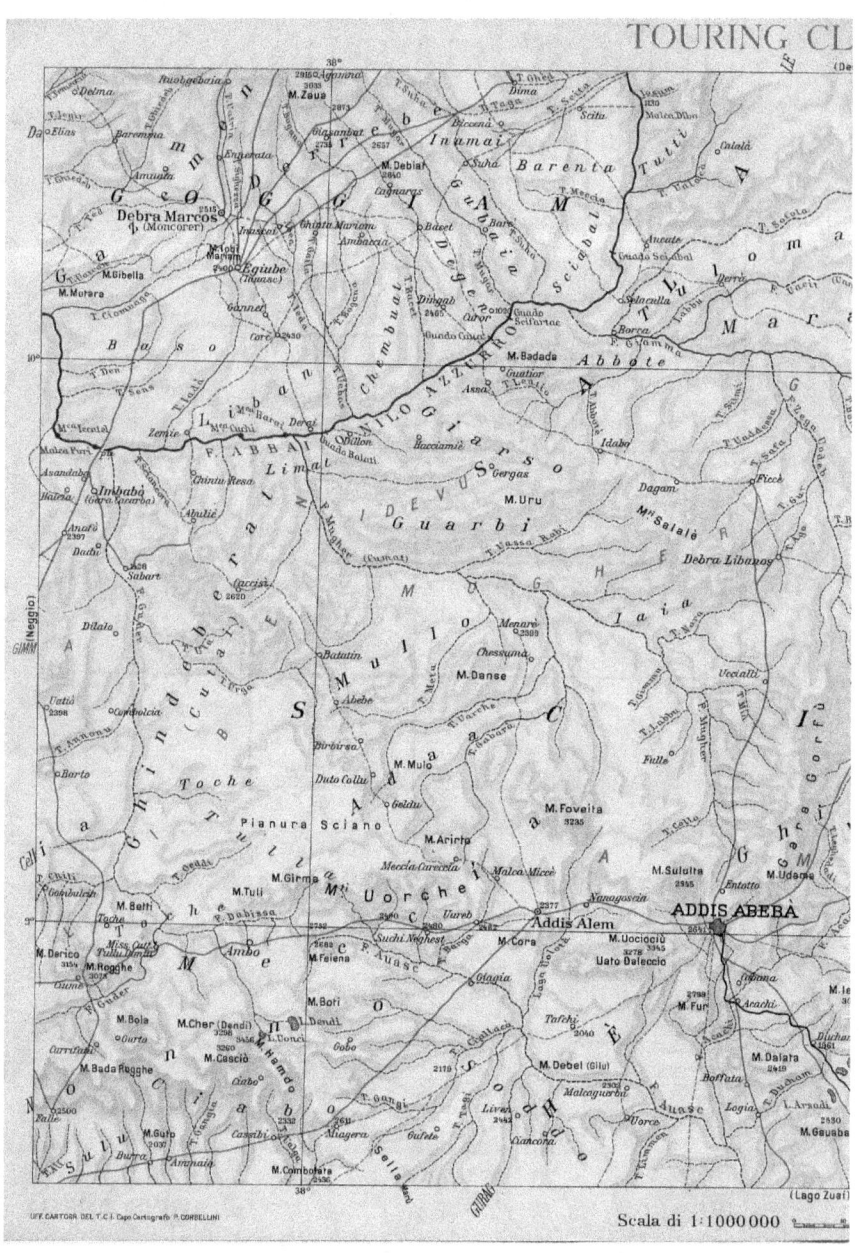

Cartina dell'Etiopia tra Debra Marcos e Addis Abeba

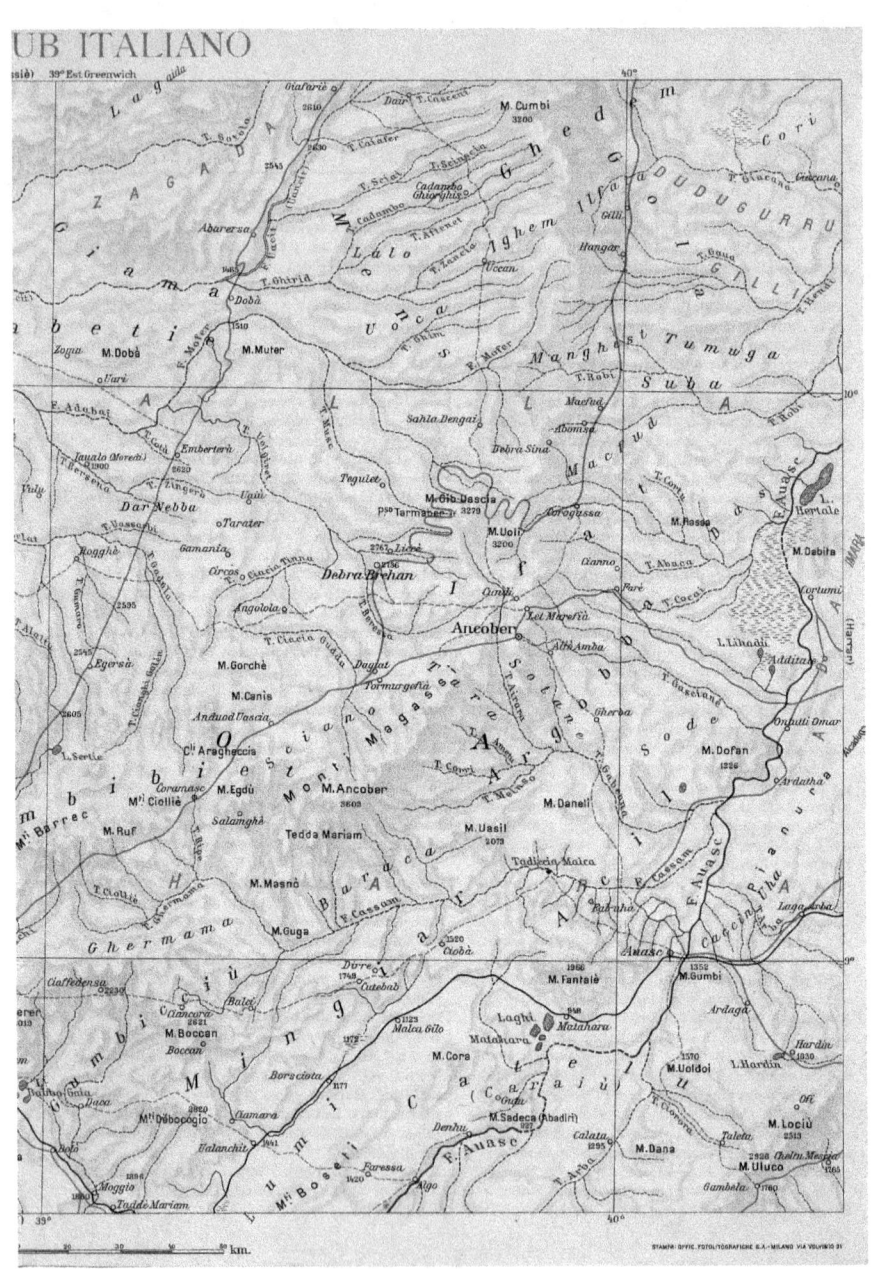

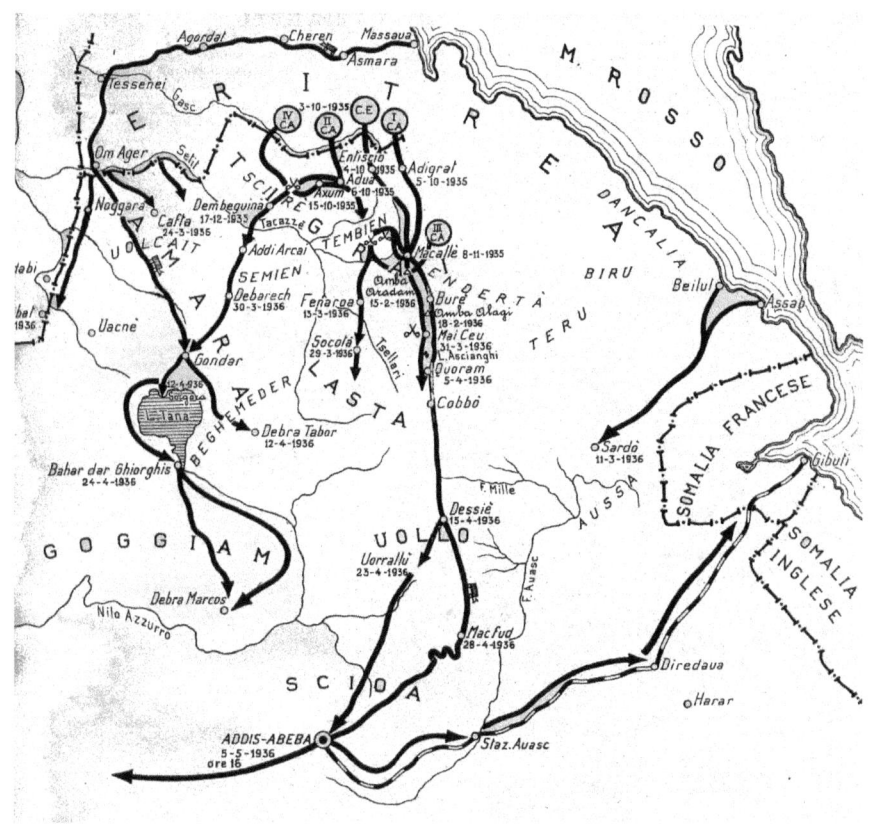

3 ottobre 1935 – 5 maggio 1936: direttrici di marcia delle colonne sul fronte nord

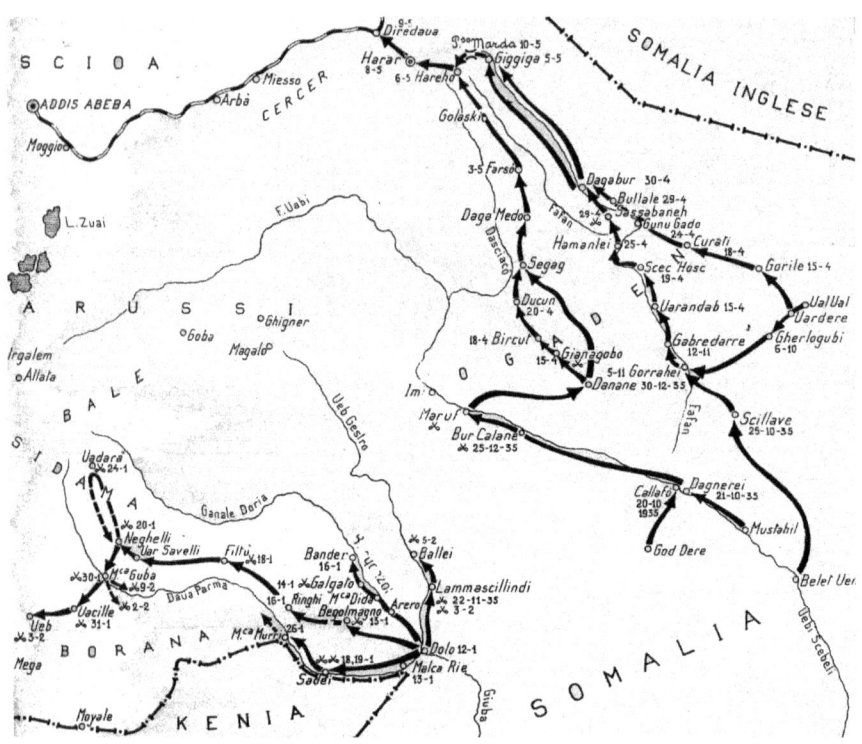

3 ottobre 1935 – 5 maggio 1936: direttrici di marcia delle colonne sul fronte sud

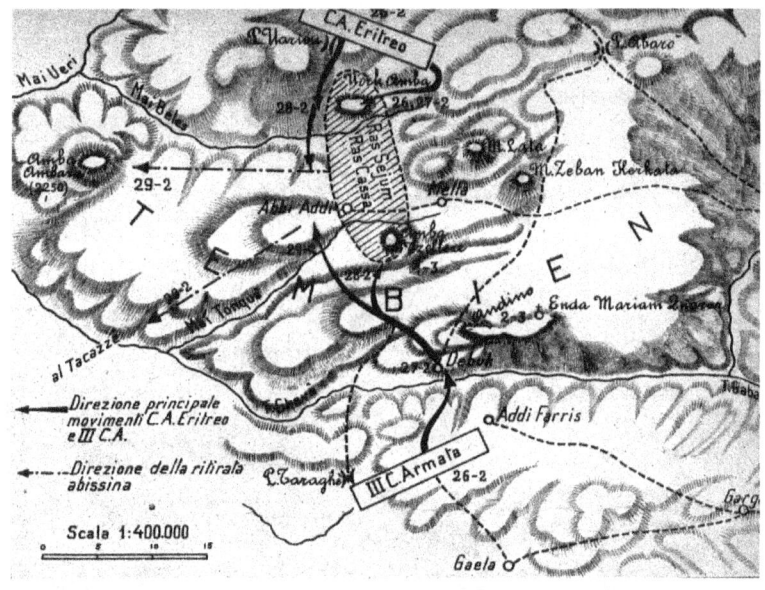

Le operazioni nel Tembien

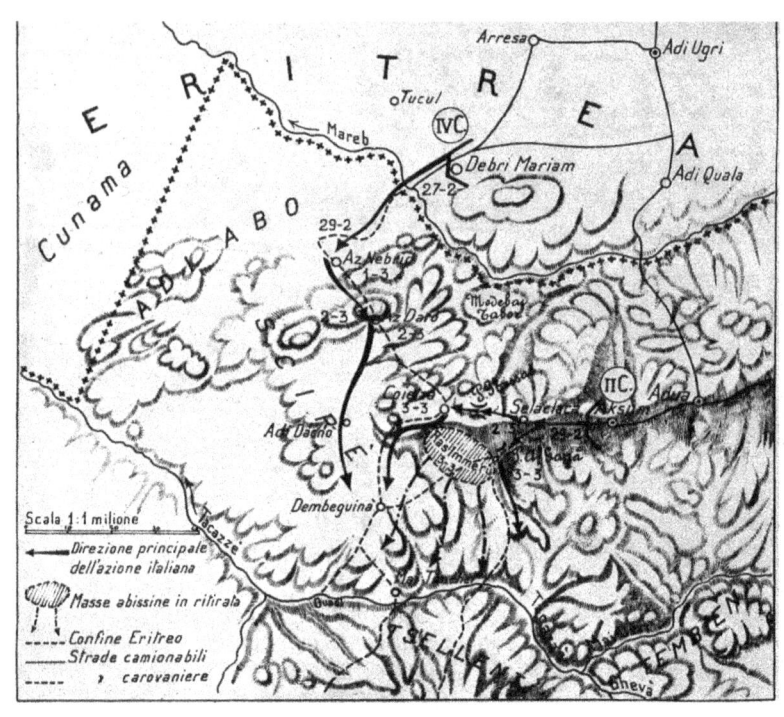

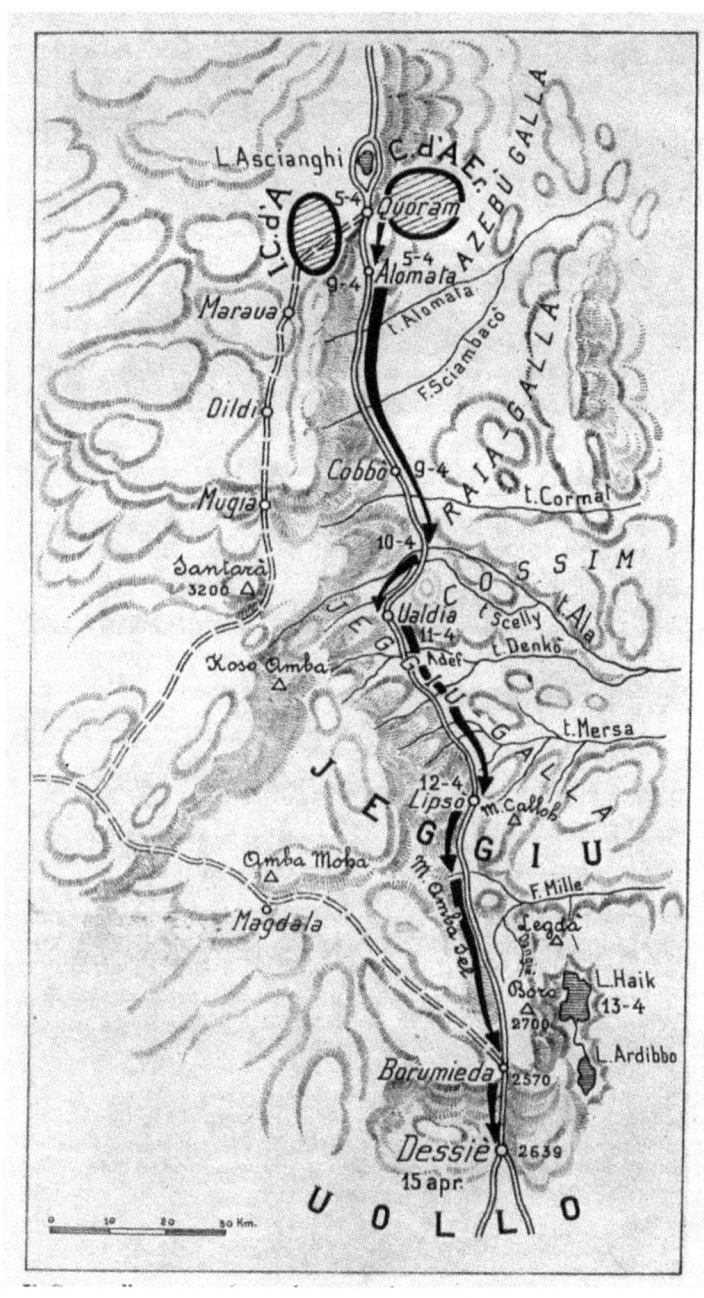

L'avanzata verso Dessiè

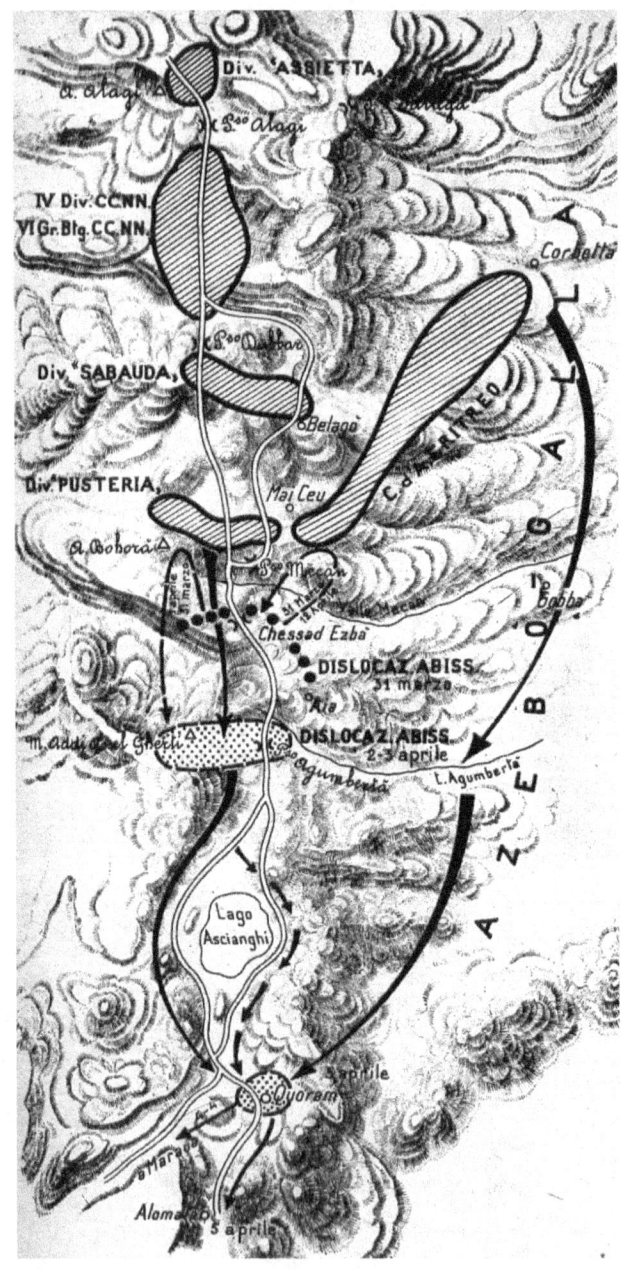

Dall'Amba Alagi a Quoram

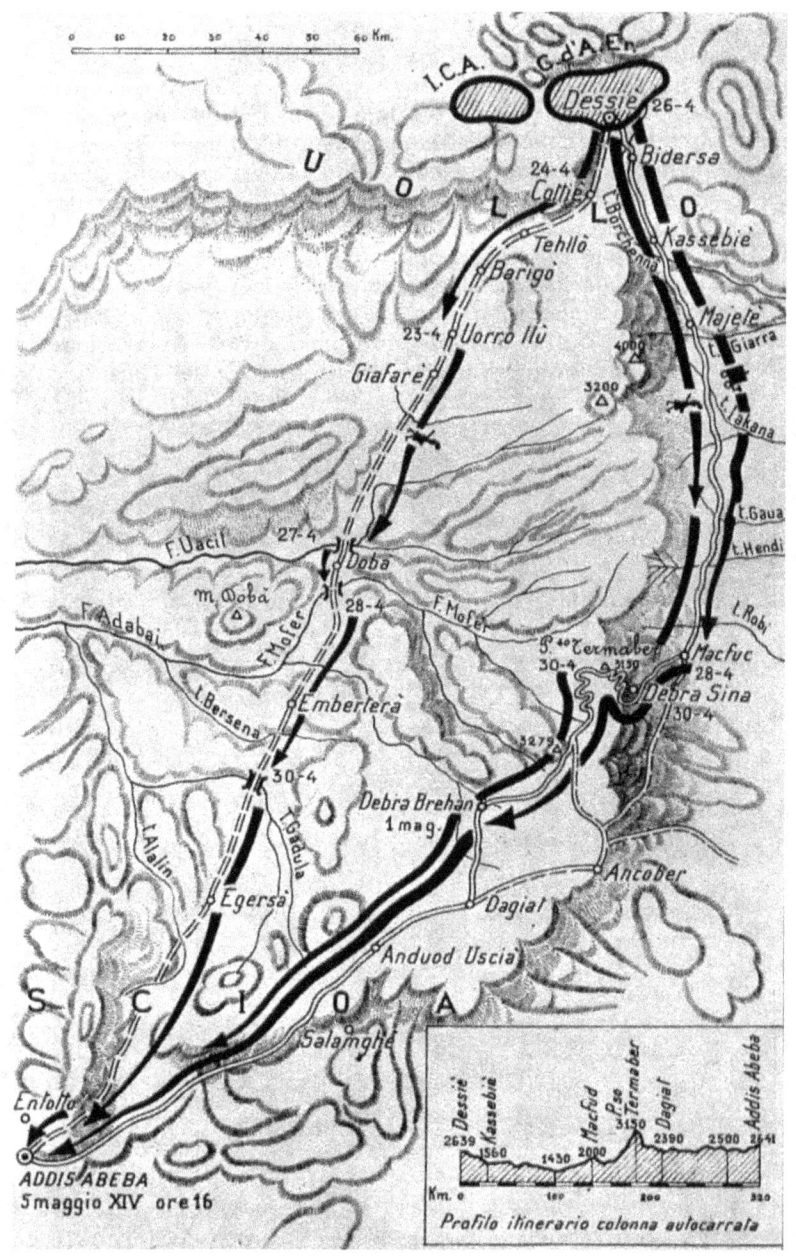

L'avanzata verso Addis Abeba

Bassorilievo scolpito da una Camicia Nera della 28 Ottobre e posto nel Cimitero di Passo Uarieu

Il gagliardetto del comandante della 1ª Divisione d'Assalto, affidato dal Generale Ottavio Zoppi alle Camicie Nere della 28 Ottobre, dopo il Piave sventola sul fortino di Passo Uarieu

Un Caproni Ca. 133 *colpito dalla reazione contraerea abissina*

Si sorvola la zona dell'Amba Aradam

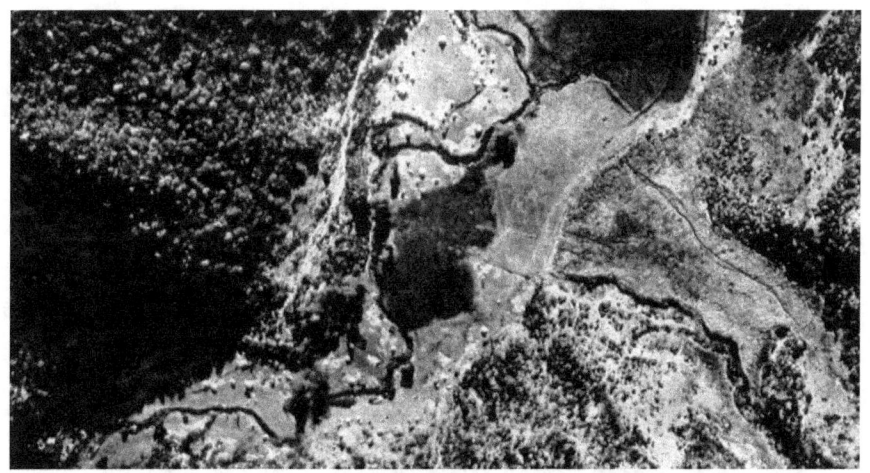

Bombardamento aereo di un accampamento abissino nella valle del Mai Mescic

Bombardamento aereo nello Scirè

Nella pagina precedente, Hailè Selassiè I. Sopra, Ras Sejum e Ras Cassa

Adunata di armati abissini

Truppe regolari abissine

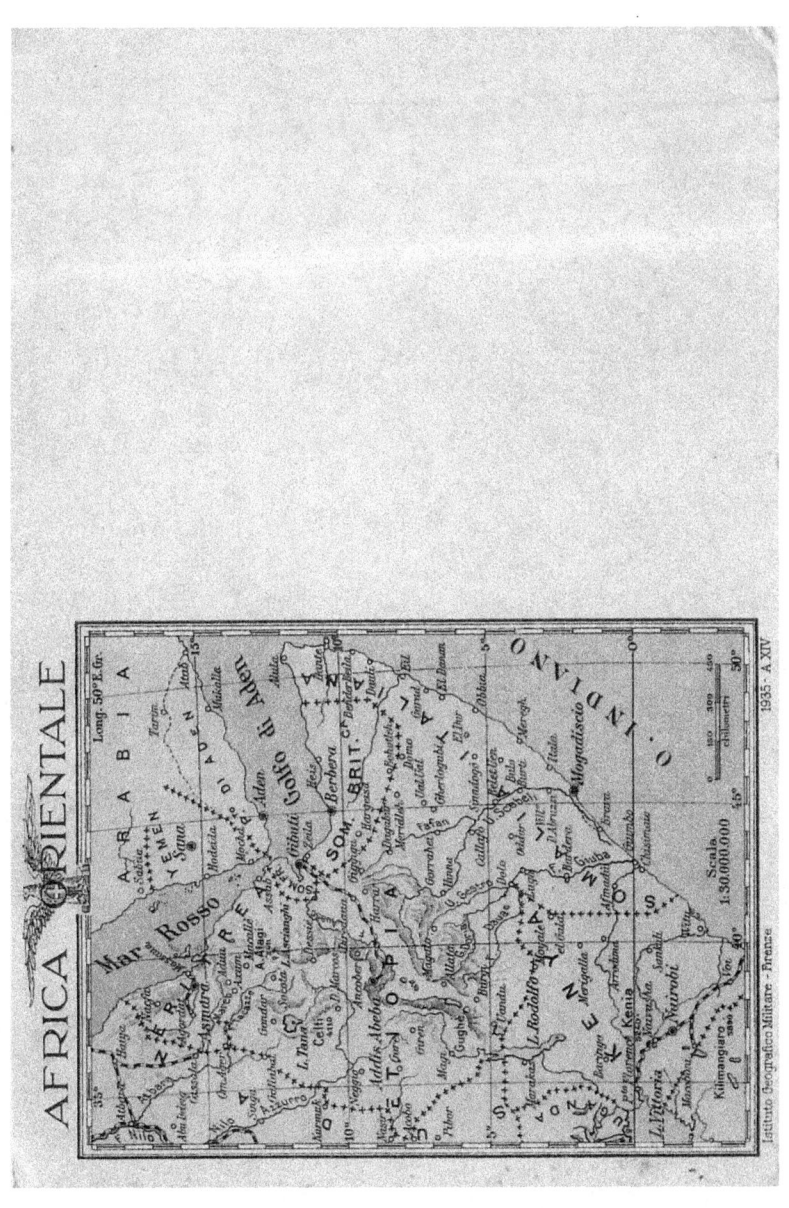

Cartoline Postali per le Forze Armate in Africa Orientale spedite da CCNN (Foto Vaccari Filatelia).

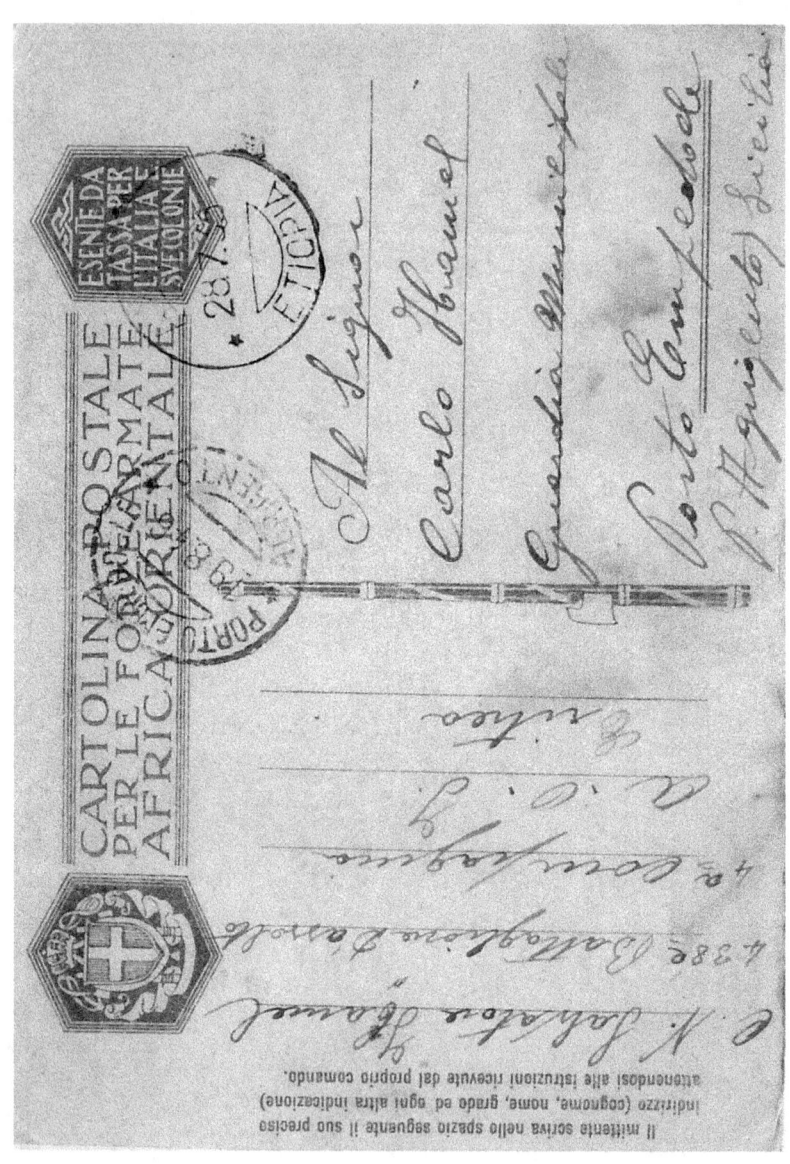

Dal 7 febbraio 1938 l'Africa Orientale Italiana ebbe a disposizione dei propri francobolli e segnatasse: nella Serie pittorica *la vignetta dei francobolli da c.15, c.75 e l.5 rendeva onore ai sacrifici delle Camicie Nere in AO (Foto Vaccari Filatelia)*

DOPO PASSO UARIEU.
LA CONQUISTA DELLA UORK AMBA

Dopo la conclusione della prima battaglia del Tembien la divisione *28 Ottobre* rimase di stanza presso passo Uarieu, per ricostituirsi e per rafforzare le difese dell'area in vista di un possibile ritorno offensivo abissino. Il 27 febbraio, la divisione, sempre parte del Corpo d'Armata Eritreo, comandato dal generale Alessandro Pirzio Biroli, mosse contro le posizioni dell'Amba Uork. L'Amba ha un'altezza di 2.430 metri, ed è situata due chilometri ad ovest di passo Uarieu. Era tenuta dagli uomini dell'esercito del Gambatta comandati dal degiasmacc Bejenè, guerrieri che il Del Boca definisce *i migliori dell'impero*[349], dotati di mitragliatrici di tipo moderno. L'Amba costituiva una costante minaccia per le posizioni sottostanti. L'azione prevedeva una duplice manovra: dapprima, la conquista della Uork Amba, e poi l'occupazione della Debra Amba, proseguendo poi verso sud in maniera da ricongiungersi con il III Corpo d'Armata (Bastico), risalente dal Ghevà, chiudendo in una manovra a tenaglia le truppe di ras Cassa ed annientandole. Le forze della *28 Ottobre* nella prima fase erano le seguenti:

Colonna di sinistra (console Ricciotti):

114ª legione *Garibaldina* (114° e 115° battaglione CC. NN., 114ª compagnia mitragliatrici pesanti);
una compagnia del II° battaglione mitraglieri;
rocciatori esperti, scelti tra le Camicie Nere delle legioni 114ª a 116ª (trenta per legione);
VII° gruppo autocarrellato da 77/28;
114ª batteria someggiata.

Colonna di destra (col. Buttà):

---

[349] Del Boca 1979, p.572.

IV gruppo battaglioni eritrei (IX e XII, una compagnia mitraglieri del XVII);
174° battaglione CC.NN.;
180ª compagnia mitragliatrici pesanti;
II gruppo cannoni da 65/17;
Banda del degiacc Lilaj.
La Uork Amba, date le sue caratteristiche era ritenuta una posizione imprendibile. Nella notte i rocciatori delle Camicie Nere, al comando del capomanipolo Tito Polo, friulano di San Vito al Tagliamento, scalarono le scoscese pareti della Uork Amba, insieme a venti ascari del XII battaglione eritreo. Dall'altro versante mossero gli Alpini del VII battaglione complementare[350]. L'ufficiale di collegamento tra la colonna Ricciotti ed il gruppo Buttà, capitano Adolfo Alessandrini, scrisse che

le più grandi celebrità, i più bei nomi del contrabbando alpino ed eritreo sono riuniti a passo Uarieu per l'impresa; i rari, tra i prescelti, che non sono contrabbandieri guardano agli altri con senso di accorato avvilimento[351].

Lo stesso capomanipolo Tito Polo aveva scherzato, prima dell'impresa, con Giovanni Artieri, dicendogli:

Gli abissini? Non saranno mica più intelligenti dei doganieri svizzeri. Poi è gente che di notte dorme e noi lavoriamo di notte[352].

Il capomanipolo Polo aveva lavorato per dieci giorni alla pianificazione del colpo di mano. Verso le 23 i legionari giunsero al fortino sotto l'Amba, ora ribattezzato *Valcarenghi*; dove si trovava di guardia il caposquadra Lanfranconi, di Como, che si era

---

[350] Per un inquadramento della conquista della Uork Amba si veda il capitolo sugli sviluppi della campagna dopo passo Uarieu.
[351] Cit. in Caccia Dominioni 1966, p.405.
[352] Ibid., p.406

fatto assegnare l'incarico per poter implorare Polo di prenderlo con sé. All'una e mezza di notte le sessanta Camicie Nere ed i venti ascari iniziarono la scalata. Portavano con loro tre mitragliatrici pesanti con quattromilacinquecento colpi, i moschetti con settemilacinquecento proiettili, trecento bombe a mano, un telo segnalatore, viveri a secco e una borraccia d'acqua a testa, niente pendule da roccia, niente chiodi da parete per non far rumore, utilizzando per scalare le pareti quasi a picco dell'amba solo le funi. I militi oltrepassarono non visti i primi posti di guardia abissini, immersi nel sonno.

Scrisse Artieri che

Il silenzio assoluto – il silenzio che fu una specie di particolare disciplina fra i legionari della *28 Ottobre* – l'oscurità completa e una fortuna miracolosa hanno fatto passare ottantacinque uomini tra le linee abissine senza colpo ferire. I rocciatori potevano pugnalare silenziosamente le sentinelle nemiche addormentate; non lo hanno fatto. Nobile ripugnanza di combattenti[353].

Arrivati sulla cima nord intorno alle sei[354], mentre albeggiava, Polo passò per primo, calando una fune per issare la prima mitragliatrice. Lo seguirono i legionari Musati, Cecchini, Varisco, Caccia e Merga. Sul ciglio c'era però una postazione di mitragliatrici abbandonata, costruita con muretti a secco. Qualcuno vi poggiò improvvidamente una mano, facendo staccare una pietra che rotolò giù rumorosamente.

Si sente un concerto di urla, suonano i corni, sparano i fucili. Scoperti. Vi è un posto a trenta metri e nessuno l'aveva visto. Gli ahmara strillano, ma di lassù Polo e gli altri hanno già aperto il fuoco[355].

---

[353] Artieri, in Caccia Dominioni 1966, p.410.
[354] Lucas, De Vecchi 1976, p.76; poco prima delle cinque secondo Artieri, in Caccia Dominioni 1966, p.410.
[355] Artieri, in Caccia Dominioni 1966, p.410.

I legionari tirarono le bombe a mano, il che causò costernazione tra i *gascegnà* del degiasmacc Bejenè, che, annidati sotto il costone ovest tentavano di scalare la cima nord. Non abituati alle granate scambiarono le esplosioni per cannonate, e gridavano stupefatti:

Gli italiani col cannone in mano sono piovuti dal cielo!

Venne colpito a morte il caposquadra Lanfranconi, ucciso mentre piazzava una mitragliatrice. Polo segnalò con la bandiera a lampo di colore:

Sono in cima. Ho bisogno di acqua e munizioni.

La 114ª legione, vincendo anch'essa le asperità del terreno conquistò dopo una dura lotta la spalla destra dell'amba, sostenendo e respingendo dieci contrattacchi delle forze del degiasmacc Mescescià Ilmà, nipote del negus. Caddero nei combattimenti il centurione Guido Paglia, già ferito, il centurione Romolo Galassi, colpito da una pallottola *dum-dum*[356], il caposquadra Alessandro Paoli che fu ferito a morte mentre dirigeva il tiro delle mitragliatrici dopo la morte di Paglia; prima di spirare mormorò: *è bello morire così per il Duce!* Prese il suo posto la Camicia Nera scelta Francesco Di Benedetto, morto avvinghiato alla propria mitragliatrice. Ebbero tutti la Medaglia d'Oro al valor militare alla memoria[357]. L'impressione per la conquista della Uork Amba fu tale che i tigrini crearono diverse canzoni per ricordare l'evento:

Uork Amba, Uork Amba, Montagna dell'Oro,
eri il regno delle aquile e degli avvoltoi,

---

[356] Brani del diario del Centurione Galassi sono pubblicati nell'appendice 3 al presente volume.
[357] Si vedano le motivazioni nell'appendice 4. Del Boca, assai prolisso quando si tratta di magnificare le vere o presunte imprese etiopiche dedica una striminzita pagina e mezza alla conquista della Uork Amba (Del Boca 1979, pp. 570 segg.).

il trono del Leone di Giuda.
Uork Amba, Uork Amba, Montagna dell'Oro,
quando i soldati di Mussolini vennero su
gli abissini caddero come le foglie[358].

E Filippo Tommaso Marinetti (come detto il poeta era ufficiale della *28 Ottobre*) trascrisse il seguente canto tigrino, che esprime il senso dell'incredulità per la presa della montagna:

Quelli che giuravano minacciando
Ora nam-mà
Nam-mà nam-mà maaa
Sono caduti a terra
Con la pietra sulla nuca
Implorano perdono.
Abbiam visto questo prodigio
I soldati di Mussolini
Volano per aria come nuvole
Nam-mà nam-mà
Coi suoi soldati come lo mosche
Coi suoi soldati come i capelli
Il generale Somma
Ha preso di notte l'Uorkamba
Ora sono tutti sulla nostra testa
Nam-mà nam-mà
Faccio suonare il mossebò
Ed è meglio di tutti i mestieri
Perché sono parole non preparate[359]

La 180ª legione *Alessandro Farnese*, lasciato il 180° battaglione ancora sotto organico per le perdite di gennaio di presidio a passo Uarieu partecipò con il proprio 174° battaglione, ancora aggregato al IV gruppo del colonnello Buttà (IX e XII battaglio-

---

[358] Del Boca 1979, p.571.
[359] F.T. Marinetti, *L'Africa come generatrice e ispiratrice di poesia e arti*, "Atti del Convegno Volta sull'Africa", vol. I, Roma 1939, p.199. Il *mossebò* è un violino monocorde utilizzato dai cantastorie. La canzone fu trascritta ad Abbi Addi il 28 febbraio 1936.

ne eritreo) alle operazioni contro i guerrieri del Gambatta al comando di Bejenè, schiacciandoli dopo aspri combattimenti nel solco asciutto del mai Quasquazzé, scelto dagli etiopici quale via d'infiltrazione e d'attacco contro la colonna Buttà. Presi sotto il tiro del II gruppo cannoni e delle mitragliatrici della 180ª compagnia, ansiosi di vendicarsi di passo Uarieu, gli abissini ebbero forti perdite, tra cui lo stesso degiacc Bejenè, suo figlio e numerosi capi e sottocapi. L'atmosfera dopo la battaglia venne ben descritta da Giovanni Artieri, il quale ricordò:

Il silenzio grave della pianura e dei monti era punzecchiato da qualche scroscio di fucileria, qua e là. Si udivano voci di donne, pianti, parole lamentose. Luci lontane si aggiravano sul campo dei morti. A tratti, canti funebri cadenzati, sul ritmo di una misura barbara e solenne. Chiamammo gli interpreti ascari per capire cosa cantassero. Da lontano un coro diceva. "Povero Beienè, povero Beienè". Era un dejac (cioè un colonnello, all'incirca[360]), fedelissimo al Negus, ch'era caduto in combattimento. Adesso ne cercavano il corpo per gli ultimi onori[361].

L'indomani ripresero le operazioni, con le Camicie Nere in avanguardia e la 2ª divisione eritrea di rincalzo.
Il 28 febbraio la divisione mosse verso i roccioni del Debra Amba, che era stata la meta dell'azione del 21 gennaio. La colonna, al comando del generale Umberto Somma era composta da queste unità:

Comando di divisione, con il labaro della 1ª divisione d'Assalto;

---

[360] In realtà *degiacc* equivale all'incirca a generale. Bejenè era un *degiacc negaritt*, o *degiasmacc*, governatore di nomina imperiale. Bejenè comandava un *chitet* di circa settemila guerrieri.
[361] Artieri 1995, p. 117. Per gli abissini la morte in combattimento di un capo era una terribile sventura, e una vera tragedia se il corpo di un comandante cadeva in mano nemica. Per tale motivo il cadavere doveva esser ritrovato e portato via dal campo per dargli una sepoltura cristiana (Nicolle 1997, p.33). Artieri si confonde collocando l'episodio durante la battaglia dello Scirè, a marzo, infatti Bejenè morì il 28 febbraio. Artieri assisté ad entrambe la battaglie. Va detto che il giornalista scomparve prima di poter rivedere il testo del suo ultimo libro.

180ª legione *Alessandro Farnese*;
II gruppo cannoni;
una compagnia del II btg. mitraglieri;
Gruppo battaglioni nazionali (col. Gotti), I/3° *Granatieri di Sardegna*, VII e XI Alpini;
IV gruppo battaglioni eritrei (battaglioni IX e XII, una compagnia mitraglieri del XVII);
VII gruppo autocarrellato da 77/24.

Le rimanenti forze della *28 Ottobre* erano aggregate al Corpo d'Armata eritreo. Superato il Mai Beles, l'avanguardia si scontrò con gli abissini intorno alle due del pomeriggio; i legionari della 180ª attaccarono, ma vennero fermati da nuclei di mitraglieri. Intervenne l'artiglieria, cui si aggiunse quella di passo Uarieu, con tiri che appoggiarono un secondo attacco delle Camicie Nere che intorno alle sedici occuparono i primi due roccioni della Debra Amba. Contemporaneamente Somma ordinò alla colonna di puntare sul quinto roccione, lasciato sguarnito dagli etiopici, senza preoccuparsi dei roccioni ancora in mano alle truppe di ras Sejum, e che tentavano una manovra di aggiramento sul fianco sinistro della colonna. Il quinto roccione era l'ultimo baluardo tatticamente importante sulla via di Abbi Addi. La manovra di Somma colse di sorpresa gli etiopi, ad alle 17 e 40 l'obbiettivo venne occupato, precedendo di poco gli abissini che discendevano dalla Debra Amba, e che volsero in fuga dopo un breve scontro. A quel punto gli italiani si volsero contro i roccioni intermedi, conquistandoli. Somma inviò quindi la colonna Buttà verso Addi Abbi, che venne occupata. In seguito la divisione *28 Ottobre*, ribattezzata "*La Ferrea*", rimase di guarnigione nel Tembien. La divisione fu adibita alla costruzione di ambulatori e di strade, e ricevette la sottomissione di oltre duecento villaggi e di capi tra cui i degiacc Haile Mariam Marù, Berhè Agos, Amarè Ghersilassi e di altri capi dello Tzetzerè, dello Uollega e dell'Avergallè. La *28 Ottobre* fu la prima delle divisioni della Milizia a rientrare in Italia dopo la vittoria. Sbarcò a Genova ad agosto, e venne smobilitata a Brescia il 31 dello stesso mese[362]. La 2ª divisione Camicie Nere ebbe 237 caduti e 216 feriti.

Anche il Gruppo Battaglioni Camicie Nere del console generale Diamanti prese parte alle operazioni del 27 febbraio. Il Gruppo si trasferì da Monte Pellegrino a passo Uarieu in avanguardia del I battaglione del 3° *Granatieri di Sardegna* del tenente colonnello Tullio Gervasoni, appartenente al Gruppo battaglioni nazionali del colonnello Gotti, che comprendeva anche il VII battaglione Alpini complementare. Un nucleo di rocciatori volontari al comando del capomanipolo Reale si unì agli Alpini del plotone incaricato di scalare la parete sud della Uork Amba. A differenza però dei rocciatori di Polo, alle Camicie Nere ed Alpini mancò la sorpresa, e vennero fermati dagli abissini prima di raggiungere la cima assegnata loro come obiettivo. Alle 7.45 della mattina la prima compagnia del I battaglione CC.NN. d'Eritrea raggiunse il VII Alpini duramente impegnato dagli etiopici sulle pendici sud dell'amba. Il centurione Ugo Di Fazio intervenne in linea con una parte della propria compagnia, seguito, alle otto e tre quarti, da tutto il battaglione che salvò gli Alpini in difficoltà. Vennero feriti molti ufficiali della Milizia, e ne morirono due, tra cui lo stesso Di Fazio, che ebbe la medaglia d'oro alla memoria per il proprio eroico comportamento. Alle 15 gli abissini erano in rotta. Venne inviato un plotone di legionari in aiuto dei rocciatori Alpini e militi, che vennero sbloccati e poterono finalmente raggiungere la cima sud della Uork Amba all'alba del 28 febbraio. Le Camicie Nere di Diamanti avevano avuto due ufficiali e 27 legionari morti. Il 29 febbraio, il console generale Diamanti prese il comando di una colonna costituita da queste unità:

III battaglione CC.NN. d'Eritrea,
XI btg. complementare Alpini,
un plotone del II btg. mitraglieri della div. *28 Ottobre*,
una batteria someggiata da 65/17 della *28 Ottobre*;
una batteria da 77/28.

---

[362] Lucas, De Vecchi 1976, pp. 78-79.

La colonna Diamanti raggiunse i roccioni della Debra Amba, dove erano ancora visibili le tracce degli scontri del 21 gennaio, e li rastrellò. Il I gruppo CC.NN. d'Eritrea venne in seguito trasferito dal Tembien al campo fortificato di Macallè. Fu dislocato sulla direttrice costituita dalla *via imperiale*, tra Amba Alagi, Passo Mecan, Lago Ascianghi, non venne più impiegato in combattimento ma impiegato per lavori stradali e di guarnigione. Nella campagna il Gruppo Diamanti ebbe 16 ufficiali e 169 legionari caduti, e rispettivamente 13 e 166 feriti, nella maggior parte dei casi nello scontro del 21 gennaio sul Mai Beles.

LA BATTAGLIA DELLO SCIRE'

Il 28 febbraio era stata occupata l'Amba Alagi, e le truppe del I Corpo d'Armata innalzarono il tricolore sul passo Toselli. La seconda battaglia del Tembien si era conclusa con perdite minime da parte italiana, meno di seicento tra morti e feriti, mentre gli etiopici avevano perso almeno ottomila uomini[363], mentre migliaia di altri avevano disertato tornandosene ai paesi d'origine. La terza fase della manovra fu l'offensiva contro le truppe di ras Immirù nel Semien. Il 29 febbraio, appena cessata la battaglia nel Tembien, il neo costituito IV Corpo d'Armata (gen. Babbini)[364] passò il Mareb mentre il II Corpo d'Armata (gen. Maravigna)[365] puntò verso ovest, verso il bivio Selaclacà-Acab Saat. L'avanzata del IV corpo fu durissima per le condizioni del terreno e la mancanza d'acqua e di viveri, che vennero aviolanciati, ma non incontrò opposizione da parte del nemico. Del II° Corpo la *21 Aprile* non venne disturbata, mentre la *Gavinana* incontrò una durissima resistenza, ed una colonna dell'83° fanteria venne attaccata dagli etiopici, che non erano stati avvistati dalla ricognizione aerea. Intervennero poi l'84° fanteria ed i pezzi del 19° artiglieria; gli abissini si ritirarono ma finirono sotto il tiro della *21 Aprile*. La *Gavinana* non aveva preso alcuna misura di sicurezza durante la marcia, fatto per il quale Badoglio accusò duramente il comandante di Corpo d'Armata. Gli italiani persero 63 ufficiali, 894 nazionali e 12 eritrei. Inoltre, il generale Maravigna aveva fatto assumere alla divisione la formazione difensiva, tanto che occorse tutta la giornata del primo marzo per riprendere l'assetto offensivo, e l'avanzata poté riprendere solo il giorno dopo, incontrando una

---

[363] Ossia quanti ne erano caduti a passo Uarieu, il che dimostra quanto dura fosse stata la resistenza della *28 Ottobre*.
[364] Divisioni *Cosseria* (41°, 42° e 49° fanteria) e 5ª CC.NN. *I Febbraio* (legioni 107ª, 128ª, 142ª), 20° Btg. Carri e XXVIII battaglione eritreo.
[365] Divisioni *Gavinana* (70°, 83° e 84° fanteria) e 3ª CC.NN. *21 Aprile* (legioni 230ª, 252ª, 263ª).

certa resistenza presso Coizà da parte di forze di copertura abissine, armate di mitragliatrici.

Nel frattempo gli abissini avevano cominciato a ripiegare; la ritirata si trasformò rapidamente in una rotta disordinata sotto gli attacchi aerei.

Il tre marzo le truppe di ras Immirù si sbandarono, inseguite dai bombardieri italiani, che lanciarono anche iprite sui guadi del Tacazzè, sebbene con scarsi risultati dato che i morti per gas furono all'incirca una ventina[366]. In totale gli etiopici persero oltre 7.000 uomini[367]. In tre settimane in una triplice operazione, nota poi complessivamente come *battaglia dell'Endertà*, erano state annientate le tre maggiori armate etiopiche, ciascuna forte di parecchie migliaia di uomini, schierate lungo una fronte di 250 chilometri, su un terreno straordinariamente difficili. Furono inviate colonne celeri verso le capitali delle regioni settentrionali per assicurarsi il controllo delle vie strategiche d'accesso all'interno dello Scioa.

---

[366] Bandini 1980, p.352: *vi è la quasi certezza che ai guadi del Tacazzè, quando si trattava di inseguire le armate disfatte di Immirù e di ras Cassa venne effettuato un lancio di iprite che produsse qualche morto, non più, tuttavia, di una ventina di soldati etiopici. Tanti infatti ne vennero trovati dalle nostre truppe avanzanti, sopratutto da quelle eritree [...]. Gli ascari erano entusiasti e meravigliati di questa forma di lotta. Rivoltavano e ispezionavano con cura i morti e poi esclamavano: "Bissino stare morto senza buco". Pareva loro cosa straordinaria che si potesse morire d'altro che di pallottola o di scheggia o di guradè.* Questa meraviglia per inciso dimostra come non ci fosse un uso *sistematico* dei gas.

[367] La situazione delle truppe di Immirù dopo la battaglia venne così riassunta dal ras in un telegramma inviato al negus a metà marzo: *La maggior parte delle truppe del Goggiam ha disertato e si rifiuta di battersi se non nel proprio paese; i pochi rimasti hanno fatto opera di disgregazione anche tra i nostri armati personali, così che non abbiamo potuto eseguire il nostro piano. Tutte le popolazioni hanno, non solo disertato, ma dimostrato poco rispetto al loro capo degiac Aialeu* [Burrù] *rispondendogli con schioppettate* (rip. in Badoglio 1936, p.173).

LA DIVISIONE CC.NN. 1 FEBBRAIO E LA BATTAGLIA DELLO SCIRE'

La 5ª Divisione Camicie Nere *1 Febbraio* era stata l'ultima divisione della Milizia a raggiungere l'Africa Orientale. Imbarcatasi a Napoli a novembre, dopo lo sbarco a Massaua, il 6 dicembre la 5ª Divisione CC.NN. arrivò ad Addi Caiè, per esser poi autotrasportata nel settore Adi Qualà-Fundinai-Arresa-Tucul. Di qui, con una marcia estenuante in terreni infestati dalla malaria, le Camicie Nere raggiunsero a piedi la zona della vallata di Obel, tra Mai Aini e Mai Mugù Emnì, dove lavorarono all'apertura di una strada camionabile, con temperature che arrivavano a 44 gradi. Il 24 febbraio 1936 la Divisione, che era stata spostata sul Maret, alla confluenza col Rubà Volcait (q.1068) perse i suoi primi uomini – un ufficiale e sei CC.NN. – quando nuclei abissini di Ras Immirù riuscirono a far saltare un deposito di munizioni. La *1 Febbraio* partecipò come divisione di prima schiera alla battaglia dello Scirè, seguita dalla *Cosseria*, avanzando in condizioni durissime in montagna, senza rifornimenti se non quelli gettati dagli aerei; la divisione il 27 febbraio occupò la regione di Enda Mariam, proseguendo il 28 su Adi Abò e il Mai Tsadà, minacciando sul fianco le truppe di ras Seyum, ingaggiate frontalmente dal II Corpo d'Armata, senza sostenere però combattimenti di rilievo ma solo scontri con piccoli nuclei isolati e senza riportare perdite. L'avanzata proseguì ed il 2 marzo venne raggiunta Az Nebrid, il 3 le Camicie Nere erano a Az Darò, ed infine, attraverso lo Scirè, tra il 4 e 5 marzo venne riconquistata Selaclacà. Successivamente, alternando lavori stradali e rastrellamenti di nuclei abissini, la divisione raggiunse il Tacazzè, e attraverso lo Tzellemtì occupò la zona montuosa del Semien dove rimase di guarnigione. Il 10 maggio 1936 Teruzzi lasciò il comando della *1 Febbraio*, e gli subentrò il Luogotenente generale Vittorio Vernè, già comandante della 6ª CC.NN. *Tevere* in Somalia. Il luogotenente generale Vernè morì il 7 gennaio 1937, e gli successe il luogotenente generale Ademollo Lambruschini. Nel novembre del 1936 elementi della 128ª Legione (Console Romegialli), formata da Camicie Nere valtellinesi esperti di combattimenti in montagna, conquistarono il Ras Dascian, la più alta montagna dell'Etiopia (5.020 m.) eliminando i ribelli che si erano vi si erano rifugiati, inseguendoli fin sui ghiacciai perenni della montagna. Si tratta dei combattimenti più ad alta quota della storia militare mondiale.

FINIS AETHIOPIAE. LA BATTAGLIA DI MAI CEU E LA CADUTA DI ADDIS ABEBA

L'8 marzo una duplice colonna, formata da irregolari indigeni, al comando del colonnello Vittorio Ruggero partì da Assab e Beilul, ed attraverso il deserto della Dancalia, malgrado temperature che raggiunsero i 64 gradi centigradi, occupò l'undici del mese Sardò, sede del sultano dell'Arussa Muhammed Jaio. Gli italiani si trovavano così a circa trecentocinquanta chilometri da Addis Abeba, a duecentocinquanta da Harar (la cui popolazione musulmana era favorevole agli italiani[368]) ed a solo centocinquanta chilometri da Dessiè, dove si trovava il principe ereditario Asfauossen, che scrisse preoccupato al negus a proposito della minaccia italiana, chiedendogli istruzioni urgenti. L'imperatore si limitò a rispondere di prospettare la situazione al consiglio dei ministri. La risposta porta a ritenere che il sovrano si fosse reso conto di come non vi fosse un serio pericolo che la colonna Ruggero potesse continuare la marcia verso l'interno dell'Etiopia; ma non è escluso che proprio la preoccupazione per il proprio fianco destro abbia spinto Haile Selassiè ad accelerare i tempi ed a dare battaglia a Mai Ceu[369]. Importante fu poi il ruolo svolto dalla colonna autocarrata Starace, la cui denominazione ufficiale era *Colonna celere A.O.*; al comando del Segretario del Partito Nazionale Fascista, Achille Starace, che indossava la divisa di Luogotenente Generale della Milizia, ma aveva il grado di Tenente Colonnello dei Bersaglieri, di cui portava il piumetto sul casco coloniale. Facevano parte della Colonna Celere A.O. il 3° reggimento Bersaglieri, il 182° battaglione Camicie Nere *Benito Mussolini* di Forlì, 16 autoblindo Lancia-Ansaldo 17, un nucleo di motomitragliatrici, un gruppo d'artiglieria da 77/28 autotrainato e da reparti del Genio e della sanità, con

---

[368] L'imam della moschea principale di Harar confidò ad Evelyn Waugh che era stato loro ordinato dal governatore abissino di pregare per la vittoria. *Ed è quello che facciamo ogni giorno, però non diciamo per la vittoria di chi.*
[369] Pignatelli 1965, pp.206-208.

un ospedale da campo. La colonna disponeva di 500 autocarri. Parallelamente alla *colonna Starace* mosse su Gondar una colonna di truppe eritree al comando del generale Cubeddu. La colonna si diresse su Gondar, che occupò dopo una marcia di trecento chilometri in territori mai esplorati da europei, superando notevolissimi problemi logistici, tanto che tre battaglioni[370] ad un certo punto procedettero a piedi, vista l'impraticabilità del terreno per i mezzi; la colonna celere non incontrò quasi resistenza militare ed ebbe nove morti e nove feriti[371]. Il negus si mise alla testa della Guardia imperiale e mosse da Addis Abeba verso nord. Chi lo accusa di aver errato non dandosi alla guerriglia dimentica che nei momenti decisivi della storia millenaria dell'Etiopia, il *negus negast* aveva sempre condotto personalmente l'esercito in battaglia. In questo modo Haile Selassiè, che per molti ras era ancora e solo l'usurpatore, l'*enderassiè* Tafari Makonnen, si presentava come l'unico sovrano legittimo dell'Etiopia. Il 21 marzo il negus assunse personalmente il comando dell'esercito e mosse incontro agli italiani. Le truppe di cui disponeva l'imperatore erano la Guardia, la *Kebur Zabagnà*, organizzata su sei battaglioni, ben equipaggiata e dotata di armi di produzione europea[372], molte delle quali vendute dalla Germania di Hitler[373], e tra le altre unità minori, risultato della ra-

---

[370] 20° e 25° btg. bersaglieri, 182° btg. CC.NN.
[371] Sulla *colonna celere A.O.* si leggano le pagine di Paolo Caccia Dominioni, che ne fu all'avanguardia: Caccia Dominioni 1966, pp.477 segg. oltre al volume dello stesso segretario del P.N.F.: Achille Starace, *La Marcia su Gondar*, Milano 1936.
[372] La Guardia imperiale disponeva di pezzi d'artiglieria *Schneider* da 75 mm, cannoni antiaerei da 37 mm *Oerlikon*, di mitragliatrici *Hotchiss* e *Skoda* e di cannoni anticarro *PAK 35/36*, ceduti dalla Germania insieme ai moschetti *Mauser K98*.
[373] Nell'estate del 1935 Hitler, nel quadro di due transazioni riservatissime, aveva fornito al governo del negus materiale bellico per un valore di circa quattro milioni di marchi, tra cui trenta cannoni anticarro (Fest 1973, p.613). La Germania continuò a fornire armi ed armi all'Etiopia anche dopo l'inizio delle ostilità, come dichiarò lo stesso negus Haile Selassiè in un'intervista rilasciata al quotidiano parigino *Le Figaro* del 26 marzo 1959. Dopo la tensione tra Italia e Germania seguita all'omicidio di Dollfuss nel 1934, Mussolini era detestato in molti ambienti nazisti (si ricordi che oltre all'invio di un corpo d'Armata al Brennero nell'estate del 1934, le grandi manovre del 1935 vennero tenute in Alto Adige): il giornale delle SS *Das Schwarze Korps* era decisamente filoetiopico ed antifascista. Come scrive F. Duprat nella sua storia delle SS *il giornale non si limitava a parteggiare apertamente per il Negus, si burlava an-

schiatura del barile, l'*armata dei ministeri*, forte di 11.000 uomini equipaggiati all'europea, arruolati tra gli impiegati statali[374]. Fu proprio quest'unità ad esser mandata all'attacco contro gli ascari a Mai Ceu, comportandosi sufficientemente bene. In totale il negus poteva disporre di oltre 30.000 uomini, che salirono a 77.000 con cinquanta cannoni e 1.700 mitragliatrici[375] alla vigilia della battaglia decisiva quando all'armata dell'imperatore si unirono le forze dei vari ras in ritirata dal Tigrai. Qualche chilometro a sud del passo Alagi il I Corpo d'Armata e il Corpo d'Armata eritreo si erano attestati lungo una linea facente perno sul villaggio di Mai Ceu, nella regione dell'Ascianghi, agli inizi dell'altipiano etiopico. Badoglio stava preparando un'azione offensiva, che avrebbe dovuto aver luogo il sei aprile, quando le divisioni italiane si fossero radunate[376]. Si riteneva, infatti, che le forze di Selassiè si sarebbero radunate lungo la cosiddetta strada imperiale, probabilmente nella zona di Dessiè, e lì si sarebbero attestate a difesa per sbarrare agli italiani la via d'Addis

---

che della crociata cattolica del Duce [sic!] *e faceva dei pronostici velenosi sulle aleatorie probabilità degli italiani di sconfiggere rapidamente le armate del Negus, pronostici poi sconfessati dai fatti* (Duprat 1998, p.51), lo stesso atteggiamento tenuto dal quotidiano del *N.S.D.A.P. Völkischer Beobachter* di cui si è già accennato; si veda sull'argomento De Felice 1974, p.731 e n.2. Alcuni nazionalsocialisti austriaci presero parte alla campagna a fianco degli etiopici, in odio a Mussolini: tra loro un certo Schlepper (descritto da Waugh come *un austriaco in costume alpino, coi capelli crespi del colore della paglia; certo il capogruppo, chiunque avrebbe pensato, di un qualche movimento mitteleuropeo della gioventù*) ed il pilota conte Carl von Rosen, che venne abbattuto dalla caccia italiana (Nicolle 1997, p.20). Contribuì probabilmente a tale atteggiamento anche l'aiuto concesso dall'Italia agli ebrei che espatriavano dalla Germania e l'adesione all'impresa etiopica della comunità israelitica italiana. Vi fu un tale afflusso di volontari ebrei da spingere il Ministero della Guerra e l'unione delle comunità israelitiche d accordarsi – per la prima ed unica volta nella storia italiana – per l'istituzione di un Rabbinato militare, che provvide alla designazione di tre cappellani di fede israelitica: v. De Biase 1966, p.25. Va detto che nel corso della guerra le relazioni italo-tedesche migliorarono, e la Germania inviò rifornimenti di carbone all'Italia (Fest 1973, pp.612-614).

[374] Era composta da una compagnia comando e sei *battaglioni*: ministero della Real Casa, dell'Agricoltura, del Tesoro e commercio, delle Finanze, delle Poste e telegrafi e del Ciambellano di Palazzo.

[375] Caccia Dominioni 1965, p.525.

[376] Pignatelli 1965, p.219.

Abeba[377]. Ciò che preoccupava il Comando Superiore non era lo scontro con il nemico, ma che il negus potesse sganciarsi evitando di ingaggiare una battaglia decisiva. Tuttavia giunsero notizie che l'armata del negus aveva attraversato il passo di Agumbertà, a sud dello schieramento italiano. Badoglio, che temeva che l'imperatore sfuggisse il combattimento, ne fu lieto, scrivendo a Mussolini che la sorte di Haile Selassiè, *sia che attaccasse, sia che attendesse il mio attacco, era ormai decisa: egli sarebbe stato completamente battuto*[378]. Il negus perse tempo – del resto era un politico anche spietato, ma non un soldato – e dal 24, com'era previsto inizialmente, l'azione venne rinviata al 28, poi al 31 marzo: ciò che consentì agli italiani di rinforzare le proprie posizioni erigendo muretti a secco, e di far passare definitivamente dalla propria parte gli Azebò Galla. I guerrieri Galla erano costituiti in bande di forza e costituzione variabile al comando dei propri capi feudali, ed armate, all'inizio di marzo, con circa tremila fucili[379], ed avevano scatenata una durissima guerriglia nelle retrovie abissine contro gli odiati dominatori ahmara, insidiando gli accampamenti, attaccando le truppe isolate e quelle in ritirata. Con tali audaci incursioni gli Azebò Galla avevano catturato sei o settemila fucili, e tenevano sotto il proprio controllo la regione da Corbettà a Ualdià. Come altri popoli dell'impero, i Galla considerarono, a torto o a ragione, la guerra del 1935-1936 una lotta di liberazione ed un'occasione di vendetta contro gli invasori cristiani. Si tralascia troppo spesso il ruolo della guerriglia anti etiope delle popolazioni sottomesse, che ebbe grande importanza alla fine della campagna. Si ricordi come l'Etiopia fosse un paese creato artificialmente da Menelik II tra la fine del XIX e gli inizi del XX secolo, con la conquista coloniale di territori e regni indipendenti, aventi cultura, tradizioni, lingua e religione diverse da quelle ahmara. Tale conquista, compiuta con metodi estremamente duri, e accompagnata dalla vendita di parte delle popolazioni in schiavitù (la popola-

---

[377] Scala 1952, p.465.
[378] Cit. in Montanelli, Cervi 1979, p.317
[379] Badoglio 1936, p.181.

zione del Ghimirra prima della conquista etiopica del 1897, era di circa 100.000 persone, nel 1912 di circa 20.000; nel Caffa erano stimati, sempre nel 1897, 1.500.000 abitanti, ridotti a 20.000 nel 1935; la regione di Imi, conquistata nel 1896 quando contava circa 150.000 abitanti, nel 1935 era spopolata), scavò un solco profondissimo tra gli ahmara e i popoli sottomessi, che portò a rivolte in regioni quali il Goggiam e poi alla rivolta ed alla guerriglia quando le cose volsero al peggio per il negus. Fattore determinante fu quello religioso. È facile lamentare, come fanno taluni storici o sedicenti tali, le duemila chiese bruciate in Etiopia, se non si hanno a mente le persecuzioni attuate sugli animisti e, soprattutto, sui musulmani. Specialmente questi ultimi vedevano nell'Italia la propria naturale protettrice, e si arruolavano nelle truppe coloniali o nelle bande irregolari incendiando le chiese copte, viste come simbolo dell'oppressione ahmara, senza che spesso gli ufficiali riuscissero ad impedire che venissero date alle fiamme. Ad esempio le dure rappresaglie sui diaconi di Debra Libanòs del maggio 1937 furono compiute dai galla di Mūhamm'ad [as] Sultan e del XLV battaglione musulmano (formato da harrarini), al comando del generale Maletti[380]. Un ufficiale disertore della Guardia imperiale, poi, fornì agli italiani informazioni dettagliate sul piano di battaglia e sulla composizione e la consistenza delle truppe del negus. Il 26 l'imperatore aveva telegrafato la propria decisione di andare all'attacco degli italiani all'imperatrice Menen:

Poiché la nostra fede è riposta nel nostro Creatore, e nella speranza che Egli ci aiuti, avendo noi deciso di avanzare e di entrare nelle fortificazioni [sic] e dato che l'unico nostro aiuto è Dio, confida in segreto questa nostre decisione all'Abuna, ai ministri e ai dignitari e rivolgete a Dio le vostre preghiere[381].

---

[380] Del Boca 1982, pp.104- 106.
[381] Telegramma di Haile Selassiè alla *uizerò* Menen, 26 aprile 1936; cit. in Pignatelli 1965, p.221.

Il rinvio della data dell'attacco era probabilmente dovuto alla devozione del negus: infatti il 31 marzo è la festa di San Giorgio, patrono dell'Etiopia, nella cui protezione il *re dei re* faceva affidamento per ottenere la vittoria. Inoltre, il 31 marzo cadeva di martedì, il giorno considerato propizio per intraprendere una battaglia nella tradizione abissina[382]. Quali migliori auspici per la battaglia? Alle cinque e quarantacinque del mattino 31 marzo, poco prima dell'alba, precedute dal tiro dell'artiglieria etiopica, tre colonne abissine comandate rispettivamente da ras Cassa Darghiè, da ras Sejum e da ras Ghetacciù mossero verso le posizioni tenute dalle due divisioni eritree e dalla 5ª divisione alpina *Pusteria*. Le prime due ore gli etiopici attaccarono senza risultati il fronte tenuto dai battaglioni del 7° reggimento *Feltre*, e *Pieve di Teco*, con il battaglione *Exilles* in seconda schiera, fiancheggiati dal battaglione *Intra* verso passo Mecan occidentale, e dalla 2ª divisione eritrea verso passo Mecan orientale. Malgrado la foga degli attacchi etiopici diretti soprattutto contro gli Alpini prima e poi contro gli ascari, gli abissini non riuscirono mai ad intaccare seriamente le linee italiane. A mezzogiorno iniziò l'attacco dei sei battaglioni della *Kebur Zabagnà* contro la 1ª divisione eritrea, dirigendo l'attacco contro il settore del X battaglione *Ruggero*[383]. Si trattava di circa 30.000 uomini superiori come armamento contro un singolo battaglione. Le Guardie riuscirono in un primo momento ad impadronirsi di passo Mecan orientale, del *Ditale rovesciato* e del *Costone delle euforbie*. Rimase celebre il messaggio inviato dal comandante della compagnia mitraglieri del X, il capitano Raffaele Tarantini, al comando della 2ª divisione eritrea, e che riassume la durezza dei combattimenti: *Fra poco saremo tutti morti, ma anche i morti*

---

[382] Ruggeri 1988, p.6.
[383] Sia Del Boca 1979, p.631 che Mockler 1972, p. 133 (che probabilmente riprende Del Boca senza citarlo) riportano che gli ascari prima dello scontro intonarono l'*Ascianferè*: *Fascie e fucili dei Battaglioni ascari eritrei/ Ascianferè! Ah...o...o!/ Sono scesi come i falchi/ Come gli avvoltoi sono scesi sulla preda! Ascianferè... Ascianferè! Ah...o...o!* (Del Boca 1979, p.631 n.631).

spareranno [384]. Alla 11 e 25 il X battaglione eritreo passò al contrattacco, insieme con il comando di del III gruppo e le salmerie; verso mezzogiorno e trenta vennero inviati a riconquistare le posizioni perdute anche i battaglioni eritrei del VII gruppo della 2ª divisione, guidato all'attacco dal comandante, tenente colonnello dei Granatieri Corso Corsi, a cavallo. In testa al VII gruppo erano gli ascari del IV battaglione *Toselli*, condotti all'assalto dagli ufficiali al grido di *Arrai Toselli!*, seguiti dagli altri battaglioni, il V *Ameglio*, il XIX *Cafaro* e da duecento ascari d'artiglieria del IV gruppo rimasti senza munizioni ed utilizzati come fanteria. I battaglioni ascari si gettarono in un attacco frontale contro le mitragliatrici della Guardia, riconquistando il passo Mecan orientale, appoggiati sul fianco dagli Alpini del battaglione *Pieve di Teco*. Alle sedici il negus scagliò due attacchi simultanei contro le due divisioni eritree e contro gli Alpini del battaglione *Intra* [385], che erano fiancheggiati dal VI gruppo Camicie Nere d'Eritrea, sotto il comando del console generale Renzo Montagna, e da una banda autonoma eritrea. Decimata dal fuoco degli Alpini, che passarono al contrattacco, appoggiati con grande efficacia anche dal LXXI battaglione Camicie Nere *Alberico da Barbiano* (Ravenna) che intervenne di propria iniziativa mentre era di rincalzo, la Guardia ripiegò, mentre le batterie da montagna italiane bersagliavano i fuggiaschi. La resistenza degli Alpini e l'assalto delle Camicie Nere ravennati ebbe come testimone, dalle file etiopi, il colonnello Konovaloff, che scrisse parole colme d'ammirazione:

I soldati italiani [gli Alpini dell'*Intra*] non dimenticano mai il loro dovere e gli ordini avuti per bene eseguirlo, perciò non perdono tempo, i loro mitraglieri vedono tutto e senza fermarsi di-

---

[384] Pignatelli 1965, p.224. Del Boca riporta un'altra versione: *Siamo tutti feriti. Spariamo. Tra poco spareranno anche i morti* (Del Boca 1979, p.632).
[385] Tra i caduti dell'*Intra* vi fu l'alpino novarese Attilio Bagnolini, 23 anni, che colpito sulla propria mitragliatrice gridò: *Pâis, feila vëddi! (Paesani, fategliela vedere!)*. Fu decorato di Medaglia d'Oro alla memoria (Caccia Dominioni 1966, pp.530-531). Il grido divenne il motto del battaglione *Intra* e del sommergibile intitolato al nome di Bagnolini.

rigono il fuoco dove è necessario. L'ufficiale, durante il combattimento, dà gli ordini in piedi. Uno di essi indica ai suoi uomini il bersaglio con il bastoncino.

Ed ecco come l'ufficiale russo descrive il contrattacco dei Legionari:

L'attacco, condotto con sovrano disprezzo del pericolo, riusciva ad arrestare su quel settore la pressione abissina, obbligava le truppe dl Negus alla ritirata e quindi, incalzandole da presso le costringeva nel pomeriggio a ripiegare definitivamente e in disordine verso le posizioni di partenza[386].

Le divisioni eritree, gli Alpini dell'*Intra* e le Camicie Nere del Console Montagna meritarono la citazione sul Bollettino di Guerra:

L'azione concorde delle due Divisioni eritree sulla sinistra, il saldo contegno del battaglione Alpini "Intra", sulla destra, sostenuto dai reparti CC.NN. del 6° Gruppo battaglioni e dalle bande dello Scimerzana, decidevano della giornata.

L'attacco delle Guardie imperiali era stato condotto con grande determinazione, ben esemplificata dall'episodio dell'ufficiale etiope moribondo che rifiutò le cure italiane, e, indicando con la mano le centinaia di cadaveri disse*: Abbiamo giurato all'Imperatore di tornare vittoriosi o di morire. Ecco. Abbiamo mantenuto il giuramento. Siamo tutti morti.* Ma il suo fallimento ed il contrattacco italiano aveva portato al crollo del morale dei soldati di Haile Selassie: *interrogando al riguardo diversi capi abissini* – ricorda ancora Konovaloff la sera della battaglia – *essi ripetevano concordi che era impossibile fare qualcosa contro gli italiani: "Sono troppo gobos (coraggiosi, forti)".* La sera del 31 marzo il negus telegrafò dal suo quartier generale di Ajà all'imperatrice, la *uizerò* Menen, e pur vantando il valore dei

---

[386] Th. Konovaloff, cit. in Lucas, De Vecchi 1976, p. 108.

soldati etiopi dovette ammettere la sconfitta. La notte degli italiani trascorse nell'attesa di un nuovo attacco etiopico l'indomani; le munizioni cominciavano a scarseggiare, e la pioggia intermittente impediva il riposo. Il primo aprile, verso le sei, vi fu un ultimo tentativo abissino contro gli ascari ed il *Pieve di Teco*, che venne respinto; poi iniziò caoticamente la ritirata etiopica. Le demoralizzate truppe del negus avevano ormai perso ogni coesione militare. Mentre tentavano di raggiungere le retrovie ed il cuore dell'Etiopia vennero bombardate e mitragliate ripetutamente[387], e massacrate dalla cavalleria Galla, e la ritirata si tramutò in rotta; la rotta in fuga disperata. Era così terminata l'ultima offensiva etiopica, e con la sconfitta dell'imperatore e della sua Guardia la campagna del fronte nord era praticamente giunta al termine. Attento come sempre agli aspetti che oggi si definirebbero *mediatici*, ed all'autoesaltazione della propria figura di condottiero, Badoglio battezzò la battaglia appena conclusa *del lago Ascianghi*, anche se il lago dista una trentina di chilometri dal teatro del combattimento. Il 2 aprile Selassiè lasciò Ajà ed intraprese con i ventimila uomini rimastigli la ritirata verso il lago Ascianghi e la città di Dessiè, dove sperava di poter resistere insieme al principe ereditario Asfa Uossen ed alle sue truppe. Incalzato dagli ascari del Corpo d'Armata eritreo, dai bombardamenti e dagli attacchi degli Azebò Galla, quello che era stato l'esercito del negus do-

---

[387] Secondo Mockler 1972, p.133, nel corso della battaglia di Mai Ceu *gli Oerlikon abbatterono trentasei aerei*. Tali cifre bastano per stabilire la serietà e l'attendibilità di certi autori. Nel corso dell'intero conflitto etiopico, sui circa cinquecento aeroplani utilizzati dalla Regia Aeronautica, vennero abbattuti solamente otto apparecchi mentre 251 furono colpiti dal fuoco avversario. I piloti italiani effettuarono complessivamente 50.634 ore di volo compiendo 2.091 azioni di bombardamento e ricognizioni offensive e 3.650 azioni di esplorazioni lontane e vicine, trasportando 1.563 persone. Vennero lanciati 1.853.000 kg di esplosivo e 1.074.000 kg di rifornimenti. L'aeronautica ebbe 48 morti tra piloti e personale specializzato e cinquanta feriti (D'Avanzo 1981, p.205 n.24). Secondo Del Boca, dei settanta apparecchi che attaccarono le truppe abissine durante la battaglia di Mai Ceu, diciassette vennero colpiti dalla contraerea (tra cui l'aereo di Bruno Mussolini), ma non ne venne abbattuto nessuno; durante la fuga del negus ne vennero colpiti ventotto, abbassatisi a bassissima quota per mitragliare, e ne fu abbattuto uno, quello del capitano pilota Tommaso Fabbri: Del Boca 1979, pp.628 e 642.

vette affrontare anche la guerriglia delle popolazioni locali, sia per voglia di bottino, sia per odio verso il regime coloniale imposto dagli scioani. A titolo d'esempio, si può citare quanto annotato dal diario storico della divisione *Sabauda*:

9 aprile 1936: […] Il capitano Marone dei Reali Carabinieri, ha raccolto numerose testimonianze secondo le quali a Deraità la Guardia Imperiale è stata attaccata dai paesani. Le salmerie del Negus sono state saccheggiate anche da nuclei di armati abissini di Ras Destà[388].

Si giunse al punto che alcuni reparti dovettero pagare un tributo per poter proseguire la ritirata senza essere attaccati. Poco prima di giungere a Dessiè il negus ebbe la brillante idea di compiere un pellegrinaggio alle chiese della città santa di Lalibelà per implorare l'aiuto della Madonna; perse così dei giorni preziosi scoprendo poi che Asfa Uossen aveva abbandonato la città senza combattere, e che il 15 vi erano entrati gli ascari della IIa brigata eritrea. Il dodici aprile, intanto, Badoglio aveva indirizzato un proclama col quale estendeva l'abolizione della schiavitù anche ai territori appena conquistati:

Genti del Tigrè, dell'Ahmara, del Goggiam, udite:
La schiavitù è avanzo di antica barbarie che vi espone al disprezzo di tutto il mondo civile.
Ma dove è la bandiera italiana non vi può essere la schiavitù.
Perciò nel Tigrè, nell'Ahmara, nel Goggiam, dovunque è la bandiera d'Italia, la schiavitù è soppressa.
È vietata la compera e la vendita degli schiavi.
Gli schiavi che sono nei vostri paesi sono liberati.
Quelli che hanno bisogno di aiuto si presentino alle Autorità Italiane: riceveranno aiuto e protezione.
Chi contravverrà alle disposizioni del presente bando sarà punito secondo la legge[389]

---

[388] Diario storico della 30ª divisione di fanteria *Sabauda*, rip. in De Biase 1966, p.45.
[389] Rip. in Goglia, Grassi 1993, p.357.

Giunto a Dessiè il 20 aprile Badoglio, preoccupato per l'arrivo della stagione delle piogge che avrebbe costituito certamente un intralcio alle operazioni, decise di intraprendere quella che battezzò la *Marcia della Ferrea Volontà* su Addis Abeba. Organizzò tre colonne, una autocarrata e due a piedi: la colonna autocarrata comprendeva la divisione *Sabauda*, la seconda brigata eritrea, il battaglione Granatieri, una compagnia del reggimento *San Marco* in rappresentanza della *Regia Marina*, tre gruppi d'artiglieria di piccolo e medio calibro, uno squadrone carri veloci e reparti del Genio. Le altre due colonne appiedate, costituite da reparti eritrei, avrebbero preceduta la colonna centrale. In totale si trattava di diecimila soldati italiani ed altrettanti eritrei, con 1.725 automezzi. La partenza venne stabilita per il ventisei aprile. Mentre Badoglio si avvicinava alla capitale etiopica, Haile Selassiè convocò il consiglio per decidere come comportarsi: se cioè unirsi a ras Immirù e continuare a combattere, oppure se abbandonare l'Etiopia. Ventitré dei più alti dignitari di corte si dichiararono per l'abbandono del paese, ed alle 4.20 del due maggio il negus fuggì sulla ferrovia Addis Abeba-Gibuti, accompagnato, fra gli altri, da ras Nasibù e da Wehib Pasha, partiti precipitosamente dal fronte sud abbandonando le proprie truppe. L'imperatore lasciò Addis Abeba dopo aver impartito l'ordine di liberare tutti i detenuti comuni e di mettere a sacco la capitale per far trovare agli italiani terra bruciata. Si portava dietro come prigioniero ras Hailù Teclamainot, governatore del Goggiam, il quale riuscì a fuggire, o fu liberato, a Dire Daua, e corse a sottomettersi ed a collaborare con gli italiani. A Gibuti l'ex negus s'imbarcò prima su di un incrociatore inglese, l'*H.M.S. Norfolk*, e poi su una nave di linea, recandosi prima in pellegrinaggio a Gerusalemme e poi in Europa[390]. Ad Addis Abeba la situazione era drammatica per i saccheggi e gli assalti a negozi ed abitazio-

---

[390] Il governo italiano non toccò i fondi depositati dal padre del negus, ras Makonnen, presso il Banco di Roma, ora di proprietà dell'ex imperatore fuggiasco. Ras Makonnen aveva depositato, a cavallo del secolo, oltre due milioni di franchi oro, saliti, per gli interessi, ad ottocento milioni nel 1974: Del Boca 1984, p.544 n.95.

ni di europei. Solo alcune ambasciate e qualche villino europeo ben difesi da guardie armate non furono saccheggiati, mentre il ghebbì imperiale venne risparmiato dalle fiamme, perché, come racconta Konovaloff, il negus temeva che farlo bruciare avrebbe portato sfortuna. Fu lo stesso negus a far asportare quanto possibile dal *ghebbì*, e *in un impeto di rabbia strappò violentemente le cortine di seta che ornavano il baldacchino del trono e gridò agli astanti: prendete tutto, saccheggiate, non lasciate nulla agli italiani!*[391] Ma dopo la sua partenza anche il ghebbì venne saccheggiato e devastato, e persino i leoni tenuti in una gabbia quale simbolo dell'ormai caduto impero vennero uccisi a fucilate. Le strade erano ingombre di cadaveri umani, di carogne, di mobili e suppellettili saccheggiate e distrutte. Molti europei, atterriti dalla situazione di totale anarchia, si erano rifugiati nelle ambasciate inglese e francese, e l'arrivo degli italiani era atteso con ansia come una liberazione. Nel pomeriggio di martedì cinque maggio Badoglio arrivò con la colonna autocarrata sulle alture di Entotto, da dove poteva vedere, in basso, gli eucalipti e le costruzioni di Addis Abeba. Per entrare nella capitale etiopica sarebbero occorse altre due ore, ma il Maresciallo fece inviare a Roma il celebre telegramma, il cui testo aveva scritto su un foglio di carta a quadretti con il lapis copiativo: *Oggi, cinque maggio, alle ore 16, alla testa delle truppe vittoriose, sono entrato in Addis Abeba*[392]. Poi, alle porte della città, il Maresciallo lasciò l'automobile e salito a cavallo, entrò nella capitale dell'Etiopia. Sotto la pioggia fitta dei tropici il gruppo di cavalieri procedette sino all'ambasciata d'Italia, dove alcuni fanti del 73° fanteria *Sabauda* avevano issato il tricolore. Addis Abeba era stata presa senza sparare un solo colpo. Il personale delle varie legazioni straniere accolse in modo differente gli italiani: freddi ma corretti i francesi[393], con simpatia gli statunitensi che applaudirono il passaggio dei fanti, mentre all'ambasciata tede-

---

[391] Konovaloff 1938, introduzione.
[392] Badoglio 1936, p.202.
[393] Il rappresentante francese Bodard aveva tutelato gli interessi italiani nel corso della guerra, proteggendo anche gli italiani rimasti ad Addis Abeba dopo la fuga del negus (Graziani 1947, p.110).

sca le impiegate corsero ad abbracciare i soldati italiani al grido di *Heil Mussolini!* [394]. Gli inglesi schierarono davanti alla loro legazione una guardia d'onore, formata da soldati del Punjab, che presentò alle armi alle truppe di Badoglio, le quali, passando davanti all'edificio salutarono i britannici con pernacchie talmente potenti *da staccare,* come affermò il vice console inglese, *i quadri di Sua Maestà dalle pareti* [395]. Alle due e mezzo di notte del 9 maggio le truppe di Graziani, più esattamente i militi del battaglione *Curtatone e Montanara*, interamente formato da studenti universitari[396], entrarono a Dire Daua, e prendendo possesso della ferrovia Gibuti-Addis Abeba, sino ad allora sorvegliata da un distaccamento di militari francesi che avevano evitato il saccheggio della stazione. A mezzogiorno giunse da Addis Abeba, su un treno, il 46° reggimento fanteria della divisione *Sabauda*, i cui ufficiali si meravigliarono di incontrare le Camicie Nere[397]. I due reparti si schierarono l'uno di fronte all'altro lungo i binari della ferrovia, e si presentarono reciprocamente le armi.

Il due fronti si erano riuniti ponendo fine a sette mesi di ostilità. La sera stessa Mussolini annunciò la proclamazione dell'Impero, ed il re Vittorio Emanuele III assunse, per sé e per i suoi successori il titolo di imperatore d'Etiopia.

---

[394] Artieri 1995, p.129.
[395] Bandini 1980, p.376
[396] Il battaglione *Curtatone e Montanara* era aggregato alla 221ª legione *Italiani all'estero* del console Piero Parini, appartenente alla 6ª divisione CC.NN. *Tevere*. Si veda il capitolo sulla M.V.S.N. sul fronte somalo.
[397] Pignatelli 1965, p.274. Si veda più avanti il capitolo sulla M.V.S.N. in Somalia.

LA M.V.S.N. SUL FRONTE SOMALO

La divisione CC.NN. Tevere

In Somalia operò la 6ª divisione Camicie Nere *Tevere*, comandata dal generale di divisione P. Boscardi. La divisione *Tevere* fu l'unica grande unità della M.V.S.N. ad esser presente su quello che era ritenuto un fronte secondario, ma lo sviluppo della campagna nel deserto dell'Ogaden si dimostrò fondamentale per la vittoria italiana: inoltre l'utilizzo di una concezione moderna della guerra da parte di Graziani, che ripeté l'exploit della conquista di Cufra con una marcia rapidissima in terreni ritenuti impraticabili, insieme con l'utilizzo della meccanizzazione e dei carri come strumento di vittoria contro forze ben fortificate, armate modernamente costituì il primo esempio di quella che sarebbe divenuta nota quattro anni dopo come *Blitzkrieg* e che gli italiani – che sembrarono dimenticarsene – avevano battezzata *guerra di rapido corso*. Era costituita da:

219ª Legione *Vittorio Veneto*. Console Enzo Galbiati[398]:
CXIX Btg.
CCXIX Btg.

La Legione era formata da ex combattenti veterani della Guerra 1915-1918, delle classi dal 1880 al 1900;

220ª Legione. Console Mario Mazzetti:
CCI Btg. (mutilati di guerra)
CCXX Btg. (ex Arditi di guerra);

142ª Legione *Fasci Italiani all'estero*, Console Piero Parini
CCXXI Btg.

---

[398] Galbiati si distinguerà sul fronte greco-albanese, e nel 1942 divenne Comandante Generale della MVSN, grado che rivestì sino al 26 luglio 1943: cfr. Romeo di Colloredo 2008c e id. *I Pretoriani del Duce*, Roma 2009, p.80

CDXXI Btg.
Formata da fascisti residenti all'estero;

321ª Legione, *Italiani all'estero*, Console Giovanni Cangemi.
CCCXXI Btg.
? Btg. (numerazione sconosciuta)[399];

VI Btg. Mitraglieri CC.NN. *Curtatone e Montanara*, formata da volontari della Milizia Universitaria, su sei compagnie (850 uomini) comandante il ten. colonnello dei Granatieri Aroldo Vinciguerra;
VI Gruppo Cannoni (Regio Esercito)
Due battaglioni complementi Camici Nere
6ª compagnia speciale mista del Genio
Sezioni Reali Carabinieri
Ufficio di Commissariato
VI sez. sussistenza
VI sez. sanità
6° autoreparto misto
6° reparto salmerie divisionali.

---

[399] Sulla straordinaria popolarità del conflitto italo-etiopico tra gli emigranti italiani, che portò alla creazione di ben due legioni di volontari, giova citare una bella pagina di Giovanni Artieri: *nelle nostre comunità all'estero, risaltava tutta la differenza tra i tempi delle "flotte degli emigranti" e questi, sia pure incerti, e nuovi. Appetto a quel grande richiamo patriottico, a quella libera scelta di avventura e di conquista, l'acume e il buon senso popolare ponevano ricordi, non spenti, dei tragici inganni per attirare le torme dei disboscatori italiani ai margini della foresta amazzonica, in Brasile; nei campi di matè dei remoti territori argentini, le "ghenghe" degli zappatori; sulle tempestose spiagge dell'Australia e nelle piantagioni di canna da zucchero, le "paranze" dei manovali e dei tagliatori: tutte masse di Italiani abbandonate alla loro iniziativa, alla loro forza di sopravvivenza. Trascorse, e respinte in un clima di perfida favola, apparivano le tragiche settimane di persecuzione sanguinosa nelle province agricole provenzali: ove il sostantivo aggettivo di "crumiri" (cioè il nome di una tribù africana del deserto algerino) veniva applicato come un bollo d'infamia ai nostri contadini e vignaioli di pelle scura, siciliani e calabresi, lucani e napoletani, che accettavano di lavorare sotto costo durante gli scioperi. Finita appariva la condizione storica che aveva suggerito al Bresci, davanti ai giudici di Milano, la giustificazione del regicidio: "Perché gli Italiani all'estero sono trattati peggio dei maiali"* (Artieri 1978, p.468). L'aver ridato dignità di uomini ed orgoglio d'italiani agli emigranti, sebbene oggi dimenticato, è a parer nostro uno dei titoli morali più alti del regime mussoliniano.

Il comando di divisione fu costituito il 7 agosto 1935, il 15 ottobre vennero costituite le prime tre legioni, ed infine, il 6 novembre, la quarta (321ª). Dopo esser stata passata in rivista da Vittorio Emanuele III il 13 dicembre, il giorno successivo divisione fu imbarcata sul *Conte Biancamano* sbarcando a gennaio a Mogadiscio. In quel periodo le operazioni in Somalia segnavano un periodo di stasi, rotto solo con l'offensiva del Ganale Doria. Nella battaglia del Ganale Doria Graziani suddivise le proprie truppe in tre gruppi, al comando dei generali Maletti, Frusci e Bergonzoli, formanti tre colonne. Quella di centro, comandata dal generale A. Bergonzoli, era quasi totalmente autocarrata, con carri veloci, autoblindo e le mitragliatrici montate su camion dei *Lancieri di Aosta*. Il 19 gennaio i gruppi celeri *Aosta* e *Genova* entrarono a Neghelli, obiettivo dell'offensiva, a 380 km di distanza dalle basi di partenza. Nel successi della manovra però vi fu una nota negativa: la diserzione di quasi un migliaio di ascari della IV brigata, in parte passati al nemico, in parte sconfinati nel Kenya britannico. L'offensiva che Graziani avrebbe dovuto lanciare nell'Ogaden ai primi di marzo venne ritardata ad aprile, soprattutto per permettere l'arrivo degli autocarri (molti dei quali erano *Ford* acquistati direttamente negli Stati Uniti) e per concordare l'azione con le truppe di Badoglio sul fronte nord. Sul fronte3 somalo più che il comandante nominale ras Nasibù, il vero avversario da battere era il generale turco Wehib Pasha, veterano della guerra di Libia del 1911-1912 e della vittoriosa difesa dei Dardanelli contro gli anglo-francesi nel 1915. Lo stesso Haile Selassie infatti aveva dato al ben più espero generale turco l'autorizzazione a condurre la campagna secondo quanto ritenesse opportuno, anche contro gli ordini di Nasibù, qualora Wehib Pasha l'avesse trovato necessario[400]. In effetti il Pasha era un ottimo generale, attento anche ai risvolti psicologici dell'avversario, ed elaborò un piano offensivo basato sull'irruenza di Graziani, sulla sua avidità di gloria, e sulla com-

---

[400] G. Artieri, *Cronache del Regno d'Italia*, 2. *Dalla Vittoria alla Repubblica*, Milano 1978, p.488.

petizione con Badoglio. Secondo Wehib, una volta conquistata Gorrahei Graziani si sarebbe gettato avanti con irruenza: a quel punto Wehib avrebbe – con o senza Nasibù – tagliato fuori le truppe italiane nel saliente che collegava Gorrahei con Ferfer e Gabrihidazi, dove era stato costruito un forte campo trincerato sulla strada che proseguiva verso Hamanlei, Sassanebeh, Dagabur, sino a Giggiga. L'altro versante del saliente seguiva la sponda dello Uebi Scebeli sino al posto avanzato italiano di Callafò, oltre cui le uniche forze italiane erano le bande del sultano degli Sciaveli, Olol Dinle, alleato dell'Italia, ed un migliaio di Dubat. Wehib intendeva percorrere l'Ogaden per 1.300 chilometri, in una savana desertica e spinosa e con pochissimi pozzi d'acqua, impadronirsi della base di Belet Uen e tagliar fuori le truppe di Graziani. Se Wehib avesse avuto a disposizione truppe europee al posto di quelle abissine, il piano avrebbe avuto forse maggiori possibilità di successo. Ad ogni modo, Wehib aveva anche un piano meno ambizioso: cedere terreno temporeggiando, sino a che le piogge avrebbero bloccato l'avanzata italiana, con le truppe di Graziani sempre più lontane dalle basi di rifornimento ed attaccate sui fianchi da incursioni di guerrieri abissini che avrebbero compito colpi di mano contro i depositi e le linee di comunicazione. In più Wehib aveva provveduto a creare, grazie alla stampa neutrale, soprattutto britannica, il mito di una *Linea Hindemburg* africana sul fronte Sassanebeh-Bulale, costruendo vistose trincee e reticolati, il che portò gli la Regia Aeronautica a bombardare Sassanabeh sprecando ingenti quantità di bombe. Graziani teneva d'occhio le mosse di Wehib (o meglio, ufficialmente, di ras Nasibù) senza darsene soverchio peso, ed utilizzando gli irregolari di Olol Dinle come esca davanti a Callafò, preparandosi a impegnare contro gli etiopici la divisione *Libia* del generale Nasi, nella zona di Badu Danan, verso cui la ricognizione aerea aveva segnalato i movimenti offensivi del nemico. Ad aprile, quindi, in vista dell'offensiva finale su Harar, Graziani dispose la suddivisione della *Tevere* tra le colonne Frusci ed Agostini. Mentre Badoglio incalzava lo sconfitto Haile Selassie, sul fronte somalo era in corso l'offensiva di Graziani su Harar, distante cinquecento chilometri, iniziò il 14 aprile. Le truppe di Graziani, interamente motorizzate, erano composte da 38000 uomini di cui 15600 italiani. La prima colonna, al comando del generale Nasi, era la più forte e comprendeva anche il raggruppamento celere comandato dal Console generale della M.V.S.N. Francesco Navarra Viggiani; aveva lo scopo di attaccare il fianco sinistro di ras Nasibù, arroccato su linee difensive di tipo moderno, che come si è visto erano state ideate da Wehib Pasha, uno dei difensori di Gallipoli nel 1915, giova ripeterlo: colui che aveva inchiodato, ed alla fine costretto al reimbarco francesi, inglesi ed australiani con le proprie fortificazioni, salvando – almeno temporaneamente – Costantinopoli e l'Impero Ottomano, e che conosceva gli italiani sin dalla guerra di Libia. Nasibù disponeva di forze pari numericamente a quelle italiane, per di più ben armate con cannoncini anticarro e mitragliatrici. La colonna di centro (generale Luigi Frusci) era formata dalla 221ª Legione del console Parini, da sette battaglioni coloniali, due compagnie di carri veloci e due gruppi bande ed aveva come obiettivo Dagabur; la colonna di destra (Luogotenente generale della Milizia Forestale Augusto Agostini) formata da Carabinieri, Finanzieri, Camicie Nere ed artiglieria avrebbe attaccato la destra avversaria. Il generale Graziani tenne poi a disposizione una riserva motocorazzata. Le truppe etiopiche avanzarono su Badu Danan, ma Graziani non andò ad ingaggiarle, proseguendo la spinta verso Dagabur, penetrando in avanti grazie alla superiore velocità, ponendosi alle spalle dell'intera linea di Nasibù. Su Dagabur convergevano le colonne di Frusci e di Agostini, ed a questo punto, combinandosi i movimenti opposti di Nasibù e Wehib verso sud e di Graziani verso nord, il comando italiano si rese conto di poter tagliar fuori tutta la parte centrale e parte dell'ala sinistra dell'intera armata di ras Nasibù. Gli scontri furono talmente duri che venne costituita un'ulteriore colonna al comando del generale Vernet.

Tra il 15 ed il 18 aprile le truppe di Nasibù si scontrarono a Gianagabò con la *Libia*. Gli scontri furono feroci: i libici avvolsero gli etiopici, e persero mille uomini all'incirca, gli etiopi duemila.

Questa volta le parti erano invertite, e furono gli ascari libici a mutilare i cadaveri degli abissini[401] I reparti di Nasibù, disfatti si dispersero nella savana, inseguiti dai libici; altri, più fortunati, aiutati dall'arrivo delle violente piogge monsoniche, che procurarono l'acqua, fuggirono verso le alture di Chercher, ad ovest di Harar. Dal 14 al 30 aprile la colonna Frusci partecipò alla battaglia dell'Ogaden lungo la direttrice Gorrahei-Gabredarre-Sassanabeh- Dagabur, con un'avanzata di 216 chilometri. La colonna Frusci venne impegnata duramente il 24 aprile, e la 221ª Legione ebbe il battesimo del fuoco ad Hamanlei, che venne conquistata nella serata. La colonna Agostini, a destra della colonna Frusci, avanzò lungo la direttrice Gherlogubi-Afdub-Uarder-Ado-Curati-Bullaleh-Dagabur, per 260 chilometri. Il 24 aprile la colonna attaccò le linee fortificate di Gunu Gadu, create da Wehib Pasha, uno dei difensori di Gallipoli nel 1915; si distinsero in particolare la Milizia forestali, Dubat e Carabinieri, affiancati dai *CV33* in versione lanciafiamme. Il cinque maggio, ostacolate solo dalle fortissime piogge, le colonne autocarrate presero Giggiga, ed infine l'otto Graziani prese Harar dove, come annunciava un telegramma del Duce, lo aspettava il bastone di Maresciallo. Per percorrere i 250 chilometri da Dagabur ad Harar si dovettero abbandonare molti automezzi bloccati dal fango; finalmente un rallentamento nel maltempo permise di arrivare ad Harar, dove gli italiani entrarono alle dodici e quarantacinque dell'8 maggio[402]. Graziani non potè essere con le sue truppe, perché il giorno prima era rimasto ferito cadendo in un trabocchetto profondo sei metri in una chiesa copta di Giggiga[403].

---

[401] Ibid., p.489.
[402] Pignatelli 1965, p.273.
[403] Ibid. p.272. Si è ipotizzato un attentato, ma non è provato. Al centro del trabocchetto c'era un palo appuntito: *Entrai in una delle due porte frontali, discesi qualche gradino per raggiungere il pavimento. Subito dopo, al muovere dei primi passi, ebbi l'impressione di mettere in piede in fallo, come quando si scende una scala. Allorché ripresi i sensi smarriti mi trovai nel fondo d'un pozzo, che poi si calcolò della profondità di circa sei metri. Provai la sensazione d'aver sotto i piedi una materia morbida e viscida. Le mie mani si aggrapparono d'istinto su qualche cosa che era un palo piazzato al centro [...] Avevo riportato non so più quante contusioni, alla base fronta-*

Il 9 maggio, quattro giorni dopo la presa di Addis Abeba, le Camicie Nere universitarie del *Curtatone e Montanara*, giunte a piedi, combattendo con gli etiopici in rotta, a Dire Daua si incontrarono con truppe del 45° Fanteria *Reggio* della divisione *Sabauda* giunti dalla capitale etiopica in treno, che ebbero la sorpresa di vedersi rendere gli onori dai militi. Mentre le fanfare suonavano la *Marcia reale* e *Giovinezza* il Seniore Di Gennaro stringeva la mano del maggiore Pittau. Le truppe di Badoglio e quelle di Graziani si erano finalmente riunite. Ma la fine ufficiale delle ostilità non segnò il termine delle operazioni. Il cinque giugno, a guerra finita la 219ª Legione *Vittorio Veneto* dislocò le proprie compagnie nei vari presidi e pose il proprio comando di Legione a Moggio. Il 24 la 219ª conquistò Meda col suo battaglione misto, e due giorni dopo venne dislocata a difesa della linea ferroviaria Gibuti-Addis Abeba; il comando Legione venne stabilito nella capitale etiopica. La 220ª Legione sostenne il grande assalto dei ribelli alla ferrovia il 6 luglio: la linea venne interrotta, le linee telefoniche vennero tagliate ed un treno attaccato ed assediato; le Camicie Nere della 220ª resistettero a Les Addas per due giorni, riuscendo a mettere in rotta i ribelli etiopici l'otto luglio. In particolare si distinse il CCI battaglione, con il Capomanipolo Mantovani che morì gridando *Viva l'Italia! Viva il Re! Viva il Duce!* mentre guidava le sue Camicie Nere in un contrassalto alla baionetta, ed il Capomanipolo Fanti che, accecato, continuò a dare ordini ai suoi uomini. Negli scontri morirono cinquantaquattro Legionari, venne gravemente ferito il Console Galbiati, ed il CCI battaglione ebbe due Medaglie d'Oro, al Capomanipolo Iridio Mantovani del CCI battaglione (alla memoria) ed al Capomanipolo Pietro Fanti, rimasto cieco.

---

le con sospetto di frattura, al ginocchio destro con larga asportazione di tessuto, al braccio e alla mano destra con abrasione. (Graziani 1947, pp.85-86).

La Coorte della Milizia Forestale

Un ruolo importante nelle operazioni suddette ebbero i militi forestali.

Sin dall'inizio della pianificazione della campagna, date le notevolissime difficoltà che la savana spinosa e le macchie dell'Ogaden ponevano ai combattimenti ed agli spostamenti si ritenne opportuno l'utilizzo di personale addestrato a muoversi ed a sopravvivere in ambienti particolarmente difficili, e la scelta era ovviamente caduta sugli uomini della Forestale. La Coorte della Milizia Forestale, alla cui testa era il Luogotenente generale Augusto Agostini, comandante della Specialità, aveva una buona dotazione di autocarri. Agostini aveva preferito un comando operativo di una singola coorte a quello dell'intera specialità e non aveva mancato di far pesare la propria personalità per ottenere un equipaggiamento al di sopra degli standard dell'epoca. La Coorte della Forestale si era imbarcata a Napoli l'8 ottobre 1935, e ai primi di dicembre entrò in linea tra Dolo e Malga Rie dopo che i suoi automezzi erano stati traghettati oltre il Giuba. Le informazioni giunte Graziani davano infatti come imminente l'attacco dell'esercito di Ras Destà, forse il miglior comandante etiopico, che aveva posto una cura speciale nell'addestramento e nell'armamento delle proprie truppe e che intendeva schiacciare le forze italiane, assai inferiori di numero, e di giungere a Mogadiscio; per affrontare la minaccia gli italiani iniziarono l'apprestamento di un campo difensivo, a scavare trincee ed a stendere reticolati. Una centuria proseguì oltre il Daua Parma[404] per unirsi al 4° reggimento fanteria *Piemonte*, al XIV battaglione mitraglieri arabo-somalo, a reparti di Dubat, all'artiglieria ed alle sezioni autoblindo e carri *CV33* lanciafiamme. Il comando del raggruppamento venne conferito al Luogotenente generale Agostini; il 28 dicembre, dopo aver visi-

---

[404] Era stato Vittorio Bottego a dare il nome della propria città natale al fiume Daua da lui esplorato nel 1892-1893, così come aveva ribattezzato Ganale Doria il fiume Ganale, in onore del presidente della Società Geografica Italiana. Vittorio Bottego, *Il Giuba esplorato*, Roma 1895.

tato il settore Graziani si rese conto della possibilità di colpire le truppe di Destà mentre erano in crisi di trasferimento, ed a tal scopo ordinò ad Agostini di muovere con la Coorte forestale, i Dubat e sezioni di autoblindate su Sadei, dove erano segnalate le truppe del ras. L'avanzata iniziò il 12 gennaio, e la Coorte, trasportata su cinquantasette autocarri (cosa insolita per l'esercito italiano!) passò il Daua Parma in piena a Malga Rie, dove imboccò una pista camionabile preparata da un gruppo di militi e Dubat che avevano passato il fiume nei giorni precedenti a tale scopo. In serata le CC.NN. forestali raggiunsero lo Uadi Iigon, dove sostarono per riprendere la marcia nottetempo per arrivare allo Uadi Boubou all'alba, e, in mattinata a Lebdei, dove erano le retroguardie di ras Destà, travolte dai militi che alle otto del mattino del 15 gennaio occuparono Sadei. Il giorno dopo la colonna Agostini, con la Forestale in avanguardia incalzarono gli etiopi tentando anche di impadronirsi del bestiame che costituiva la principale fonte di sostentamento dei negussiti. Raggiunte e superate Callegia 1ª e Callegia 2ª, le Camicie Nere dovettero scendere dai camion, che non riuscivano ad avanzare nella fitta savana composta da cespugli spinosi, per inseguire gli abissini, che vennero agganciati e che subirono forti perdite, da parte dei militi, addestrati ad operare in zone impervie ed all'interno delle macchie. Venne catturato il sultano della tribù dei Dagodia, alleato degli etiopi. Vennero anche annientati nuclei di guerrieri abissini rimasti entro le linee italiane. L'avanzata era stata di 130 chilometri in una zona mai percorsa da europei, ed il 18 la colonna Agostini mosse su Marsa Ghersi. La Coorte partecipò anche alle successive operazioni su Neghelli. Tra il 20 ed 23 gennaio la colonna, vinte le forti resistenze etiopiche con scontri all'arma bianca, con bombe a mano e pugnale[405], nel corso dei quali il vicebrigadiere Panfilo Di Gregorio si guadagnò la Medaglia d'Oro alla memoria, la prima della M.V.S.N. in Africa

---

[405] De Vecchi, Lucas 1976, p. 110.

Orientale[406], raggiunse Malga Libai. La Coorte creò anche un traghetto sul Daua Parma e terminò la strada camionabile attraverso la savana (6-7 febbraio). Verso la fine di marzo la Coorte forestale con una marcia di oltre un migliaio di chilometri raggiunse Uarder, dove si formò la nuova colonna Agostini, di cui facevano parte, oltre alle Camicie Nere, tremila Dubat, unità dei Regi Carabinieri e due batterie. La colonna avanzò per circa trecento chilometri nel deserto dell'Ogaden sul percorso Gunu Gadu-Bullahe-Dagabur, dove come detto, Nasibù aveva creato un forte campo trincerato. La colonna, con Dubat e Carabinieri, attaccò il 24 aprile, travolgendo le linee con l'aiuto fondamentale dei carri lanciafiamme che arsero vivi numerosi difensori nelle casematte, seminando il panico tra i superstiti. Alla colonna si aggiunsero gli universitari del VI battaglione CC.NN. *Curtatone e Montanara* della divisione *Tevere* e una sezione di autoblindo, e la colonna proseguì sconfiggendo gli etiopici a Sassanebeh ed occupando Dagabur la mattina del 30 aprile. Il 6 maggio Agostini era a Giggiga, l'8 ad Harar, il 9 il *Curtatone e Montanara* era a Dire Daua, dove si incontrò con le stupitissime truppe giunte dal fronte nord, che credevano di trovare Dire Daua ancora in mano etiope. Per il suo comportamento, il labaro della Coorte Forestale venne decorato di Medaglia d'Argento al Valor Militare, ed il Luogotenente generale Agostini venne decorato con l'Ordine Militare di Savoia, con la seguente motivazione:

Comandante di una colonna operante in uno dei settori più delicati ed importanti del fronte somalo che richiedeva particolari provvidenze logistiche, in oltre due mesi di operazioni, rivelava magnifiche qualità di comandante, di organizzatore e di combattente. Si inoltrava con le sue truppe in territorio nemico, attraverso notevoli difficoltà di terreno e di clima, aprendosi volta per volta la strada con i propri mezzi sosteneva vittoriosamente numerosi ed accaniti combattimenti, infliggendo all'avversario

---

[406] La decorazione porta la data 20-21 gennaio 1936; il solo 21 gennaio ben nove membri della M.V.S.N. ottennero la massima decorazione al Valore, tutti alla memoria.

ingenti perdite di uomini e di materiali e contribuendo validamente al successo delle operazioni in tutto il settore. Fulgida e luminosa figura di capo e soldato.

Dolo-Daua Parma, 7 dicembre 1935-12 febbraio 1936.

(R.D. n.182 del 15 ottobre 1936).

LE MILIZIE SPECIALI IN AFRICA ORIENTALE

MILIZIA PORTUARIA

Un primo nucleo della Milizia Portuaria, composto da un ufficiale, un caposquadra e dodici militi, era arrivato a Massaua con lo scopo di regolare il traffico marittimo e di sorvegliare il movimento di persone e materiali sbarcati sulle banchine. In seguito arrivarono in Africa Orientale altri nuclei destinati ai porti di Massaua e Mogadiscio, ed in un secondo momento, Assab. Complessivamente, durante il periodo bellico operarono due ufficiali, quattro sottufficiali e circa 120 Camicie Nere.

MILIZIA DELLA STRADA

La Stradale inviò in Africa Orientale regolando il traffico sulle strade appena aperte, disciplinando le colonne in marcia sia per via ordinaria che autoportate, effettuando servizi di staffetta e di scorta armata. Personale della Milizia Stradale era presente in Eritrea dal marzo del 1935; alle operazioni presero parte quattro ufficiali, dieci sottufficiali ed una trentina di militi. A membri della MVSN della Strada vennero concesse sette Croci di Guerra al Valor Militare.

MILIZIA POSTELEGRAFONICA

La Milizia Postelegrafonica costituì con il proprio personale (70 ufficiali e 40 sottufficiali) gli uffici di Posta Militare delle varie divisioni della Milizia operanti in Africa, venendo coinvolta, come a Passo Uarieu, nei combattimenti. A Passo Uarieu, nel Fortino dei Leoni, infatti, si trovava l'ufficio postale della *28 Ottobre*, ed anche il personale della Milizia Postelegrafonica partecipò alla difesa del passo.

Milizia Ferroviaria

Oltre ai volontari destinati alle Unità combattenti della M.V.S.N. subito dopo la conclusione delle operazioni la Milizia Ferroviaria costituì, nell'agosto del 1936, la 15ª Legione *Luigi Razza* per la sorveglianza e la difesa delle linee ferroviarie, spesso minacciate dai ribelli, e la scorta convogli.

Milizia Artiglieria Costiera e Difesa Contraerea

Le due specialità fornirono ufficiali e Camicie Nere della Batterie someggiate, tutte su pezzi da 65/17, presenti in ogni Legione, per un totale di quindici, tutte dislocate sul fronte eritreo, cui vanno aggiunte le quattro dislocate in Marmarica con la 7ª divisione CC.NN. *Cirene*.

EPILOGO. DA UNA GUERRA ALL'ALTRA

La guerra era dunque ufficialmente finita, anche se furono necessarie in seguito lunghe operazioni di *polizia coloniale* (eufemismo per indicare la controguerriglia) per domare le residue ribellioni nate un po' ovunque ed alimentate dall'appoggio inglese e francese[407]. Basti pensare ad episodi come l'attacco ad Addis Abeba del luglio 1936, all'attentato a Graziani, e così via[408]. Non si intende qui entrare nell'argomento, che esula dagli scopi del presente lavoro, ma alcune osservazioni vanno fatte. Non sempre è agevole distinguere tra la resistenza all'occupazione ed il semplice banditismo, endemico in Etiopia; le due cose tendevano spesso a confondersi tra loro[409]. Spesso tali bande, secondo l'uso etiopico, tendevano a vivere sulla popolazione, depredandola, e spingendola ad appoggiare gli italiani, almeno sinché le dure misure repressive non spingevano a nuove rivolte. Nel territorio di Galla e Sidamo le popolazioni rimasero indifferenti alla ribellione contro gli italiani, e spesso

---

[407] Bovio 1998, p.146. L'efficacia delle tattiche italiane di *polizia coloniale* in Africa Orientale fu tale che nel 1940 il capo del *Sichereit Dienst*, l'*SS Gruppenführer* Reinhardt Heydrich prese accordi con il ministro dell'Africa Italiana Attilio Teruzzi per l'invio di un gruppo di ufficiali dello S.D. a seguire un corso sulla lotta ai ribelli in Italia. 148 ufficiali tedeschi seguirono tre corsi, che si tennero dal 18 novembre 1940 al 31 marzo 1941 presso la Scuola di applicazione della Polizia dell'Africa Italiana (P.A.I.) a Tivoli; qui i tedeschi appresero le dottrine di controguerriglia che furono poi applicate in Europa orientale nel corso della IIa Guerra Mondiale (sull'argomento esiste un breve articolo molto superficiale: R. Tyre, "Italian African Police Courses for the SS", *Axis Europa Journal*, vol. IV, n.14 [1998] ristampato in Tyre 1999). Diverse fotografie di ufficiali del S.D. in Girlando 2003, pp. 40-44.

[408] A Les Addas, sulla linea Addis Abeba-Gibuti tra il 6 e il 7 luglio del 1936 il solo CCI Btg. CC.NN. della *Tevere* ebbe due ufficiali decorati di medaglia d'oro (Capomanipoli I. Mantovani – alla memoria – e P. Fanti – rimasto cieco); il gagliardetto del CCI Btg. venne decorato con la Croce di Guerra al V.M. ed il Labaro della 220ª Legione, cui apparteneva, di Medaglia di Bronzo: ciò è indice della durezza degli scontri. Si pensi, per contro, che in tutto il periodo della controguerriglia in Balcania (1941-1943) venne conferita *una sola* MOVM (S.Ten medico A. Friggeri, 1° Regg. Granatieri di Sardegna).

[409] De Biase 1966, p.79; Goglia 1985, p.12.

reagivano con le armi alle requisizioni dei nuclei rivoltosi. Come scrisse a Graziani il generale Negri Cesi, comandante della 5ª divisione alpina *Pusteria*, *le popolazioni terrorizzate accolgono le truppe italiane festosamente e attendono esemplari punizioni contro i briganti*. Il termine utilizzato dalla popolazione per indicare tali bande era *sciftà*, briganti, e non *arbegnuoc*; guerrieri, e del resto alcuni dei capi erano già dediti al brigantaggio dal tempo del negus, prima della guerra, come Teferrà Chebriannes, il cagnasmacc Coleb o il fitaurari Scitesciù. Il generale Nasi individuò una delle cause del ribellismo nel fatto che molti *ex soldati del Negus oggi sono briganti perché essendo finito il loro mestiere sono obbligati a procurarsi per forza il necessario per vivere. Da questo si vede che la pacificazione è anche connessa alla soluzione del problema di questa causa di disoccupazione*[410]. L'unica formazione ribelle a carattere non brigantesco era quella del *balambaras* Abebé Aregai, ex capo della polizia di Addis Abeba, forte di tre-quattromila uomini. In totale, nel momento di maggior sviluppo della rivolta, nel 1937-38, i ribelli avevano una forza complessiva tra i sedicimila ed i ventimila uomini[411]. L'effettiva realtà della resistenza fu gonfiata molto, non solo dalla propaganda filo etiopica ed antifascista, ma dagli stessi militari italiani, molti dei quali non avevano partecipato alla guerra ed avevano un'ignoranza totale della realtà dell'Africa Orientale, a caccia di facili promozioni, pronti ad enfatizzare l'entità dei ribelli per ottenere avanzamenti di carriera e decorazioni, troppo spesso a danno delle popolazioni locali, fatte passare per complici dei rivoltosi e sottoposte a rappresaglie tanto dure quanto ingiustificate:

...l'Impero era divenuto un campo di corse alla gloria militare per gli ultimi arrivati. [...] Colonnelli e generali, [...] scorraz-

---

[410] Relazione del gen. Nasi, governatore dell'Harar, al Viceré Graziani, 17 giugno 1936.
[411] De Biase 1966, p.112. Uno degli episodi più gravi avvenne il 27 giugno del 1936, quando alcuni ex allievi della Scuola Militare di Olettà si resero responsabili dell'eccidio di Lechemti in cui vennero uccisi il generale Calderini, il maggiore Locatelli, l'ingegner Prasso e diversi altri militari.

zando con colonne e battaglioni alla caccia di molto spesso fantomatici nuclei di ribelli ottenevano sì qualche cosa di più che lo stare fermi in guarnigione, ma in compenso erano troppi i milioni che consumavano, oltre s'intende alle vite umane, specie degli indigeni.

Questo modo di fare riusciva anche a creare ribelli veri dove prima ve ne erano solo di immaginari. In un rapporto al generale Ugo Cavallero, comandante delle Forze armate dell'A.O.I., il luogotenente generale Passerone, comandante la M.V.S.N. in Africa Orientale, cita il caso di un'operazione condotta dal luogotenente generale Gino Calzabini a seguito dell'uccisione di un operaio italiano e del ferimento di un altro presso Zerimà, nell'Ahmara. Calzabini, uno dei fondatori del Fascio di Roma, faceva parte di una commissione mineraria e di studio (era un celebre geologo, accademico dei Lincei) quando ebbe notizia dell'avvenuto, ed organizzò un rastrellamento con quattro colonne di truppe, una al comando del collega di studi e tenente di complemento in congedo Samaia, la seconda di un aspirante ufficiale della GIL, Ricci, e la terza e la quarta affidate ai tenenti dei RR.CC. Fianciullacci e Fogliani. La colonna Samaia sparò contro gli indigeni del villaggio di Mecà, ne incendiò i tucul, ed ebbe un milite ucciso dai propri camerati, *che si sarebbero messi a sparare all'impazzata.* Quando le colonne rientrarono, senza aver trovato traccia di ribelli, Calzabini promise di inoltrare richieste di medaglie e promozioni per le poche ore di rastrellamento! Sennonché i Carabinieri appurarono che l'operaio era morto nel corso di una lite col collega, dopo averlo ferito. La relazione conclude:

Dal giorno della spedizione, col presunto scopo punitivo, effettuato dalle colonne del Calzabini, la zona non è più stata tranquilla. Infatti nella zona di Zerimà ed Adì Arcai si sono verificate già numerose aggressioni. [...] Sulle aggressioni ho interrogato i commissari, i residenti, gli ufficiali dei Carabinieri, gli ufficiali dei Reparti Lavoratori e dei Battaglioni Camicie Nere, nonché i lavoratori stessi. Tutti sono concordi nell'asserire che le aggressioni siano conseguenti all'azione inopportuna della colonna Calzabini, il quale, oltre tutto, non rivestiva alcuna veste di comandante né aveva alcuna ingerenza politico-militare nella zona[412].

Nel gennaio del 1940 oramai il solo Abebé Aregai non si era ufficialmente sottomesso, anche se – come scrisse Amedeo di Savoia a Mussolini – *lavora per noi e con noi*[413].
Alcuni comandanti etiopici quali ras Destà e ras Immirù continuarono a combattere con quel che restava dei loro *chitet,* e se ras Destà venne passato per le armi dopo la cattura, come un semplice *sciftà,* ras Immirù fu più fortunato, grazie all'intervento personale di Mussolini che gli salvò la vita, e fu inviato in confino a Ponza[414]. Ma altri ras importanti, primo fra tutti il *solenne minchione* ras Sejum Mangascià, si sottomisero ed ottennero decorazioni e prebende dai nuovi padroni, e così fece anche il capo della chiesa copta d'Etiopia, l'Abuna Kyrillos, ed anche tra i militari del *mahel safari* e della Guardia la conquista italiana venne accolta più favorevolmente di quanto spesso sostenuto, tanto che moltissimi di loro si arruolarono nelle truppe coloniali, come riporta un rapporto dei Reali Carabinieri al nuovo viceré Graziani: *Con molto entusiasmo, soprattutto gli ex soldati regolari passano a far parte delle nostre truppe indi-*

---

[412] Relazione del comandante della M.V.S.N. in A.O.I. Passerone al comandante delle FF. AA. in A.O.I. Cavallero, (rip. in De Biase 1966, pp.113-115).
[413] Relazione di S.A.R. il Duca d'Aosta Viceré di Etiopia a S.E. il Capo del Governo, 28 gennaio 1940 (cit. in De Biase 1966, pp.124-125). Abebé Aregai venne ucciso nel salone verde del palazzo imperiale il 16 dicembre 1960 da Menghistu Newai, comandante della Guardia imperiale durante la rivolta contro Selassiè (De Biase 1966, p.126; Del Boca 1984, p.337). Il commento del negus alla notizia della morte di Aregai fu: *in fondo questa è la fine dei traditori* aggiungendo *non di tutti, di quelli sfortunati* (cit. in De Biase 1966, p.126). La relazione del duca d'Aosta al Duce era infatti nota al negus, poiché una copia era stata rinvenuta negli archivi militari di Addis Abeba.
[414] Dopo il suo arresto nel luglio del 1943 il Duce fu inizialmente segregato a Ponza, nella stessa casa dove era stato confinato il ras (Petacco 2003, p.182). Graziani sostenne di esser stato lui a consigliare di salvare la vita ad Immirù: Graziani 1947, p.128-129).

gene[415]. Dopo la conquista, anche per far fronte alla sempre più incombente minaccia di una guerra con l'Impero Britannico oltre che per la repressione del ribellismo, in Africa Orientale vennero costituite sette legioni CC.NN. permanenti, suddivise in due Gruppi legioni CC.NN. d'Africa:

I Gruppo Legioni CC.NN. (Addis Abeba)

1ª Legione *Arnaldo Mussolini* (Addis Abeba)
2ª Legione *Filippo Corridoni* (Harar)
5a Legione *Luigi Razza* (Mogadiscio)
6ª Legione *Luigi Valcarenghi* (Gimma)

II Gruppo Legioni CC.NN. (Asmara)

2ª Legione *Ivo Olivetti* (Asmara)
3ª Legione *Reginaldo Giuliani* (Gondar)
7ª Legione *Francesco Battista* (Dessiè)

Un'altra legione e numerosi battaglioni furono creati più tardi con gli italiani trasferitisi in Africa Orientale, sino a raggiungere trenta battaglioni[416]. La guerra era, almeno ufficialmente, finita da due giorni con l'entrata di Badoglio ad Addis Abeba, quando, il sette maggio, il Duce ricevette le madri dei Caduti. Ardengo Soffici ricordò nel suo diario:

---

[415] Rapporto dei RR. Carabinieri a S.E. il Viceré del 30 maggio 1936 n.75, *segreto*. Va ricordato che quando i britannici conquistarono l'Africa Orientale Italiana nel 1941 gli unici reparti indigeni a non disertare in massa furono quelli composti da eritrei e da ahmara. Gli ultimi reparti indigeni in armi che combatterono a Gondar sino alla resa del gen. Nasi furono quelli formati da etiopi, con gran parte dei quadri composta da veterani dell'esercito del negus; ciò mesi dopo che Selassiè era rientrato ad Addis Abeba, e malgrado le numerose diserzioni (nella difesa dell'estremo caposaldo di Culquaber-Fercaber caddero 490 ascari etiopici e 400 furono feriti su 1200, su duecento mogli di ascari presenti ne morirono cento; nella battaglia di Gondar le perdite furono di 1248 coloniali: Lucas, De Vecchi 1976, p.222 e 225).
[416] G. Rosignoli, *M.V.S.N.. Storia, organizzazione, uniformi e distintivi*, Parma 1995, pp.27-34

Trovai Mussolini allegro e gagliardo. Mi rallegrai con lui del grandioso successo africano stupendomi della sua straordinaria rapidità. "Sono stati", egli mi disse, "quei quattrocento ragazzi morti al passo di Uarieu che ci hanno permesso di andare avanti e di concludere"[417].

Quando la Repubblica Italiana, per risparmiare sulle spese di gestione dei cimiteri militari sparsi nell'ex Africa Orientale Italiana, tramite l'*Onorcaduti* decise di raccogliere tutte le salme dei soldati caduti in Etiopia ed Eritrea nei sacrari militari di Addis Abeba e dell'Asmara, l'Etiopia oppose un unico veto: i caduti di passo Uarieu dovevano rimanere nel cimitero del passo, intitolato a Padre Giuliani, in memoria dell'eroismo dei combattenti di ras Cassa e ras Seyum, ma anche di quello dei Legionari che li avevano fermati in quei tre giorni di gennaio del 1936. Il governo etiopico appose due lapidi, in inglese ed in italiano:

> IN MEMORIA
> DI CADUTI DELLA
> BATTAGLIA DEL TEMBIEN
> IN CUI SI SCONTRARONO LE
> OPPOSTE SCHIERE GUIDATE
> DALLE ALTEZZE RAS SEIUM
> RAS KASSA
> E DAL GEN. SOMMA

I caduti di passo Uarieu, dimenticati o peggio in Italia, ricevettero così il più alto omaggio: quello dell'avversario, che per esaltare la memoria dei propri guerrieri onorò i caduti nemici. Quell'avversario ricordato senz'odio nell'iscrizione del cimitero, che spiega la ragione del loro sacrificio:

---

[417] Ardengo Soffici, *Sull'orlo dell'abisso. Diario 1939- 1943*, Milano-Trento 2000, in data 9 settembre 1939.

ITALI RESURRECTURI, ETHIOPIS RESURGENDI[418].

Con l'anarchia seguita alla caduta di Menghistu ed alla guerra con la vicina Eritrea alcuni pastori nomadi utilizzarono il cimitero italiano come recinto per le capre senza che l'ambasciata italiana potesse intervenire per la tutela delle salme dei Caduti in quello che giuridicamente è un lembo di territorio nazionale. Alla vergognosa trascuratezza delle autorità ha provveduto a proprie spese un viaggiatore italiano, Gianni De Angelis, amante dell'Africa, delle sue genti e della sua storia, nel novembre 2007, facendo ripulire il cimitero e ricomponendo anche le lapidi frantumate. De Angelis ha anche innalzato l'asta di per la bandiera su cui è stato innalzato il Tricolore donato dall'Ambasciata italiana ad Addis Abeba[419].

---

[418] Gli italiani che risorgeranno, per gli etiopici che rinasceranno.
[419] De Angelis ha pubblicato le foto sul suo blog *Africa [ovvero il mal d'Africa]*: www.dgianni.blogspot.com). Sulle vicende legate alle Salme dei caduti italiani nell'ex A.O.I., Leonida Fazi, P. Patanè, *La generazione africana dei morti perduti*, Roma 1983.

LA M.V.S.N. IN AFRICA ORIENTALE

Un bilancio

Gli appartenenti alla Milizia che parteciparono al conflitto italo-etiopico furono:

Ufficiali: 5.611
Sottufficiali e Truppa: 162.390

La Milizia Volontaria Sicurezza Nazionale in Africa Orientale ebbe:

Caduti: 1.290[420]
Feriti: 1.681

Decorazioni ai Labari delle Legioni combattenti:

Di *motu proprio* di S.M. Vittorio Emanuele III tutti i Labari furono decorati con l'Ordine Militare di Savoia, con la seguente motivazione:

Sempre magnifica nelle più aspre battaglie, seppe credere, obbedire, combattere, dando il più generoso contributo di valore e di sangue per la gloria delle insegne di Roma. (Regio Decreto, 27 gennaio 1937)

Medaglia d'Argento al Valor Militare

221ª Legione CC.NN. della 6ª Divisione
II btg del 1° Gruppo CC.NN. d'Eritrea
IV btg del 1° Gruppo CC.NN. d'Eritrea
Coorte della Milizia Forestale

---

[420] Su un totale di 3.731 militari deceduti sino al 31 dicembre 1936.

Medaglia di Bronzo al Valor Militare

135ª Legione CC.NN. della 1ª Divisione
192ª Legione CC.NN. della 1ª Divisione
202ª Legione CC.NN. della 1ª Divisione
180ª Legione CC.NN. della 2ª Divisione
230ª Legione CC.NN. della 3ª Divisione
252ª Legione CC.NN. della 3ª Divisione
263ª Legione CC.NN. della 3ª Divisione
219ª Legione CC.NN. della 6ª Divisione
I btg. del 1° Gruppo CC.NN. d'Eritrea
III btg. del 1° Gruppo CC.NN. d'Eritrea

Ricompense individuali ai combattenti:

Ordini Militari di Savoia: 7

Medaglie d'Oro al Valor Militare: 20
(di cui alla memoria: 19)

Medaglie d'Argento al Valor Militare: 237
(di cui alla memoria: 129)

Medaglie di Bronzo al Valor Militare: 625
(di cui alla memoria: 192)

Croci di Guerra al Valor Militare: 1.282

ORGANIGRAMMI DELLE DIVISIONI E DEI GRUPPI BATTAGLIONI CC.NN. NEL CONFLITTO ITALO ETIOPICO, 1935-1936

1ª DIVISIONE CAMICIE NERE 23 MARZO

Comandanti: Generale Div. Ettore Bastico; succ. S.A.R. Gen. Div. Filiberto di Savoia-Genova, duca di Pistoia; Generale Div. Siciliani.

135ª Legione *Indomita* (La Spezia). Console gen. E. Francisci
CXXXV Btg. (La Spezia)
CLXXXVIII Btg. (Livorno)
135ª Compagnia mitragliatrici pesanti (Volterra)
135ª Batteria someggiata, 8ª Legione DiCAT (Roma)

192ª Legione *Francesco Ferrucci* (Firenze). Console Gen. G. Conticelli:
CXCII Btg. (Firenze)
CXC Btg. (Firenze)
192ª compagnia mitragliatrici pesanti (Empoli)
192ª batteria someggiata (Firenze)
192ª sezione lanciafiamme (Firenze

202ª Legione *Cacciatori del Tevere* (Perugia). Console Gen. Alberto Piroli
CCII btg. (Perugia)
CCIV btg. (Tivoli)
202ª compagnia mitragliatrici pesanti
202ª batteria someggiata
202ª sezione lanciafiamme (Perugia)

1° btg. mitraglieri CC.NN. (Pisa)
1° Gruppo Cannoni da 65/17, dal 10° Regg. Artiglieria (Regio Esercito)

Due battaglioni complementi Camicie Nere
1ª compagnia speciale mista del Genio
Sezioni Reali Carabinieri (Firenze)
Ufficio di Commissariato
I sezione sussistenza
I sezione sanità
1° autoreparto misto
1° reparto salmerie divisionali.

2ª DIVISIONE CAMICIE NERE 28 OTTOBRE

Gen. Brig. (poi Div.) Umberto Somma.

114ª Legione *Garibaldina* (Bergamo). Console Gen. Giovanni Ricciotti:
CXIV btg. (Bergamo)
CXV btg. (Brescia)
114ª compagnia mitragliatrici pesanti (Milano, Lodi, Pavia, Legnano)
114ª batteria someggiata (Piacenza)

116ª Legione *Alpina* (Como). Console gen. Nicola Serrai:
CXVI btg. (Como)
CXXV btg. (Monza)
116ª compagnia mitragliatrici pesanti (Como, Varese)
116ª batteria someggiata (Milano)

180ª Legione *Alessandro Farnese* (Parma). Console gen. Alessandro Biscaccianti:
CLXXX btg. (Parma)
CLXXIV btg. (Fidenza)
180ª compagnia mitragliatrici pesanti (Cremona, Casalmaggiore)
180ª batteria someggiata (Alessandria, Tortona)

II btg. Mitraglieri (Genova, Savona)

II Gruppo Cannoni del 30° Regg. Artiglieria (Regio Esercito)
Due battaglioni complementi Camicie Nere
2ª compagnia speciale mista del Genio
Sezioni Reali Carabinieri (Milano)
Ufficio di Commissariato
II sezione sussistenza
II sezione sanità
2° autoreparto misto
2° reparto salmerie divisionali.

3ᴬ DIVISIONE CAMICIE NERE 21 APRILE
Gen. Div. Giacomo Appiotti.

230ª Legione *L'Aquila*[421] (L'Aquila). Console Gen. Tommaso Bottari:
CCXXX btg. (L'Aquila)
CCXXXVI btg. (Chieti):
230ª compagnia mitragliatrici pesanti
230ª batteria someggiata

252ª Legione *Acciaiata* (Lecce). Console Gen. Giovanni Passerone:
CCLII btg. (Lecce)
CCLXIV btg. (Potenza)
252ª compagnia mitragliatrici pesanti
252ª batteria someggiata

263ª Legione *Teodoro Gulli* (Reggio Calabria). Console Gen. van Doro:
CCLXIII btg. (Reggio Calabria)
CCLXIV btg. (Catanzaro)
263ª compagnia mitragliatrici pesanti
263ª batteria someggiata

III btg. Mitraglieri (Ascoli Piceno)
III Gruppo Cannoni (Regio Esercito)
Due battaglioni complementi Camicie Nere
3ª compagnia speciale mista del Genio
Sezioni Reali Carabinieri
Ufficio di Commissariato
III sez. sussistenza
III sez. sanità
3° autoreparto misto
3° reparto salmerie divisionali.

---

[421] Poi *Monte Sirente*.

4ª DIVISIONE CAMICIE NERE 3 GENNAIO

Luogotenente Gen. Alessandro Traditi.

230ª Legione *Sabauda* (Torino). Console Gen. Ludovico Ferrandi:
CI btg. (Torino)
CII btg. (Torino):
101ª compagnia mitragliatrici pesanti
101ª batteria someggiata

La Legione inquadrava una compagnia interamente formata da studenti universitari della 1ª Legione *Principe di Piemonte* di Torino.

104ª Legione *Santorre di Santarosa* (Alessandria). Console Gen. Felice Pertoldi:
CIV btg. (Alessandria)
CXI btg. (Casale Monferrato)
104ª compagnia mitragliatrici pesanti
104ª batteria someggiata

215ª Legione *Cimino* (Viterbo). Console Gen. Vittorio Savini:
CCXXV btg. (Viterbo)
CCXX btg. (Roma)
215ª compagnia mitragliatrici pesanti
215ª batteria someggiata

IV btg. Mitraglieri (Ascoli Piceno)
IV Gruppo Cannoni (Regio Esercito)
Due battaglioni complementi Camicie Nere
4ª compagnia speciale mista del Genio
Sezioni Reali Carabinieri
Ufficio di Commissariato
IV sezione sussistenza
IV sezione sanità

4° autoreparto misto
4° reparto salmerie divisionali.

5ᴬ DIVISIONE CAMICIE NERE 1 FEBBRAIO

Luogotenente Gen. Attilio Teruzzi.

107ª Legione *Fratelli Cairoli* (Pavia). Console Gen. Alessandro Lusana[422]:
CVII btg. (Pavia)
CLXXXVI btg. (Lucca)
107ª compagnia mitragliatrici pesanti
107ª batteria someggiata

128ª Legione *Giovanni Randaccio* (Vercelli). Console Gen. Italo Romegialli:
CXXVIII btg. (Vercelli)
CXXIX btg. (Arona)
128ª compagnia mitragliatrici pesanti
128ª batteria someggiata

142ª Legione *Berica* (Vicenza)
CXLII btg. (Vicenza)
CCXLII btg. (Vicenza)
142ª compagnia mitragliatrici pesanti
142ª batteria someggiata

V btg. mitraglieri
V Gruppo Cannoni (Regio Esercito)
Due battaglioni complementi Camicie Nere
5ª compagnia speciale mista del Genio
Sezioni Reali Carabinieri
Ufficio di Commissariato
V sezione sussistenza

---

[422] Lusana si distinguerà sul fronte russo, e fu uno degli ufficiali più combattivi, nell'estate del 1943, della divisione corazzata *M*, di cui era comandane, premendo sul Comandante della MVSN Galbiati perché gli fosse consentito marciare su Roma all'indomani del 25 luglio: cfr Romeo di Colloredo 2008c, *passim*, e id., 2009, p.87 segg.

V sezione sanità
5° autoreparto misto
5° reparto salmerie divisionali.
6ª DIVISIONE CAMICIE NERE TEVERE

Gen. Div. Enrico Boscardi.

219ª Legione *Vittorio Veneto*. Console Gen. Enzo Galbiati[423]:
CXIX btg.
CCXIX btg.
La Legione era formata da ex combattenti veterani della Guerra 1915-1918, delle classi dal 1880 al 1900;

220ª Legione. Console Gen. Mario Mazzetti:
CCI btg. (mutilati di guerra)
CCXX btg. (ex Arditi di guerra);

221ª Legione *Fasci Italiani all'estero*, Console Gen. Piero Parini:
CCXXI btg.
CDXXI btg.
Formata da fascisti residenti all'estero;

321ª Legione, sempre formata da italiani all'estero, Console Gen. Giovanni Cangemi.
CCCXXI btg.
? btg. (numerazione sconosciuta);

VI btg. Mitraglieri CC.NN. *Curtatone e Montanara*, formata da volontari della Milizia Universitaria, su sei compagnie (850 uomini), comandante il ten. colonnello dei Granatieri Aroldo Vinciguerra;

---

[423] Galbiati comandò l'omonimo Raggruppamento CC.NN. d'Assalto sul fronte greco-albanese, e nel 1942 divenne Comandante Generale della MVSN, grado che rivestì sino al 26 luglio 1943: cfr Romeo di Colloredo 2008c e id. *I Pretoriani del Duce*, Roma 2009, p.80

VI Gruppo Cannoni (Regio Esercito)
Due battaglioni complementi Camicie Nere
6ª compagnia speciale mista del Genio
Sezioni Reali Carabinieri
Ufficio di Commissariato
VIa sez. sussistenza
VIa sez. sanità
6° autoreparto misto - 6° reparto salmerie divisionali.

7ª DIVISIONE CAMICIE NERE CIRENE

Luogotenente Gen. Guido Scandolara.

198ª Legione *Maremmana* (Grosseto). Console Gen. Guglielmo Biondi:
CXCVIII btg. (Grosseto)
CCXL btg. (Salerno):

271ª Legione *Vespri* (Palermo). Console Gen. Ettore Usai:
CCLXXI btg. (Palermo)
CLXXVI btg. (Cagliari)

190ª Legione *Pisa* (Pisa). Console Gen. Giulio Dionisi:
CXC btg. (Pisa)
CCCXLI btg. (Caserta)

241ª Legione *Volturno* (Caserta). Console Gen. Dino Zauli:
CCXLI btg. (Caserta)
CCVII btg. (Zara)

196ª Legione *Francesco Petrarca* (Arezzo). Console Gen. Francesco Vitalini:
CXCVI btg. (Arezzo)
CCXLV btg. (Castellammare di Stabia)

219ª Legione *Nicola Ricciotti* (Frosinone). Console Gen. Giuseppe Mannu Ricci:
CCXIX btg. (Frosinone)
CCXLIV btg. (Avellino)

267ª Legione *Etna* (Catania). Console gen. Alfredo Passalacqua:
CCLXVII° btg. (Catania)
CCXLVIII° btg. (Foggia)

352ª Legione *Acciaiata* (Lecce). Console gen. Settimio Anatrici:

CCCLII btg. (Lecce)
CCCLXIII° btg. (Reggio Calabria)

7° Reggimento Artiglieria (Regio Esercito)
Quattro batterie di accompagnamento da 65/17
battaglioni complementi Camicie Nere
Sezioni Reali Carabinieri
Ufficio di Commissariato
VIIa sez. sussistenza
VIIa sez. sanità
7° autosezione mista
Ospedale da Campo n.01.

La divisione *Cirene* venne costituita allo scopo di proteggere la frontiera libico-egiziana da un eventuale attacco britannico mentre il grosso delle Forze Armate erano impegnate in Etiopia. Fu pertanto particolarmente forte di uomini, ben 14.000, con 600 ufficiali e 2.000 quadrupedi. La Divisione, al comando del Luogotenente Generale Guido Scandolara, venne schierata a presidio di cinquecento chilometri lungo la costa mediterranea della Cirenaica. Oltre a fornire alle truppe operanti in Africa Orientale due gruppi di Combattimento (Gruppi Legionari I e II *Cirene*, tratti rispettivamente dalle Legioni 196ª e 219ª) i suoi legionari costruirono poderose opere di fortificazione, compresa la cinta fortificata di Tobruk, che tanta importanza ebbe nel Secondo Conflitto Mondiale, di Derna, Ras bel Danar, Apollonia e Bir el Mactesa. La 241ª Legione fu adibita anche a lavori stradali, e cinquecento militi furono adibite a lavori agricoli nella piana di Barce, una volta che la situazione lungo la frontiera si era tranquillizzata. La divisione venne sciolta nell'ottobre del 1936, e con i resti venne costituito il V Gruppo Battaglioni CC.NN., formato con militi delle legioni 267ª e 352ª e della 5ª batteria d'accompagnamento da 65/17.

I GRUPPO BATTAGLIONI CAMICIE NERE D'ERITREA

Console gen. Filippo Diamanti:

I battaglione CC.NN. d'Eritrea
II battaglione CC.NN. d'Eritrea
III battaglione CC.NN. d'Eritrea
IV battaglione CC.NN. d'Eritrea
Compagnia mitragliatrici pesanti
Compagnia Comando Gruppo Battaglioni.

A differenza del VI° Gruppo Battaglioni, il I° non apparteneva alla M.V.S.N. d'Italia, ma alla Milizia Coloniale, come indicato dalla denominazione *d'Eritrea*.

IV GRUPPO BATTAGLIONI CAMICIE NERE D'ASSALTO

Console Gen. Renzo Montagna:

III btg. *Monviso* (Cuneo)
LXXXI btg. *Alberico da Barbiano* (Ravenna)
LXXXII btg. *Benito Mussolini* (Forlì)
CLXXI btg. *Vespri* (Palermo)
143ª cp mitragliatrici pesanti *Sannio* (Benevento)
? cp. *Fulmini* (mista).

COORTE DELLA MILIZIA VOLONTARIA SICUREZZA NAZIONALE FORESTALE

Luogotenente gen. Augusto Agostini.

APPENDICI

1. La vigilia di Passo Uarieu nelle lettere del Capomanipolo medico Luigi Chiavellati,(IV battaglione Camicie Nere d'Eritrea)

Si tratta di brani di lettere inviate alla moglie ed ad altri familiari dal capomanipolo Chiavellati, che furono pubblicati nel terzo anniversario della morte in una pubblicazione privata, curata dalla moglie Elena in tiratura limitatissima[424], e che sono dunque pressoché inedite. Si tratta di una testimonianza di prima mano su ciò che i Militi pensavano, dei sentimenti di nostalgia verso la famiglia e dell'alto morale e spirito combattivo[425]. L'ultimo brano è tratto da una lettera del 18 gennaio, tre giorni prima dei combattimenti del Mai Beles, in cui Chiavellati cadde, meritando a ragione la massima decorazione al valore per il proprio comportamento di medico e di ufficiale.

Al fratello - Passo Uarieu, 5-1-36

[...] Io sto bene di salute per quanto abbia passato alcuni giorni assai cattivi, dopo le famose azioni di Abbi Addi, perché malato. Ora però mi sono rimesso benissimo e ne ringrazio il Cielo mille volte (non dire nulla a casa, per carità, che a loro nulla ho detto, ne soffrirebbero troppo). Gli strapazzi e la cattiva alimentazione di quei giorni ne furono la causa. Dal comunicato n.78 avrai sen-

---

[424] Il volumetto non riporta la data di edizione, ma l'indicazione *stampato in Roma a cura della moglie nel terzo anniversario del Sacrificio* data la stampa al 1939.

[425] In particolare si noti la scarsità di riferimenti al fascismo, malgrado il Chiavellati fosse un ufficiale della Milizia, volontario fiumano a diciott'anni (venne ferito nel *Natale di Sangue*), iscritto al Fascio dal 1919 e squadrista: la guerra era vissuta dalle Camicie Nere – ed altre testimonianze lo comprovano – non come un'impresa legata alla politica ma come una guerra di carattere nazionale. In tutte le testimonianze d'epoca da noi esaminate la motivazione fascista è sempre subordinata a quella patriottica.

tito come Abbi Addi il 22 e 23 febbraio fu teatro di battaglia. Anch'io presi parte all'azione più importante facendo parte di una colonna di ascari a cui era stata aggregata una compagnia di CC.NN. Si sapeva che gli Abissini forti di circa 9.000 uomini erano annidati nell'amba di fronte al nostro fortino per accerchiarci. Senza indugi il 22 partimmo in due colonne per dare loro battaglia. Alle nove il sole già spaccava la testa e le pietre, ed io fui comandato di staccarmi dalle CC.NN. per portarmi alla testa della colonna di destra ed unirmi al Comando per essere pronto a raccogliere i primi feriti. Si prese di petto il monte irto di roccioni infuocati, strapiombi e gole e poiché gli ascari sono assai rapidi, anch'io dovetti compiere tutte le acrobazie alpinistiche alla bersagliera. Fantastica corsa che fu compiuta sotto il sibilo delle granate che passavano sopra le nostre teste per esplodere più in alto ove era annidato il nemico, e nel frastuono delle mitragliatrici che da ambo le parti cantavano le rispettive canzoni di guerra. Ogni tanto il miagolìo delle pallottole avversarie tenevano deste tutte le facoltà sensitive, ed allora a piccoli sbalzi, ficcando la testa tra le pietre si procedeva. Ben presto ci accorgemmo che gli abissini sparavano con pallottole esplosive di pura marca belga e inglese (gli ritornassero presto in corpo) poiché le esplosioni secche e caratteristiche erano unite al visibile effetto sul terreno e sulle rocce. Purtuttavia fummo allegri tutta la giornata dividendo coi compagni la tradizionale mezza scatoletta ed il sorso di acqua bollente che era nelle esauste borracce. Giunti sotto l'ultimo gradino che ci separava dalla vetta, fummo costretti a fermarci, poiché la roccia a picco non poteva esser superata che dalla corda. Da lì iniziammo al fuoco con le mitragliatrici che a braccia erano giunte lassù, bersagliando il nemico di fianco per agevolare l'azione della colonna sinistra fortemente impegnata. Verso le 14 giunsero gli avvoltoi meccanici salutati da noi con entusiasmo: essi rombando scivolavano sopra le nostre teste per lanciare più in là bombe e spezzoni sul nemico che venne preso dalle radenti raffiche. Fu un inferno di esplosioni che faceva tremare tutta la martoriata amba e verso sera il nemico fu costretto a fuggire. Poiché era giorno di domenica fui seguito dalla visione di Elena e di mamma che nella medesima ora ascoltando la S. Messa pregavano per me, e ciò mi fu sacro talismano porta fortuna. Così le S. Feste Natalizie le abbiamo passate nel rumore e frastuono della guerra, e seppellendo i nostri cari morti, e medicando i feriti. Il nostro spirito è elevatissimo e l'ardore dei reparti assai grande. Si avrebbe voluto inseguire, correre, avanzare, combattere sempre, ma esigenza tattiche ci hanno lasciato nella posizione. Il mio IV Battaglione come solito è in linea avanzatissima e noi siamo fieri di questo delicato compito che il Comando di Brigata ci ha voluto assegnare. Anche il secondo Battaglione tiene una parte di prima linea. Siamo i soli bianchi perché tutta la Brigata è formata da indigeni, e gli altri 2 Battaglioni del Gruppo sono indietro. Nelle nostre ridottine pietrose sventola baldanzosa qualche fiamma nera che in questa terra impervia grida la sua fede, la sua passione per la Patria, e sotto le fedelissime Camicie Nere guardano avanti pronte al balzo, pronte al sacrificio. Poco fa mentre il sole rosso s'inabissava lentamente all'orizzonte, lo squillo dell'*Attenti* ha interrotto per un attimo il continuo lavoro, che ferve fra queste pietre, per salutare il tricolore che scendeva. Tutte le sere e tutte le mattine il rito si rinnova: e allora nella rigida posizione ci voltiamo verso nord, là ove è la nostra cara Patria, là ove sono le nostre care famiglie, l'animo si gonfia di nostalgia ma si rinnova anche il proposito di volontà e di fede. [...] Non mostrare questa lettera a casa. Dirai loro che sto bene, in posizione arretrata, senza pericoli, che non mi manca nulla. Hai capito? Fa loro sempre coraggio.

Alla moglie Elena. Passo Uarieu, 11-1-36

Siamo qui fermi e stiamo costruendo trincee e ridotte, tutta una perfetta attrezzatura difensiva. Ne sono contento perché ciò permette un po' di riposo e di sistemarsi alla meglio secondo le regole di Robinson Crosuè. Le mie cose un po' riordinate nella tenda mi donano soddisfazione e conforto perché ho trascorso un periodo in cui le stelle, il cielo e la dura terra erano la nostra camera da letto – Il caldo è assai forte e io penso al vostro inverno... all'inverno che non consumo con te nelle confortevoli case... il petto mi si gonfia di tristezza e di nostalgia e tutta la mia anima di marito e di padre geme e si torce per la nostalgia di non poterti stringere al petto con le sante creature. Mi basterebbe un giorno, un'ora, e poi ritornerei al mio dovere di soldato. Ma non è possibile. Ebbene vedi, è appunto perché soffriamo tanto che io spero nell'avvenire splendido radioso che getterà nella nostra esistenza dolorosa quella parte di felicità a cui ogni essere umano ha diritto.

Alla moglie Elena. Passo Uarieu, 14-1-36

[...] Oggi ricevo anche il tuo pacco: seconda forte emozione, perché se pure le lettere recano l'espressione del cuore, – il pacco – il povero pacco, maltrattato, sgualcito, semiaperto, fa ad un tratto sentire le care mani che lo hanno composto, ed un nodo, un pezzo di spago, una carta piegata provoca lo spasimo acuto dell'anima che vorrebbe prepotentemente essere accanto a chi con la sua tenerezza ha unito e composto tutte quelle care cose. Esso è qui inerte ma pure tanto vivo: lo guardo con tristezza, e lo vorrei riporre così com'è per guardarlo ogni tanto e goderlo solo col cuore.

Alla moglie Elena. Passo Uarieu, 18-1-36

[...] Fra breve riceverò tue notizie tutte insieme, ed allora mi tufferò nella delizia dei particolari di casa mia, della mia tenera, dolce, giovane famigliola che è sempre infissa come una dolce spina nel mio cuore che arde di te, dei piccoli tesori, la cui visione mi segue in questa terra ardente di sole e di guerra. – La tenda è sempre la mia casa, e tu ci vivi in mezzo così come queste poche cose rinserrate fra i quattro teli che sono passate anche fra le tue mani. Siamo sempre nel Tembien tra roccioni e guglie e solitudini, sferzate dalla cupa voce del cannone e dal metallico gracchiare delle mitragliatrici a cui risponde il "ta- pum" dei fucili abissini di pura marca belga ed inglese. Ieri arrivò anche una cannonata sparata da una vecchia caffettiera. Non ti dico i fischi, gli urli, i motteggi delle brave CC.NN. messe in allegria dal ridicolo effetto. Ora siamo in compagnia di reparti della *28 Ottobre*. Ciò fa piacere a tutti perché è meglio stare con i fratelli che con gli ascari. Figurati che da un po' di tempo il cervello nell'abbandono del sonno si polarizza con insistenza al nostro periodo di fidanzamento. Questa lontananza e questa sofferenza mi riporta all'altro periodo che ci teneva lontani. Così, vivo di sogni, di visioni, di dolcezze e di tristezze come lo studente di allora... Ciò dimostra che la mia anima è sempre la stessa, la solita debole anima che la vita, le lotte, le sofferenze non hanno cambiata. E allora?... ecco il grande dono. Quando ritornerò rivivrai per la seconda volta la grande felicità dell'amore, cosa che all'umanità non viene facilmente concessa.

2. Estratti dal diario del Centurione Romolo Galassi, CXV° battaglione, 114a Legione, 2a Divisione CC.NN. 28 Ottobre

Il Centurione Romolo Galassi apparteneva alla 114ª Legione CC.NN *Garibaldina* (Bergamo) della 2ª Div. CC.NN. *28 Ottobre*, ed era comandante di compagnia mitraglieri. Il diario è particolarmente interessante per la registrazione di eventi trascurati dalla storiografia ufficiale: le faticose marce tra i monti del Tembien, la sete e la fame (giungendo a mangiare corvi e cani) la stupefazione della scoperta dell'Africa e della sua natura, a volte affascinante, a volte terribile, la registrazione di eventi piccoli ma significativi della psicologia dei legionari. Il Centurione Galassi cadde il 27 febbraio durante la conquista della Uork Amba, colpito da una pallottola *dum-dum*, e guadagnandosi, per il suo eroico comportamento in battaglia, la Medaglia d'Oro al Valor Militare alla memoria.

Natale 1935. A.O.

Messa al campo. Tutte le truppe in armi. S. E. Marinetti parla. E parla veramente bene. Quando mi sento inumidire le ciglia, guardo in su, al cielo limpido e fondo, per darmi un contegno, per impedire che scappi il singhiozzo che si trattiene a stento. Molti guardano in su, e non vi sono apparecchi in vista. Siamo pur sempre dei meravigliosi sentimentali. Un mio caposquadra, ardito di guerra, capelli grigi, mi porta una fetta di panettone, l'unica in suo possesso. Vuole che la mangi io e per farmela accettare giura che a lui la roba dolce non piace. Stringo i denti, accetto e lo mando via brusco, perché un centurione non può in guerra abbracciare un suo sottufficiale che gli porta in regalo della roba dolce che a lui non piace.

Mai Ghevà, 2 gennaio 1936.

Improvvisamente arriva l'ordine, a mensa, mentre si sta brindando alla salute di questo nuovo anno che si presenta minaccioso e denso di avvenimenti e che ci trova in Africa, in guerra, lontani dalle nostre case, con il cuore gonfio dalla nostalgia dei nostri cari, ma con l'animo sereno.
Si parte per il Tembien. E siamo partiti questa mattina. E siamo arrivati al termine della prima tappa, questa sera alle venti, molto stanchi, guadando come ultima fatica il Mai [Ghevà], che dà il nome alla località sulla quale accampiamo. Alla compagnia manca il Ten. Guerrini ricoverato all'ospedale di Senafè per esaurimento fisico. La vita che noi viviamo è dura. Ma lo rivedremo presto, il buon Pierino.

Mai Meridà[426], 4 gennaio 1936.

Quello che ieri ho vissuto, sofferto, con l'angoscia che mi serrava il cuore, con la fatica che mi martellava le tempie, con la sete che mi inaridiva la gola, non si può descrivere, non si può neppure tentare di fissarlo. Pochi potranno dimenticare, anche se il tempo affievolirà il ricordo, smorzerà le reazioni, giustificherà tante cose. La bella, la superba, la ferrea *28 Ottobre*, sfinita, trascinantesi di balza in balza senza più ordine, senza volontà, ansimante per l'erta di Enda Mic[h]ael in un disordine che assumeva di ora in ora un crescendo che angosciava, prostrata dalla fatica, dalla sete e dal caldo. I reparti si allungavano, uomini cadevano a terra senza più respiro, si perdevano. Muli cadevano di schianto, senza più rialzarsi, fulminati. E la ricerca disperata dell'acqua. Il fango filtrato attraverso i fazzoletti nelle gole arse, raccolto nelle forre, sfidando le fucilate abissine che abbattevano senza pietà gli isolati che disperatamente cercavano di rincorrere i reparti allontanatisi nella polvere, nel caldo[427]. Alla testa della compagnia tiro su per l'erta. Dietro a me ansimano gli uomini. Qualcuno cade, rimane indietro. Un mitragliere pesante, allun-

---

[426] Sic per Meretà.
[427] Furono uccise due Camicie Nere e tre ferite. Furono le prime perdite della Divisione.

gato a terra, semisdraiato sul treppiede che gli aggrava le spalle mi vede, mi guarda con uno sguardo che non si dimentica e dice: "Signor Capitano, non ci torno più io in Italia". Una frase di conforto, di incoraggiamento di speranza e tiro avanti. I bidoni d'acqua che servono per il raffreddamento della Fiat sono contesi, quasi strappati dalle spalle degli uomini che li portano, e divisi fra una turba che si accalca. Le prime ombre della sera portano un po' di frescura, sollevano un po'. Giù a capofitto lungo la piana digradante verso l'acqua, che si suppone, che si spera in fondo.
Indietro colpi di fucile, qualche raffica di mitragliatrice.
Villaggi avvampano in alto ai lati.
Sapremo oggi dei nostri morti, poveri morti.
Pochi, per fortuna, avrebbero potuto essere molti di più.
Alt. L'acqua è vicina. Uomini partono di corsa, e sono sfiniti.
Il mio attendente mi porge la borraccia. E' piena ed è buona. Bevo e bevono tutti. Poi il tè caldo. Raggiungo una posizione dominante, mi raggiungono le masserie. Ho del caffè di scorta. Caffè per tutti.
Crepi l'avarizia. Gli uomini non sembrano più quelli. Quando mi butto sulla branda è l'una.
Dei legionari vegliano accanto a delle armi piazzate.
Nelle tende vicine qualcuno mormora: "Cribbio, la sete, che roba!"

Mai Meridà [Meretà], 5 gennaio.

Questa mattina rientrano i ritardatari a gruppi. Una quarantina.
Hanno passato la notte con l'arma in pugno, i nervi tesi, lo sguardo teso. Ma questa mattina sorridono e si sfottono.

Adi Zubahà 6 gennaio.

In partenza dal Mai Maridà [Meretà]. Improvvisamente. Un sibilo lungo, rasente, rabbioso. Una pausa brevissima. Poi altre tre o quattro. Si sfrondano i rami di un albero vicinissimo. Sparano.

Un attimo di incertezza. Inchiodo i miei e li porto al riparo in un avvallamento. Dietro di noi raffiche violente di fucileria. Nemici non se ne vedono. Non sparare, dico concitato, agitando il frustino. Evidentemente i reparti dietro hanno perso la calma e continuano. Dei miei nessuno toglie la sicura al moschetto. Sul ciglio un ferito del giorno precedente, abbandonato da quelli della sanità che cercano uno scampo, si rotola a terra e geme. Salto fuori e aiutato dal mio vicecaposquadra (medaglia d'argento), lo ricompongo sulla barella e lo porto giù.
Sono imbestialito e lo grido a un capitano medico in cui mi incoccio. A poco a poco tutto si calma e si riprende la marcia. Gli uomini sono sereni, ridono e si canzonano.

Passo Abarò [senza data]

È così selvaggio, scosceso, duro, minaccioso, cupo, tragico, direi quasi che mancano i termini di paragone. In questi dirupi un Battaglione [di] Ascari, nei giorni precedenti, ha lasciato molti dei suoi. Troviamo le tombe allineate alla sommità del passo. Nella parete verticale di un'Amba che grava su di noi, si aprono delle cavità in roccia, abitazioni d'indigeni. Più in basso, quando siamo già impegnati nella gola oscura, in una parete quasi identica, in caverne pressoché uguali, una tribù di scimmie vive la propria vita. A lasciarli fare, i legionari andrebbero a pigliarle. Freme anche il ten. Brazzana che ne ha promessa una al suo maschietto. A poco a poco cala la sera. C'è la luna, ma il paesaggio è ugualmente infernale, fosco. Le camicie nere tirano soffiando, ma non una rimane indietro. Sfociamo al piano. La notte è tiepida. Siamo a 1600 metri. La stanchezza accumulata si fa sentire. Finisco di stabilire la linea, nel settore che mi assegnano, che sono le 3.30 del mattino. Sono sfinito, mi butto sulla branda, e che Dio ce la mandi buona.

Mai Gherhedà, 10 gennaio

Tutta la Legione accampa su uno sperone. Sono urgenti due cose: costruzione del fortino a protezione nostra, miglioramento della strada che porta ad Hausien per migliorare i rifornimenti. L'Africa è su di noi con il sole che picchia forte, è attorno a noi con la boscaglia che si è fatta densa, con i grandi sicomori inclinati sul fiume, con i canti, i gorgheggi, gli stridii, i fischi di un'infinita quantità di uccelli, con i giganteschi termitai. Sono le 14, steso pancia all'aria, osservo la caccia spietata che qualcuno dei nostri uomini dà ad un gattopardo che ha avuto l'impudenza di mostrarsi. Lo hanno affumicato in fondo alla tana. Richiedono il mio intervento per il colpo di grazia. Lo scorgo appena, ma gli tiro lo stesso una rivoltellata che non lo colpisce. Lo si estrae che è già morto per asfissia. Ho fatto abbattere un grande termitaio, un po' per necessità stradali, un po' per osservarne la vita intima. Che meraviglia di costruzione, che perfezione di disciplina. Cose vecchie, lette, rilette e commentate. Ma ad osservarle direttamente l'ammirazione si rinnova.

Quararò, 18 gennaio

Dopo una serie, che aveva tutta l'aria di essere interminabile, di marce e di contromarce, di ordini e contrordini, di spostamenti improvvisi, di incazzature, di rassegnazioni cupe all'inevitabile, di reazioni, eccomi comandante del presidio di Quararò, grosso villaggio alle nostre spalle. Sopra di noi e dietro di noi la parete a strapiombo, altissima, di un'Amba. A destra delle guglie curiose, ad ago. Che delizia per gli scalatori delle Dolomiti. Intorno a noi il vuoto. Sotto di noi la traccia che unisce Hausien con Adi Zabatta [Zubahà]. Il vuoto è riempito da un nome: "Degiac Gabriel". È un giovane, dicono, razziatore feroce. Ha con sé 400 armati. Lungo la strada teorie di muli insepolti, che ammorbano l'aria, testimoniando i punti dove colonne di rifornimenti sono state assalite. Quanti dei nostri sono caduti e ferocemente, oscenamente evirati. Camerati del gruppo Diamanti mi mostrano delle fotografie. Orrende. Dietro i muri del fortino improvvisato vegliano i miei legionari accanto alle armi pronte. Informatori hanno riferito [Degiacc Gabriel] "voglia attaccare". Lo aspettiamo.

Quararò, 19 gennaio

I notabili di Quararò si sono presentati a fare atto di sottomissione ed omaggio... Portano i doni tradizionali: capretti, polli, uova. Poveretti, in fondo, presi fra le razzie del Degiac giovinetto e i nostri inferociti. In paese vi sono stati dei morti che si assume in cura Giuseppe. Serve da interprete un ex ascari nostro, un amhara mussulmano che ha preso moglie in paese. Si chiama Ahmed Sciragi. Prometto giustizia, assistenza, aiuto, ma faccio ben capire che al minimo sospetto, piazza pulita, brucio tutto. Permetto il pascolo e il raccolto nella zona di sorveglianza del fortino, ed oggi stesso sono riapparse le mandrie. Permetto il mercato, prometto che nessuno si avvicinerà alla chiesa, rispetto assoluto per le donne. Ad ogni concessione, ad ogni promessa, grande inchino, mano alla fronte, di tutti i presenti, fino a terra. Avviso anche che all'imbrunire nessuno dev'essere fuori. Le sentinelle hanno l'ordine di sparare a chi si avvicina ed è scorto. Mi hanno fornito essi stessi nella giornata di oggi informazioni sui movimenti del Degiac, il quale deve essere poco gradito anche a loro, visto che non li risparmiava punto.

Adi Zubahà 23 gennaio.

Da ieri il cannone tuona. Le mitragliatrici picchiettano in lontananza. Nei punti scoperti della strada che noi guardiamo le colonne sono assalite a fucilate. Bisogna difendersi, e come, lo sanno gli autisti. Ieri nove vi hanno lasciato la pelle. Due autocarri bruciati. A mezzogiorno arriva l'ordine. Partenza per il punto più avanzato per cercare di disimpegnare una nostra legione ed il Gruppo Diamanti fortemente impegnati e circondati. Arriva l'autocolonna, ci carichiamo. Saluto il mio bravo Sciragi che mi ha servito bene ed è diritto, impalato sull'attenti, il braccio teso nel saluto romano, mentre due lacrimoni gli scendono

lungo le gote nere. Ha voluto lasciarmi partire, poi partirà a sua volta per Hausien per arruolarsi nuovamente. L'autocolonna procede lentamente. Urti, sobbalzi, ruote che girano freneticamente non trovando presa nella sabbia rossastra, arresti improvvisi, salti in avanti. I legionari stesi sul fondo, le armi appoggiate ai bordi, scrutano tutto in giro... Si aspetta di momento in momento la scarica nemica. Intanto cala la sera. Più rosso del rosso del tramonto d'Africa il fuoco dei villaggi che bruciano all'orizzonte. In lontananza i soliti guaiti, i soliti ululati dei carnivori che cercano o si disputano il pasto serale. Si arriva, finalmente, dopo che sono uscito di pista con il camion un paio di volte. La notte è illune. Dormo steso sul lettino con un paio di coperte. Di tenda non se ne parla. I legionari intorno a me fanno dell'astronomia. Ne contano di enormi (di stelle), ma siccome non sono molto ferrato in materia, taccio e cerco di prendere sonno.
Amba Camalè, 28 gennaio.

Scariche nette, decise, brevi delle *Breda* leggere, sgranio più lento, più lungo, insistente, delle *Fiat* pesanti. Schianti intermittenti degli spezzoni che gli apparecchi seminano sulle ambe intorno. L'artiglieria batte a volta a volta colpo per colpo, a volte con improvvise salve di batteria, gli anfratti, i dirupi, i profondi canali, i terrazzi delle altre. Il fuoco di fucileria si sposta, rallenta, s'intensifica d'improvviso, cessa ad un tratto per riprendere dopo. Per tre giorni abbiamo vissuto in quest'atmosfera di battaglia, spostandoci da un luogo all'altro, presidiando punti obbligati, in collaborazione con un gruppo di Battaglioni ascari, pronti all'urto della massa nemica. L'urto l'hanno avuto i battaglioni Diamanti e la nostra 180ª Legione al passo Uarieu. Urto fatto per schiantare, travolgere, e che si è invece schiantato sanguinosamente contro le nostre Camicie nere, i nostri ascari, che hanno resistito per tre giorni consecutivi. Perdite gravi le nostre, immense quelle nemiche. L'arrivo del nostro battaglione e dei nuovi ascari ha fatto cessare la pressione, ha dato la possibilità di rifornimenti. Il fuoco ci ha sfiorato, non ci ha provati. Ora

siamo qui a presidio di monte Pellegrino, pronti. Ras Sejum ha proclamato che non passeremo mai il Ghevà.
Che voglia di provarci.
Attendiamo ordini.

Amba Camalè, 1 febbraio.

Vi è un tempio o santuario a poca distanza. Scavato internamente in roccia, con ricavate nella roccia stessa le aperture e sei grandi colonne che ne reggono la volta interna. La pietra è rossastra, friabile, sembra calcinata. Le colonne si riuniscono in alto a sesto acuto e formano un corridoio centrale che porta ad una specie di urna dove il rito viene celebrato. Alle pareti, nicchie piene di crani e di ossa. Ne è ingombro anche il pavimento, insieme ai pipistrelli che, disturbati, incrociano pazzescamente formando un insieme abbastanza macabro. In complesso è un'opera notevole ed interessante. Qui dove siamo la vita è abbastanza buona. Si manca, è vero, di quasi tutto, ma le necessità aguzzano l'ingegno e ci si arrangia. I Legionari mangiano muli, corvi e quando riescono ad intrappolare un cane è festa grande. Finora ho contribuito a far la festa ad un asinello, e assicuro che è squisito. Scimmie ce ne sono di tutte le qualità e dimensioni. Graziosissime le piccole Zanzibarine[428]. Ma è difficile acchiapparne qualcuna nonostante la caccia spietata. Fucilate di tanto in tanto dei piccoli posti messi su in alto. Qualche cannonata. Dopo la burrasca dei giorni scorsi la vita è abbastanza tranquilla. Gergo dei Legionari: "Dove andiamo?" – "A Mai Riac". In bresciano significa "non si arriva mai" e *Mai* (acqua) in abissino è il prefisso delle località dove si trova dell'acqua. "Ceh", rumore imitativo della cartuccia che non esplode, che fa cilecca. Dove è andato il tale? Ha fatto *Ceh*. Vuol dire che non c'è più, che è rimasto indietro, che ha rotto il contatto con il reparto.

Amba Camalè, 5 febbraio.

---

[428] *Cercopithecus aethiops sp.*

Una mia pattuglia messa di guardia sulla sommità del Carnalè ha fatto fuoco su un gruppo nemico in esplorazione, ritirandosi immediatamente dopo. Ieri mattina sono salito in luogo con un plotone. I nemici sono scomparsi. In compenso quello che si vede lassù, vale la fatica che si fa per arrivarci. Il torrione altissimo è completamente isolato. Vi si accede per uno stretto sentiero incavato in roccia, sospeso a strapiombo. Non bisogna inciampare e non bisogna soffrire di vertigini. Le pareti si perdono giù in fondo in verticale perfetta, che si trasforma e si allarga strapiombando a pochi metri dalla sommità, dando luogo al terrazzo. Di fronte, più bassa, una parete, uguale. La colorazione della roccia da rosso poi si schiarisce man mano che si sale con lo sguardo, sfumando in rosso chiaro. Questa mattina, invece, ricognizione al passo Uarieu, verso l'Uork Amba, che il nostro battaglione dovrebbe in questi giorni prendere d'assalto, scacciandone il nemico che vi si annida. Si scorgono distintamente armati abissini che sorvegliano i nostri movimenti, al riparo di un tukul. Due colpi di una batteria alle nostre spalle. La capanna salta e si incendia. A ventaglio, a tutta velocità fuggono sparpagliandosi gli armati. Qualcuno però vi è rimasto: si odono distintamente gli scoppi di cartucce contenute nella cartucciera di qualche guerriero che abbrustolisce nell'incendio [...]

3. Ordine del Giorno del Comando della 2ª Divisione CC.NN. 28 Ottobre dopo la battaglia di Passo Uarieu 25 gennaio 1936

Comando della 2ª Divisione CC.NN. *28 Ottobre*
Passo di Uarieu, 25 Gennaio 1935 XIV
Ordine del giorno N°.78
Alle truppe del passo di Uarieu

La lotta iniziata il 20 gennaio coll'azione dimostrativa sui roccioni di Debra Amba, primo atto del combattimento del Mai Beles e della strenua difesa di Passo Uarieu, protrattasi sino a tutto il 24, ha avuto una tregua. Il nemico di fronte alla vostra tenacia che nulla poté piegare si è ritirato dopo aver lasciato sul terreno non meno di 2.000 morti fra cui alcuni temuti capi. Con tale risultato, al termine dello sforzo compiuto, possiamo con serena calma fare il nostro bilancio. Prova del vostro spirito combattivo e dall'alto senso del dovere da voi dimostrati è data dal numero dei nostri caduti, testimonianza che il sacrificio fu pari al valore. Ai 350 gloriosi morti del Mai Beles e di Passo Uarieu vada il riverente e commosso nostro saluto. Dopo aver ricordato i fratelli caduti, il mio pensiero corre riconoscente a voi, o combattenti di Passo Uarieu! Vi ho visto alla prova del fuoco, vi ho seguito all'avanzata del Debra Amba, compiuta per agganciare l'avversario, poi all'ordine di ripiegare per meglio distrarre il nemico dal fronte della 2ª Divisione Eritrea, avete iniziato quello che fu il cruento cammino del dovere e del sacrificio. E quando masse nemiche dieci volte superiori in numero tentarono di accerchiarvi, ho visto legionari ed ascari impegnarsi in una lotta senza quartiere, artiglieri che ultimate le munizioni sparate anche a zero, si difesero col moschetto, ho visto cappellani – come la nobile ed eroica figura del Padre Giuliani del 1° Gruppo CC.NN. dell'Eritrea – fermi al loro posto di sublime apostolato al sopravanzare del feroce nemico. Per questo conchiudo il bilancio morale della lotta col pieno riconoscimento delle vostre virtù di legionari e soldati.

Ufficiali e Gregari! In uno dei momenti più gravi della difesa di Passo Uarieu, il giorno 23 gennaio, S. E. Badoglio mi fece pervenire a mezzo aereo queste parole: *Vaccarisi è vicino. Coraggio mio Somma, resista ed avremo la vittoria. Le sue CC. NN. scrivono una pagina magnifica.*

Alla risposta che a nome mio e vostro io inviai, posso aggiungere oggi un'altra parola: *Maresciallo Badoglio, la 28 Ottobre nel nome del Re e del Duce è pronta e salda al suo posto d'onore e difenderà fino all'estremo di ogni umana resistenza il Passo Uarieu tanto desiderato dal nemico.*

Ufficiali e gregari, in alto i cuori e le armi per la gloria e la vittoria della grande Patria Fascista.

Saluto al Re! Saluto al Duce!

Il Generale Comandante
Generale di Divisione UMBERTO SOMMA

p.c. il Capo di Stato Maggiore
Ten. Col. Di S.M. L. BONFATTI

4. Promemoria sulla 1ª battaglia del Tembien inviato al Duce dal sottosegretario alla Guerra, gen. Mario Baistrocchi

[...] Un valoroso competente ufficiale, che ha partecipato al combattimento del Tembien, riferisce nella forma più riservata quanto segue. Nulla di nuovo, ma tutto interessante data la fonte informativa.

1. Battaglia scatenata senza alcuna preparazione senza riserve con incoscienza massima perché non si attacca con inferiorità di forze e senza un battaglione di riserva. Guai se
2. il nemico avesse sfondato ai passi Uarieu e Abarò. Comando superiore AO dice che generale Pirzio Biroli ha proposto l'attacco e poi non l'ha preparato: domandiamo che c'entra Pirzio Biroli? E' il comandante in capo che: o non doveva accoglierla, o accolta, doveva curarne preparazione inviando tempestivamente forze che giunsero tardive.
3. Colonna Diamanti venne lanciata oltre il passo nonostante ordine del maresciallo Badoglio di attaccare dimostrativamente, parole vuote: gergo oggi abbandonato dall'esercito dopo tutte le insistenti direttive di S.E. Baistrocchi.
4. Difesa di passo Uarieu organizzata materialmente al passo: nessuna profondità, nessuna sicurezza alle ali. Il nemico occupò tranquillamente posizioni dominanti dalle quali minacciò fianchi e tergo e... Hausien.
5. Hausien quasi sguarnita. Come mai Badoglio che ha l'incubo del nemico ovunque non ha precisato di inviare una riserva e di rafforzare Hausien *a priori*?
6. Somma ha apprestato difesa senza allargare lo sguardo oltre il passo.
7. Diamanti, Somma, comandanti valorosi hanno pagato di esempio, hanno contrattaccato, ma dove un *lampo* di genialità? Valore di soldati... ma basta.
8. Battaglia vinta, *perché si è vinto* (4.300 uomini hanno ricacciato oltre 15.000 uomini infliggendo perdite colossali) sen-

za manovra alcuna. Non ha manovrato Pirzio Biroli, non ha manovrato Vaccarisi, nessuna manovra da parte di Somma e Diamanti.

9. Manovra mancata per il comandante superiore AOI e il III corpo d'armata? Se questo fosse stato lanciato non contro le ipotetiche colonne di ras Mulughietà ma al tergo delle orde di ras Sejum e di ras Cassa, se divisione eritrea Pesenti fosse stata inviata un giorno prima al Tembien, noi avremmo avuto battaglia che sarebbe stata decisiva come quella di Neghelli. *Ma... non si ha cuore di agire.*
10. Anche oggi tutti sanno che capi abissini litigano, non hanno munizioni, sono depressi e noi... abbiamo paura: sempre il fantasma di abissini ovunque.
11. Perché rendere responsabile di tutto il buon Vaccarisi? Dagli addosso. Vaccarisi, soldato valoroso energico paga il fio di essere un carattere laddove Maravigna e Terziani pavidi imperano.
12. Morale altissimo, comandanti incerti subiscono influenza dall'alto che ha convinto tutti del pericolo di... osare e della necessità di camminare a passo di formica da trincea a trincea e di stare fermi. Truppa che *freme*.
13. Si prepara la battaglia di Macallè?! Marcia verso il vuoto con preavviso di lunga data. Il nemico sa da oltre due mesi che il comando superiore AO vuole quest'azione. E il nemico gli darà Amba Aradam, Scelicot e resto, e poi? Mulughietà non si farà acchiappare da nessuno. Sarebbe opportuno che acchiappassimo chi è a portata di mano. Ciò è possibilissimo. Basta volere e osare. Nessun pericolo. La vedrete... la nuova battaglia.

AO. Questo è un promemoria inviato da S.E. Baistrocchi al Duce. Purtroppo dice cose che tutti abbiamo sentito e pensato da tempo.
R.[oatta]

(da Caccia Dominioni 1966, pp.353-355)

5. Le memorie del sottotenente Carlo Giacomelli, artiglierie alpino assegnato alla 321ª Batteria Italiani all'estero aggregata alla Divisione CC.NN. Tevere, in Somalia e Etiopia

Carlo Giacomelli, nato nel 1911, iniziò il suo lungo servizio sotto le armi nella 17° Batteria "Tira e Tasi" della *Julia*, per poi essere inviato in Somalia e in Etiopia, in appoggio alle Camicie Nere impegnate contro i ribelli. Dopo un breve intervallo di pace, Giacomelli combatterà in Francia e nella Campagna di Grecia-Albania, partecipando poi alla repressione della guerriglia in Albania. Dopo l'8 settembre 1943 sarà spinto nuovamente nella lotta, al fianco dei suoi colleghi nel Gruppo *Bergamo* della Divisione Alpina *Monterosa* dell'Esercito Nazionale Repubblicano, schierato contro gli Alleati in Garfagnana. Giacomelli seguirà quindi le sorti della *Monterosa* durante il ripiegamento nell'aprile 1945 in seguito all'offensiva Alleata. Le memorie di Giacomelli sono state ristampate dall'Associazione ITALIA con il titolo *Una vita come tante altre* nel 2007.

Partenza per l'Africa

La mia destinazione era la Divisione Camicie Nere *Tevere*, i cui reparti erano costituiti da volontari scelti fra gli ex combattenti della guerra 1915-1918, i mutilati della stessa, italiani all'estero e studenti universitari. Tali reparti, dotati di molto entusiasmo e buona volontà, erano ovviamente a corto di preparazione tecnica, e perciò era stato deciso di rinforzare ciascuna delle Batterie della Divisione con una dozzina di specialisti (operaio di Batteria, goniometrista, specialisti delle trasmissioni, Sottufficiali pratici di salmerie ecc.), capeggiati da un Sottotenente. Ogni Divisione Alpina fu tenuta ad inviare una di queste squadrette e io ebbi l'onore di comandare quella fornita dalla *Julia*. Fui assegnato alla 321ª Batteria *Italiani all'estero*, che si trovava in allestimento nei pressi di Caserta. Raggiunsi il reparto un giorno del dicembre 1935, dopo un lunghissimo viaggio in ferrovia e, stanco, dopo essermi presentato ai miei nuovi superiori, mi buttai a dormire un lunghissimo sonno. Al mattino ebbi la sorpresa di scoprire che non potevo aprire gli occhi. Pensai di avere preso un colpo d'aria ma il medico di Batteria mi spiegò che si trattava semplicemente di cimici che mi avevano punto in più parti del viso! Cambiai allora diverse residenze ma non riuscii a trovarne una che non fosse infestata dai parassiti. Mi chiedevo che, se quella era la civilissima Italia, che cosa sarebbe stata mai l'incivile Africa, e un mio artigliere, ricordo, mi disse un giorno: "Signor Tenente, ma perché non incominciamo col colonizzare questi paesi?". Cimici e totale mancanza di bagni a parte, non mi trovai male nel mese circa che trascorsi in attesa dell'imbarco. Il reparto era di nuova formazione e c'era tutto da fare: dalla formazione di batteria all'istruzione degli uomini. Perciò lavoravamo dalla sveglia fino a tarda sera. Dopo cena invece avevo preso l'abitudine con altri quattro colleghi di recarmi a Napoli a goderci un po' la vita in previsione di probabili lunghe astinenze che avremmo dovuto sopportare in Africa. Ritornavamo al reparto alle ore piccole con una scassata *Balilla* che avevamo noleggiato e che aveva il radiatore riparato sommariamente con del sapone, il che faceva sì che nelle salite più impegnative lasciassimo dietro a noi una bella scia di bolle. Il guaio fu che la storia che "quello poteva essere l'ultimo giorno di permanenza in Italia" si protrasse, come ho detto, per circa un mese e, alla fine, i miei amici ed io, dopo avere passato pressoché in bianco tante notti, eravamo morti di sonno. Finalmente, il 6 gennaio del 1936, venne il sospirato giorno della partenza. Salito a bordo della *Cristoforo Colombo*, un bel vapore di una dozzina di migliaia di tonnellate, mi buttai sulla cuccetta che mi era stata assegnata e dormii per ventiquattro ore filate. La navigazione si svolse regolarmente senza particolari incidenti. In Egitto trovammo inaspettatamente un gran freddo ma, in compenso, calorosissime accoglienze da parte della colonia italiana capeggiata dalla indimenticabile Maria Uva, che tutti coloro che si recarono in A.O.I. hanno conosciuto e che per tutto il tempo che impiegammo ad attraversare il canale di Suez ci cantò tutto il repertorio delle canzoni patriottiche allora in uso, *Faccetta Nera* in testa. Nel Mar Rosso, calmo e soleggiato, un giorno, ricordo, la nostra nave speronò un grande pescecane che rimase impigliato per diverse ore sul tagliamare. Sarà stato lungo sei o sette metri a dir poco. Lasciammo alla nostra dritta il Capo Guardafui con il suo aspetto di leone accovacciato e costeggiammo le coste somale, fino a che arrivammo a Mogadiscio, o, per meglio dire, nella sua baia, perché il porto era praticamente inesistente e tutti i piroscafi dovevano sostare all'ancora al largo della città. Venivano scaricati per mezzo di maone, grossi barconi, che facevano la spola fino a riva. Ma i mezzi erano pochi, e così certi vapori dovevano aspettare anche dei mesi in attesa del loro turno. A noi per fortuna fu data la precedenza e fummo sbarcati nello spazio di un paio di giorni. Io fui inviato a terra per primo come Furiere d'alloggiamento, così che potei subito fare la conoscenza con la bella bianca cittadina, capitale della pacifica colonia della Somalia. All'elegante albergo *Croce del Sud*, centro della vita mondana della città, trovai amici friulani con i quali trascorsi piacevolmente la mia prima notte africana.

In Somalia

La città, appresi, era circondata da un campo trincerato costituito da un grande semicerchio, di forse sei o sette chilometri di raggio, di reticolati e di fortificazioni campali. Tale campo era stato costruito per ragioni di prudenza, forse eccessiva, per il caso che gli abissini fossero arrivati fino lì. In quei giorni invece essi, e di conseguenza il fronte delle operazioni, distavano ben più di mille chilometri da Mogadiscio. Tuttavia la nostra Divisione fu disposta ugualmente a semicerchio attorno alla città a presidio del campo trincerato, e il perché di questa dislocazione apparentemente assurda lo comprendemmo ben presto. Il problema principale che affliggeva il Generale Graziani era quello di rifornire le truppe che si trovavano, come ho detto, a tanta distanza dall'unico porto, se porto si poteva chiamare quello di Mogadiscio, e, per giunta, mancavano completamente le strade e tutti i trasporti dovevano venire effettuati sulle piste, dove gli insabbiamenti e gli impantanamenti erano all'ordine del giorno. Così stando le cose, non credo che il Generale si fosse compiaciuto per l'invio fattogli della nostra Divisione che avrebbe richiesto, per essere trasportata al fronte, e per essere approvvigionata, centinaia e centinaia di automezzi dei quali eravamo invece completamente sprovvisti. Per tali motivi fummo "parcheggiati" nel campo trincerato, mentre i pochi camion di cui poteva disporre Graziani facevano un'affannosa spola per rifornire le truppe di colore, che, uniche, venivano impiegate al fronte, dato che avevano ben poche esigenze in fatto di cibo, ed erano anche molto più mobili di quelle nazionali. Cominciò allora per noi un lungo periodo d'attesa che, d'altra parte, si dimostrò assai proficuo per completare l'affrettata preparazione dei reparti, volonterosi fin che si vuole ma indubbiamente giù di allenamento. Ero arrivato in Somalia con la Batteria *Italiani all'estero*, ma poi fui trasferito alla 219ª, costituita da ex combattenti della prima guerra mondiale. A me, Sottotenentino giovane di 25 anni, abituato a trattare con reclute di 20 anni, questi artiglieri di età variabile fra i 37 e i 50 anni parevano anziani da casa di ricovero, ma in poco tempo imparai ad apprezzarli e anche la freddezza iniziale che si era creata fra noi con le stellette e gli altri con i fasci si andò attenuando, e in breve formammo una buona e concorde famiglia. Comandava la Batteria il Centurione Ricci, romano, uomo dinamico e volitivo il quale ci sottopose tutti ad una vita intensissima. Ogni mattina partivamo con tutta la Batteria per lunghe marce ed esercitazioni, talora anche a fuoco, nelle scheletriche boscaglie di acacie ombrellifere che ricoprono gran parte della Somalia e poi al pomeriggio si continuava con le istruzioni. Le prime volte, durante tali marce portavamo via con noi la borraccia, e in poco tempo ci facevamo fuori l'intera nostra razione giornaliera di acqua, che era di due litri a persona; poi imparammo a non bere affatto fino al nostro rientro all'accampamento per l'ora del rancio. La lingua si asciugava e diveniva dura come un pezzo di legno e ci impediva quasi di parlare ma in tale modo non traspiravamo quasi per nulla ed evitavamo così i pericoli della sudorazione eccessiva. Talora, a piedi o a cavallo dei muli, ci spingevamo in ricognizioni anche lontane. Ricorderò sempre la gioia e la commozione che provai la prima volta che raggiunsi, presso il Villaggio *Duca degli Abruzzi*, lo Uebi Scebeli. Da mesi vivevamo nella boscaglia di acacie spinose che in quel periodo erano totalmente prive di foglie e di conseguenza non sapevamo più come fosse fatto il colore verde, perciò quando, verso l'alba, ci trovammo immersi in un trionfo di coltivazioni di banane, di alberi lussureggianti e di fiori, confesso, mi venne da piangere. Procedendo ancora arrivammo alle rive dello Uebi Scebeli ed io che avevo la passione del nuoto e per giunta da mesi mi dovevo accontentare dei due litri di acqua giornalieri che passava la naja, senza pensarci su, mi tuffai nel fiume, largo in quel punto forse un centinaio di metri, e lo attraversai con vigorose bracciate. Giunto all'altra sponda feci una regolamentare virata ritornando indietro, quindi ripetei la manovra più volte, poi uscii ad asciugarmi al sole, felice per la bella nuotata fatta. Dopo poco si avvicinò a me un soldato che era di presidio da quelle parti e gli dissi quanto lo invidiavo perché viveva nei pressi di un così bel fiume. Ma questi mi rispose che il fiume era come se non ci fosse per lui, perché talmente zeppo di coccodrilli, che non era possibile nemmeno avvicinarsi per attingere un secchio d'acqua! Non vi dico la paura che mi presi per il rischio che avevo corso veramente da stupido e, poiché di sventatezze del genere ne compii parecchie in vita mia, devo concludere che, alla fin fine, i miei figli hanno avuto una bella fortuna se sono riusciti ugualmente a venire al mondo. Noi continuavamo a fare marce ed esercitazioni e intanto sia le truppe di Badoglio da nord che quelle di Graziani da sud avanzavano e noi ci rodevamo il fegato perché non potevamo partecipare alla conquista dell'impero. Così arrivammo al 6 maggio, giorno della presa di Addis Abeba, e eravamo ancora lì a fare la guardia al campo trincerato di Mogadiscio. Facemmo buon viso a cattiva sorte: canti, sventolio di bandiere e rancio speciale. Passò ancora qualche settimana poi, finalmente, il tanto sospirato ordine di partenza.

L'Etiopia

Su un certo numero di *Fiat 34* furono caricati uomini, materiali e muli (ne avevamo una trentina appena), e quindi la lunga colonna si avviò lungo quella che era stata la direttrice principale della avanzata delle nostre valorose truppe di colore su, su per Giggiga fino ad Harrar e poi a Diredaua. Il lungo trasferimento si compì senza incidenti, salvo una piccola sparatoria poco dopo Harrar, senza però alcuna perdita da parte nostra. Arrivati a Diredaua, apprendemmo il nostro destino. Era cominciata la stagione delle piogge, e le truppe che avevano occupato Addis Abeba e il cuore dell'Etiopia, a causa della intransitabilità delle piste, dipendevano per il rifornimento praticamente soltanto da quello che poteva giungere loro attraverso la ferrovia che da Gibuti, via Diredaua, Hauash raggiungeva la capitale in tre giorni di viaggio. A noi pertanto venne affidato il compito di presidiare l'arteria contro eventuali attacchi. E tale compito non era evidentemente una *sine cura*. La ferrovia, lunga un migliaio di chilometri, non era facilmente difendibile, tanto più che la nostra

Divisione, come già dissi, non disponeva che di un numero limitatissimo di automezzi. Ad ogni modo gli ordini sono ordini e il Generale Boscardi comandante la Divisione fece quanto era possibile dislocando le tre Legioni e le tre Batterie a sua disposizione lungo tutto il percorso da Hauasch fino quasi ad Addis Abeba (il Battaglione degli studenti universitari, dopo una rapida comparsa sul teatro delle operazioni, era ritornato in Italia). Agli ex combattenti spettò il presidio della parte più occidentale della linea, da Moggio a Les Addas e a Ducam, non lontano dalla capitale. A Moggio si insediò il grosso delle forze; un Battaglione di CC.NN., il comando della Legione con il Console Galbiati, e la 219ª Batteria della quale facevo parte. Creammo un campo fortificato attorno al villaggio: pochissimi reticolati, alcune trincee e... molta buona volontà. I 4 pezzi da 65/17 della Batteria furono sistemati decentrati ai quattro punti cardinali. In caso di attacco avrebbero dovuto agire d'iniziativa sparando a tiro diretto, come fossero stati dei grossi fucili. Non disponevamo nemmeno di una, sia pur sommaria, carta topografica della ferrovia che dovevamo presidiare e pertanto il Console Galbiati diede incarico al Comandante la mia Batteria di studiare la possibilità di prepararne una. Tutti gli Ufficiali del reparto, interpellati risposero che non era umanamente possibile rilevare centinaia e centinaia di chilometri di strada ferrata in un tempo breve come veniva richiesto ma io risposi che mi sarei assunto l'incarico. Avevo notato, infatti, che i pali del telegrafo che fiancheggiavano la linea erano tutti numerati e, per giunta, su di essi era indicata la distanza progressiva dalla capitale; pertanto, conclusi, rilevando a mezzo bussola l'orientamento di ciascun rettifilo, mi sarebbe stato possibile, effettuando due o tre volte l'intero percorso in treno, ricavare tutti gli elementi per disegnare il tracciato della strada ferrata, l'ubicazione dei principali manufatti e di schizzare quanto di importante ai fini bellici si poteva incontrare lungo il percorso. Solo con il mio fedele attendente, con beata incoscienza viaggiai per più giorni su e giù fra Moggio ed Hauasch con treni viaggiatori o merci, senza pensare che qualche *sciftà*, così venivano chiamati i ribelli, poteva farmi la pelle con tutta tranquillità dàl momento che allora i treni non venivano ancora scortati dai militari. Il lavoro riuscì molto bene e, alcuni mesi dopo, quando finalmente arrivarono le carte topografiche dall'Italia, potei constatare che il mio rilevamento artigianale non differiva sostanzialmente da quello effettuato con ben maggiore impiego di uomini e di mezzi dai cartografi. Stavo per iniziare i rilevamento del secondo tratto, da Moggio alla capitale, quando avvenne il fattaccio. Un treno che doveva arrivare dalla capitale non giunse a Moggio ma non si poté sapere il perché dal momento che i fili del telefono che collegavano le varie stazioni erano stati tagliati. Fu messa in ascolto la radio di cui disponevamo, ma si trattava di un apparecchio di modesta portata che male poteva ricevere il messaggio che veniva trasmesso dalla stazione di Les Addas situata a una trentina di chilometri in direzione di Addis Abeba. Riuscimmo tuttavia a captare qualche parola come: "Morti... feriti... soccorsi...", che fecero comprendere che qualche cosa di grave stava avvenendo in quella località che era presidiata da una nostra Compagnia. Il Console Galbiati allora decise che bisognava andare in soccorso al presidio attaccato ma non disponevamo che di quattro camion di modeste dimensioni. Per non sguarnire le linee di difesa del presidio di Moggio caricammo sugli automezzi cento uomini della Batteria non indispensabili per il servizio dei pezzi e partimmo nella notte fonda, preceduti dal Console in persona che viaggiava con una piccola scorta su un suo automezzo. Io viaggiavo sull'ultimo camion, responsabile della coda. Credo durante quel viaggio di avere provato un sentimento non molto dissimile dalla paura. Viaggiavamo nel buio più fitto su una pista sconnessa e a noi completamente sconosciuta e dai villaggi che sorgevano sulle colline, alla nostra destra e alla nostra sinistra, preoccupanti ci giungevano il rullare dei *tam-tam* che chiamavano a raccolta i guerrieri e i trilli con i quali le donne incitavano al combattimento i loro uomini. Proseguimmo così per molti chilometri poi cominciarono i primi spari, e stavo per soggiungere "finalmente", perché allora, come d'incanto, cessò la mia paura. Prima trepidavo per il timore dell'ignoto; ora invece tutto era chiaro: loro sparavano e noi rispondevamo meglio che potevamo mirando ai punti dove vedevamo accendersi le fiammelle dei loro *Mauser* o dei loro fuciloni. Nei punti cruciali facevo scendere gli uomini dal camion perché potessero sparare meglio ma poi, appena possibile li facevo risalire perché dovevamo raggiungere i nostri che sapeva,mo duramente impegnati ma non era sempre facile procedere spediti. Ogni tanto, vuoi a causa della pista infame e vuoi perché gli autisti si emozionavano, a qualche camion si fermava il motore ed erano guai perché non solo non disponevamo di messa in moto automatica ma nemmeno delle... manovelle per la messa in moto manuale che non ci erano state mandate dall'Italia! Non mi rimaneva allora che legare, con delle funicelle che provvidenzialmente avevamo portato con noi, il camion fermo ad uno che lo potesse rimorchiare fino a rimettere in moto il motore, la quale operazione, dato che veniva effettuata sotto il tiro della fucileria, non era affatto divertente, ve lo assicuro. Ogni tanto, durante le brevi soste della colonna, mi portavo in testa a recare le novità che per fortuna erano buone. In testa invece il Console e l'interprete greco che aveva al suo fianco erano stati colpiti gravemente da una fucilata che aveva spappolato un braccio al primo e perforato tutte e due le mani al secondo. Superato lo sbarramento di fucileria, arrivammo alla stazione di Les Addas. C'erano molte Camice Nere morte e ferite e qualche superstite. Tra questi il Centurione Fant, con la faccia orribilmente devastata da una bomba a mano. Gli salvarono la vita ma rimase cieco. Ci disponemmo a difesa attorno alla stazione ferroviaria e al treno che si era fermato davanti ad essa, ma la situazione non si presentava allegra. Il presidio era stato attaccato da forze ingenti, e tutto faceva prevedere che il giorno seguente queste sarebbero tornate a farci visita. Per giunta eravamo scarsi di munizioni, pertanto fui inviato con un camion e sette uomini a prendere contatto con un nostro presidio a un paio di chilometri di distanza per avere notizie e farmi dare cartucce per le nostre armi leggere. Il viaggio di andata si compì senza inconvenienti, ma, all'albeggiare, quando stavo rientrando con le preziose munizioni, vidi alla mia sinistra le colline gremite di soldati. Pensai per un istante che si trattasse del nostro Battaglione, miracolosamente giunto a darci una mano, ma ben presto mi accorsi che invece si trattava di almeno un migliaio di abissini che scendevano per tagliarci la strada. A tutto gas riuscimmo a ricongiungerci con i nostri sotto una grandinata di proiettili che ci sforacchiarono il camion e persino la mia mantellina ma, per fortuna, senza conseguenze alle persone. Le forze in campo erano troppo impari per passare al contrattacco e pertanto non ci rimase altro che metterci sulla difensiva, centellinando i colpi per non rimanere sprovvisti di munizioni e limitandoci a sparare quando si vedeva il nemico a distanza ravvicinata. Da parte nostra avemmo tre morti e molti feriti. Finalmente verso sera arrivò un treno provvidenziale con il grosso del Battaglione di Moggio giunto al nostro soccorso. Le Camicie Nere sferrarono un bellissimo contrattacco e in breve la zona fu ripulita dagli *sciftà*. Meno fortunato di noi, un intero Plotone del presidio di Les Addas era stato circondato e annientato: oltre trenta Caduti. Ritornai a Moggio con un certo numero d'artiglieri come scorta ai treno che trasportava i feriti, ma in quel presidio disponevamo solamente di una modesta infermeria male attrezzata e le cure che si potevano praticare erano il più delle volte soltanto dei palliativi. Ricordo, fra gli altri episodi, che a un ferito fu dovuto amputare un braccio con il seghetto del fabbro e con una dose di cognac come tutto anestetico. Rimanemmo isolati per molti giorni ma poi alcuni Battaglioni di truppe di colore comandati dal Generale Gallina vennero a ripulire la zona dai "ribelli" e dal... bestiame bovino, diverse migliaia di capi, che vennero affidati alla nostra Batteria, la quale si incaricò della loro custodia. Comincio così per noi un periodo relativamente tranquillo ma di grande attività. Oltre all'impegno non indifferente di badare a tutto quel bestiame, lavoravamo tutti con gran lena a costruire trincee e fortini, poi dovemmo erigere in pietra viva, che ricavavamo da una cava, un forno nel quale confezionammo poi il pane per l'intera divisione. Poi fummo impegnati nella costruzione di un cimitero decoroso per i nostri morti, e la notte c'erano lunghi ed estenuanti turni di guardia per la truppa e di ispezione alle sentinelle per gli Ufficiali (tre ore ogni notte). Così di quel periodo ricordo in particolare il tanto sonno che andavo accumulando. Occasioni di mettere in azione i nostri 65/17 ne avemmo poche. Gli attacchi degli *sciftà* erano sporadici e avvenivano generalmente in zone impervie lontane dalla ferrovia, e avevano come protagonisti dalla nostra parte Battaglioni somali o eritrei, e spesso anche bande reclutate sul posto le quali si dimostrarono fedeli al nuovo governo. "Se avessi saputo", mi disse un giorno un graduato galla, "che il governo italiano, oltre al mangiare dà ai suoi soldati una paga e per giunta anche le cartucce gratis, mi sarei messo subito ai suo servizio; sotto il Negus niente paga, niente mangiare e dovevamo acquistare da lui le cartucce per i nostri fucili pagandole con bei talleri di Maria Teresa!". Questa era la semplice mentalità dei nostri nuovi sudditi, i quali ci accolsero da principio direi quasi con indifferenza poi, mano mano che si rendevano conto della nostra evidente superiorità di armi e di mezzi, cominciarono a salutarci, dapprima timidamente, poi con saluti romani sempre più entusiasti. I mesi delle grandi piogge trascorsero in fretta e venne settembre, con la festa del *Mascal* (ossia della Croce), che segna la fine delle precipitazioni, e viene celebrata con grandi festeggiamenti culminanti con le spericolate esibizioni di cavalieri *galla* e dei loro piccoli ma focosi e agili destrieri.

Faccio carriera

Con il ritorno del tempo bello furono intensificate da parte nostra le operazioni contro gli *sciftà* ma, come sempre, il maggior peso delle operazioni ricadde sulle truppe di colore e sui Battaglioni indigeni che avevamo reclutato in zona. Anche un ufficiale della mia Batteria che aveva assunto il comando di una di tali bande rimase ferito gravemente e fu rimpatriato. Poi partì per l'Italia anche il mio comandante e rimanemmo in tutto e per tutto in tre Ufficiali, così, quando venne l'ordine che le due sezioni agissero separatamente, io assunsi il comando di una di queste. Il compito che mi venne affidato fu quello di contribuire alla difesa della ferrovia in un punto particolarmente delicato in appoggio ad un Battaglione di Camicie Nere. Queste erano accampate nei pressi della stazione di Ducam ad una trentina di chilometri da Addis Abeba e io scelsi, per sistemarvi i miei due pezzi di artiglieria, la sommità di una quota denominata Tedecià dagli indigeni e Monte Pidocchio dai miei soldati. Tale quota dominava un lungo tratto di ferrovia che vi faceva un ampio giro attorno ed era estremamente favorevole dal punto di vista artiglieresco. Aveva però il difetto che distava più di un chilometro dal presidio di Ducam e, pertanto avrebbe potuto essere attaccata di sorpresa prima che qualcuno potesse intervenire in aiuto della mia piccola guarnigione, formata in tutto e per tutto da trentacinque uomini. Feci costruire perciò diverse trincee, e inoltre mi furono assegnati in rinforzo una ventina di indigeni reclutati sul posto e comandati da un Sottufficiale di colore. In quella posizione rimasi circa tre mesi fino al giorno del nostro rimpatrio, e fu nel complesso un periodo particolarmente tranquillo e piacevole. Tatticamente dipendevo dal comandante del Battaglione Camicie Nere di Ducam, il caro Maggiore Giovanni Testi che ancor oggi, novantenne, mi onora della sua amicizia, ma per tutto il resto ero assolutamente indipendente. La vita nel piccolo presidio si svolgeva regolare e ordinata: lunghi turni di guardia e piccole puntate nei dintorni, tanto per farci vedere. Mi recavo spesso a caccia di faraone, lepri, tortorelle e colombi e persino di qualche gazzella. Il Maggiore Testi veniva molto spesso a "ispezionare" il mio reparto e le sue visite ci davano l'occasione di fare belle chiacchierate assieme. Talora, specie quando mi dovevo recare al Comando di Battaglione, mi piaceva cavalcare un muletto abissino, un diavolo di animale instancabile che aveva la specialità di gettarsi a galoppo sfrenato giù per la ripida discesa, insensibile persino allo speciale morso indigeno che avrebbe rotto la bocca a qualsiasi cavalcatura europea. A poche centinaia di metri da noi sorgeva un villaggio dove c'era anche una chiesa copta i cui sacerdoti ogni domenica celebravano interminabili funzioni che iniziavano verso l'una o le due con lunghi salmodiamenti e terminavano poi nella tarda mattinata con la messa vera e propria alla quale confluiva la gente anche da lontano. Mi piaceva talora partecipare alla parte finale della cerimonia per studiare gli usi e costumi di questi nostri nuovi "sudditi". L'Abissinia è, o per lo meno era a quei tempi, un tipico paese feudale. C'erano i capi, generalmente scioani, di carnagione spesso assai chiara, che arrivavano sui loro muletti, spesso accompagnati dalle loro mogli, e scortati da diversi servitori-guardie di razza galla armati di semplici bastoni ma si vedeva benissimo che erano aste di lance, così come era chiaro che i fucili di cui erano abitualmente forniti erano stati nascosti da qualche parte. Del loro utilizzo di armi da fuoco restava la testimonianza nelle mantelline degli uomini, che erano fornite di un cappuccio speciale per riparare l'arma dalla pioggia. I miei rapporti con i locali furono sempre tranquilli. Non m'immischiavo nei fatti loro ed essi non mossero mai un dito contro di me. Ero rispettato perché avevano un sacro terrore dei miei cannoni, dei quali avevano sperimentato l'effetto nei primi tempi dell'occupazione. A questo proposito ricordo che un certo giorno nel quale avevo sparato alcuni colpi tanto per mantenere gli uomini in addestramento, vidi un gran subbuglio nei villaggio e dopo poco un lungo corteo di indigeni, che spaventati dagli spari, preceduti dal prete e da portatori di ombrelli e di libri sacri, si diressero verso le mie postazioni per deporre ai miei piedi l'omaggio di polli e cibarie varie che riuscirono graditissime per interrompere la monotonia del solito rancio. Verso l'inizio dell'anno 1937 si cominciò a parlare di rientro per missione compiuta. La zona, nel complesso era completamente pacificata e, più che di soldati, c'era bisogno di lavoratori sopra tutto per costruire la grande rete stradale che fu completata in poco più di un anno e coliegava fra l'altro l'Eritrea con Addis Abeba e questa con l'Harrarino e la Somalia. Quest'ultima arteria passava ai piedi delle nostre posizioni e noi ne vedevamo avanzare il tracciato quasi a vista d'occhio tanta era la rapidità con la quale erano eseguiti i lavori. Molti dei nostri "legionari" fecero domanda di rimanere nell'impero come lavoratori e così pure gli altri due Ufficiali della Batteria. Divenni quindi per forza di cose comandante del reparto, sia pure ridotto di forze. E venne l'ordine di rimpatrio. Con pochi bagagli e pochissimo armamento salimmo sul treno. Cercavamo di non farlo capire ma eravamo tutti un po' emozionati. Felici di potere, dopo tredici mesi d'Africa, ritornare alle nostre famiglie, nello stesso tempo ci piangeva il cuore di dovere salutare, probabilmente per sempre, quelli di noi che rimanevano in Etiopia come lavoratori o perché si erano raffermati nella polizia dell'impero. Altri nostri compagni sarebbero rimasti laggiù nei cimiteri di guerra che avevamo apprestato con tanta cura. Ma motivo di commozione era anche per noi il dovere dire addio a quelle terre, per la conquista delle quali avevamo combattuto e sofferto e che avevamo imparato ad amare per le loro bellezze naturali ma soprattutto perché eravamo convinti che il loro possesso avrebbe risolto, come se avesse operato una miracolosa bacchetta magica, il problema di dare pane e lavoro ai tanti italiani che in quei tempi di povertà spartana soffrivano le pene di una eroica indigenza. Il trenino sbuffava allegramente sulla tortuosa ferrovia che conoscevo così bene per averla percorsa tante volte e davanti a noi sfilavano i piccoli paesini, formati da pochi tucul seminascosti fra gli eucalipti, e le fertili colline coltivate a granaglie che si alternavano con belle foreste dapprima e poi con vaste distese desertiche. Con un amichevole *arcù*, che vuole dire "amico" salutavamo gli indigeni che a cavallo o a piedi transitavano nei pressi della strada ferrata. Addio, per sempre, "faccette nere" alle quali volevamo dare "un'altra legge e un altro re", che cosa sarà ora di voi?

Intermezzo di pace

Ritornai in Italia con la mia Batteria più o meno dimezzata nel numero dei suoi effettivi nel febbraio del 1937. Da Dire Daua, dove ci riordinammo e dove vennero smobilitate le Camicie Nere che avevano espresso il desiderio di rimanere in Etiopia come lavoratori, finalmente, sempre per ferrovia, raggiungemmo Gibuti, dove ci imbarcammo sul *Toscana* un grosso trasporto di oltre ventimila tonnellate. Il viaggio fu tranquillo, almeno nella prima parte, con molto relax e bagni di sole, assai piacevole e distensivo dopo oltre due anni di vita militare e tredici mesi d'Africa, turbato solo da una grossa burrasca che ci colse nel Mediterraneo orientale. Arrivammo comunque a Napoli senza incidenti, e di lì proseguimmo per Roma, dove in Piazza Venezia fummo passati in rivista dal Duce. Prima della nostra partenza per l'A.O.I., eravamo stati passati in rivista dal Re, ma la cosa mi aveva fatto molto meno impressione. Indubbiamente, Mussolini aveva un suo fascino personale e, in quel momento, dopo la felice conclusione della conquista dell'Etiopia, la sua stella si trovava allo zenith. Gli storiografi del senno del poi ora ci dicono che in quell'epoca gran parte degli italiani mordeva il freno, e complottava contro il regime. Non è vero nulla. Se allora a Mussolini fosse venuto il ghiribizzo di farsi eleggere dittatore a vita, credo che avrebbe ottenuto il 99 per cento dei voti o poco meno, tanta era la sua popolarità e l'entusiasmo che aveva saputo suscitare. Purtroppo, questo è il destino di tutti i dittatori: quando la fortuna arride loro, anche in conseguenza della piaggeria degli immancabili leccapiedi che sogliono fare da *plauditores* a chiunque abbia il potere in quel momento, si montano la testa, ritengono di essere infallibili e si vanno perciò a cacciare nelle più pazzesche avventure, e il più delle volte finiscono i loro giorni tragicamente. Ricordo a questo proposito che in un periodo della mia vita, di cui parlerò in seguito, e nel quale fui consigliato di rimanere uccel di bosco per alcuni mesi, mi dilettai, non avendo molto da fare, di ripassarmi alcuni volumi di storia universale. Mi resi conto così che, dei principali dittatori o tiranni della storia, furono pochissimi, da contarsi sulle dita di una mano, quelli che riuscirono a morire serenamente nel loro letto. La storia è maestra di vita ma, ahimè, gli uomini sono pessimi allievi [...]

5. Medaglie d'Oro al Valor Militare concesse a membri della M.V.S.N. per i combattimenti durante il conflitto italo-etiopico 1935-1936

Vice Brigadiere Panfilo DI GREGORIO, Coorte M.V.S.N. Forestale
Medaglia d'Oro al Valor Militare - alla memoria

Comandante di squadra incaricato di tenere un tratto di fronte molto pericoloso, assolveva la consegna in modo esemplare. Nella notte dal 20 al 21 gennaio, durante un contrattacco sferrato contro infiltrazioni nemiche, in un corpo a corpo rimaneva gravemente ferito all'avambraccio sinistro. Insistentemente consigliato di recarsi al vicino posto di medicazione, decisamente rifiutava di abbandonare il combattimento al quale continuava attivamente a partecipare dando mirabile esempio di coraggio e prova di elevate virtù militari. Colpito nuovamente era costretto, per la gravità delle ferite, a non poter più adoperare le proprie armi. Raccolto in mezzo a numerosi nemici da lui stesso abbattuti, esprimeva il più vivo rammarico per dover desistere dal combattimento ed invitava i compagni a conseguire la vittoria. Prossimo alla fine, con fiere e commoventi parole, rivolgeva il devoto pensiero alla Patria, al Duce, alla famiglia. Fulgido esempio di stoicismo ed attaccamento al dovere.

Daua Parma, 20- 21 gennaio 1936

Capomanipolo 192a Legione CC.NN. Enrico MACCOLINI da Firenze
Medaglia d'Oro al Valor Militare - alla memoria

Comandante di plotone collegamenti di un battaglione impegnato in aspra azione, si offriva volontario per comandare una pattuglia ardita e con decisivo colpo di mano, dopo aver attraversato un largo tratto di terreno scoperto ed intensamente battuto dal

fuoco avversario, saltando col suo esempio i suoi uomini, riusciva a scacciare da una caverna protetta da due ordini di trinceramenti abilmente mascherati, forti nuclei nemici che da tempo ostacolavano seriamente col fuoco il movimento di una compagnia, colonna centrale dell'attacco del battaglione. Mentre completava la rischiosa operazione nell'intricato sistema di caverne intercomunicanti, udiva, tra la fucileria, l'invocazione *Mamma, mamma* di una sua Camicia Nera, in soccorso della quale Egli, benché avvertito del rischio mortale, si lanciava animosamente riuscendo a raggiungere il ferito, ma veniva colpito a morte, spirando nell'abbraccio del proprio dipendente ch'Egli aveva voluto salvare a prezzo della propria vita.
Magnifico esempio di sereno coraggio e di generoso cameratismo.

Valle Gabat-Debrì-Calaminò, 21 gennaio 1936.

CAPOMANIPOLO FAUSTO BERETTA DA FERRARA, I GRUPPO CC.NN. D'ERITREA
MEDAGLIA D'ORO AL VALOR MILITARE - ALLA MEMORIA

Comandante del reparto esploratori di un Gruppo di Btgg. CC. NN., primo sempre in ogni rischiosa impresa, si portava a contatto col nemico per attirarlo in combattimento. Durante l'infuriare della battaglia, avuto ordine di proteggere dall'avversario incalzante una colonna di feriti che ripiegava verso linee retrostanti, assolveva il suo compito con strenuo valore.
Assalito da forze soverchianti, si arrestava per contenerle; perduti molti uomini, impugnava successivamente due mitragliatrici, riuscendo ad arginare gli assalitori. Esaurite le munizioni, imbracciava un moschetto e trasfondendo nei superstiti il suo stesso ardore, infliggeva ulteriori perdite all'avversario finché cadeva mortalmente colpito salvando a prezzo della sua vita quella di numerosi feriti.

Mai Beles, 21 gennaio 1936

CENTURIONE PADRE REGINALDO GIULIANI DA TORINO, I GRUPPO BATTAGLIONI CC.NN. D'ERITREA MEDAGLIA D'ORO AL VALOR MILITARE - ALLA MEMORIA

Durante lungo accanito combattimento contro forze soverchianti si prodigava nell'assistenza dei feriti e nel ricupero dei caduti. Di fronte all'incalzare del nemico alimentava con la parola e con l'esempio l'ardore delle CC.NN. gridando: *Dobbiamo vincere, il Duce vuole così*. Chinato sopra un caduto mentre ne assicurava l'anima a Dio, veniva gravemente ferito. Raccolte le sue ultime forze, partecipava ancora con eroico ardimento all'azione per impedire al nemico di gettarsi sui moribondi, alto agitando un piccolo crocifisso di legno. Un colpo di scimitarra, da barbara mano vibrato, troncava la sua terrena esistenza, chiudendo la vita di un apostolo, dando inizio a quella di un martire.

Mai Beles, 21 gennaio 1936

Seniore Luigi VALCARENGHI da Grumello Cremonese, Comandante il II Battaglione CC.NN. d'Eritrea
Medaglia d'Oro al Valor Militare - alla memoria

Minorato in salute per una grave forma intestinale rimaneva all'accampamento disdegnando il ricovero in luogo di cura. Informato dell'imminente impegno del suo battaglione, domandava ed otteneva di riassumere il comando.
In aspra lotta, circondato da soverchianti forze avversarie, prodigandosi con eccezionale valore ed alto entusiasmo, riusciva a fronteggiare la grave situazione. Ferito da arma bianca rifiutava ogni soccorso ingiungendo a quanti si erano portati presso di lui: *Fate il vostro dovere, pensate al mio battaglione.*
Raggiunto da un forte gruppo di armati che avevano riconosciuto in lui il capo, nuovamente colpito ad una mano, stremato di forze, riusciva ad uccidere uno degli assalitori, mentre attorno a lui cadevano quanti erano accorsi in sua difesa.
Un ultimo colpo di arma bianca troncava la sua generosa esistenza, tutta dedita al dovere ed alla Patria.
Già distintosi per perizia e valore nel combattimento di Abbì Addì il 18 dicembre 1935.

Mai Beles, 21 gennaio 1936.

Centurione Francesco Saverio CAPPARELLI, I Battaglione CC.NN. d'Eritrea
Medaglia d'Oro al Valor Militare - alla memoria

Valoroso combattente della grande guerra ed in Libia, volontario nella guerra italo-etiopica, portava più volte il suo reparto al combattimento con esito vittorioso. Durante l'aspra battaglia, comandante di compagnia avanzata, attaccava decisamente una posizione nemica sistemata a difesa e nonostante l'accanita difesa riusciva a conquistare il ridotto. Nel momento in cui raggiungeva la vittoria veniva colpito a morte. Morente rifiutava di es-

sere allontanato dal posto di combattimento ed incitava le sue Camicie Nere nell'epico assalto gridando: *Avanti, avanti. Viva l'Italia, viva Mussolini.*
Fulgido, magnifico esempio di elette virtù militari.

Mai Beles, 21 gennaio 1936.

CAPOMANIPOLO MEDICO LUIGI CHIAVELLATI,
IV BATTAGLIONE CC.NN. D'ERITREA
MEDAGLIA D'ORO AL VALOR MILITARE - ALLA MEMORIA

Capomanipolo medico di un battaglione CC.NN. si prodigava durante lo svolgimento di lungo ed aspro combattimento nella cura dei feriti, riuscendo a farli trasportare tutti al posto di medicazione ed alternando la sua opera pietosa di medico con l'azione del combattente. Nel momento più critico della battaglia, mentre sulla linea del fuoco medicava una Camicia Nera ferita, cadeva colpito a morte, riconsacrando col sacrificio della vita la sua fede nei destini della Patria. Fulgida figura di medico e di combattente italiano.

Mai Beles, 21 gennaio 1936.

SENIORE AMERIGO FAZIO, I GRUPPO BATTAGLIONI CC.NN. D'ERITREA.
MEDAGLIA D'ORO AL VALOR MILITARE - ALLA MEMORIA

Aiutante di campo del Gruppo battaglioni, per quanto notevolmente menomato nel fisico in seguito a recente operazione chirurgica, rimaneva al suo posto per evitare di essere rimpatriato. Nonostante le insistenze del suo comandante perché non pren-

desse parte all'azione, si portava di propria iniziativa dove maggiormente ferveva la mischia, sprezzando ogni pericolo. Durante l'aspro e accanito combattimento fu di magnifico esempio per calma e serenità.
Fedele collaboratore al fianco del suo comandante, incitò con l'esempio e la parola le Camicie Nere, finché, colpito a morte, cadeva eroicamente.

Mai Beles, 21 gennaio 1936.
CENTURIONE VETERINARIO ARMANDO MAGLIONI, I GRUPPO BATTAGLIONI CC.NN. D'ERITREA
MEDAGLIA D'ORO AL VALOR MILITARE - ALLA MEMORIA

Per timore di essere rimpatriato nascondeva sino alla fine una grave menomazione fisica. Benché le sue funzioni non lo richiedessero, con domanda scritta volle partecipare al combattimento durante il quale fu di magnifico esempio per il suo eroico combattimento. Di fronte alla pressione nemica impugnava un moschetto battendosi come semplice Camicia Nera con ardimento e valore. Ferito una prima volta al ventre continuava a combattere finché una seconda ferita ne troncava la generosa esistenza.

Mai Beles, 21 gennaio 1936.

SOTTOTENENTE DI COMPLEMENTO FLAVIO OTTAVIANI, DA FOLIGNO, II GRUPPO ARTIGLIERIA DIVISIONALE
MEDAGLIA D'ORO AL VALOR MILITARE - ALLA MEMORIA[429]

Volontario di guerra, durante aspro e sanguinoso combattimento si prodigava là dove maggiore era il pericolo, incitando i suoi artiglieri all'ultima disperata difesa dei pezzi contro il nemico che in forze soverchianti si era avvicinato. Ricevuto l'ordine di

---

[429] Pur non essendo il sottotenente Ottaviani membro della M.V.S.N. l'inserimento in questa appendice della motivazione della sua medaglia d'oro ci è sembrato necessario e doveroso.

ripiegare, dopo aver disposto per salvare materiale e personale, saputo che una stazione radio era stata abbandonata, tornava da solo indietro per distruggerla. Riunitosi ai compagni, già in prossimità della ridotta, che sarebbe stata la sua salvezza, venuto a conoscenza che un commilitone ferito era rimasto sul campo di battaglia, con sublime spirito di solidarietà, ritornava sui suoi passi per salvare il compagno e solo dopo averlo rintracciato riprendeva il cammino verso la ridotta. Circondato dalle orde nemiche cadde eroicamente lottando sino all'ultimo.

Magnifico esempio di alta virtù militare e di sublime spirito di sacrificio.

Passo Uarieu, 21 gennaio 1936[430].

CENTURIONE CAMILLO HINDARD-BARANY, CCXX BTG. DELLA 215ª LEGIONE CC.NN.
MEDAGLIA D'ORO AL VALOR MILITARE - ALLA MEMORIA

---

[430] Per i combattimenti del 21 gennaio sul Mai Beles vennero assegnate anche due Medaglie d'Argento alla memoria:

Vice Capo Squadra Domenico ALATRINI da Belluno Veronese, II Btg. CC. NN. d'Eritrea. Medaglia d'Argento al Valor Militare - alla memoria

Accorso per soccorrere il comandante del Battaglione gravemente ferito, assalito da diversi armati si difendeva strenuamente riuscendo ad atterrarne due, colpito da numerosissimi colpi di scimitarra cadeva eroicamente accanto al corpo esanime del suo comandante.

Mai Beles, 21 gennaio 1936.

VICE CAPO SQUADRA CORIOLANO BERTIN DA SEQUALS, II BTG. CC.NN. D'ERITREA.
MEDAGLIA D'ARGENTO AL VALOR MILITARE - ALLA MEMORIA

Raccolto un compagno tentava di condurlo al posto di medicazione, assalito da numerosi armati, si difendeva strenuamente finché colpito mortalmente cadeva abbracciato al compagno.

Mai Beles, 21 gennaio 1936.

Già volontario nelle Argonne ed a Fiume, si arruolava nuovamente per la campagna A.O. Comandante di compagnia fucilieri, attaccato di sorpresa da soverchianti forze nemiche fronteggiava con perizia e bravura l'urto avversario. Con il braccio destro spezzato e sotto il fuoco percorreva la linea incitando i suoi alla resistenza. Colpito a morte, sopportando stoicamente il dolore della ferita, a quanti erano venuti a soccorrerlo, diceva: *Non perdete tempo per me, andate avanti, viva il Duce.* Chiudeva così la sua valorosa esistenza tutta dedita al dovere ed alla Patria.

Taga Taga, 12 febbraio 1936.

CAPOMANIPOLO EMANUELE LEONARDI DI VILLACORTESE, 128ª LEGIONE CC.NN.
MEDAGLIA D'ORO AL VALOR MILITARE - ALLA MEMORIA

Volontario in A.O. chiedeva il comando di una banda di nuova formazione e nel rischio di numerose ricognizioni ardite trasfondeva in essa il suo spirito facendone un modello di disciplina e volontà aggressiva. Incaricato di una esplorazione importantissima per l'imminente avanzata di una G.U. assolveva pienamente il suo compito prendendo contatto col nemico, guidando con audacia e fermezza mirabile al fuoco la sua banda e altre due avute in rinforzo. Con animosa fermezza persisteva nel combattimento anche dopo l'improvviso tradimento degli abitanti del luogo ed il sopraggiungere di rinforzi nemici con mitragliatrici. Ed anzi, intuendo nell'aumentata aggressività avversaria una manovra pericolosa per altri nostri reparti, si buttava con disperata energia a sventare la grave minaccia. Impegnato a fondo il combattimento compensava lo sfavore del terreno e la grandissima disparità di forze con prodigi di personale eroismo e di perfetto comando. Cadeva sul campo dopo tre ore di attacchi e contrattacchi consacrando col consapevole sacrificio la sublime abnegazione delle sue bande che ebbero tutti i nazionali uccisi o gravemente feriti e testimoniarono con l'ingente tributo di sangue la fedeltà al loro comandante.

Adi Chiltì (Adi Abò), 20 febbraio 1936

CENTURIONE GUIDO PAGLIA, 114ª LEGIONE CC.NN.
MEDAGLIA D'ORO AL VALOR MILITARE - ALLA MEMORIA

Volontario in A.O., animatore instancabile, guidava audacemente i suoi mitraglieri all'attacco di aspra posizione montana. In una fase critica del combattimento, personalmente appostava un'arma riuscendo a volgere in fuga il nemico. Colpito, continuava a combattere deridendo con frase acuta la ferita, finché, raggiunto una seconda volta dal fuoco nemico, cadeva eroicamente sul campo. Esempio di superbe virtù militari.

Uork Amba, 27 febbraio 1936

CENTURIONE ROMOLO GALASSI, 114ª LEGIONE CC.NN.
MEDAGLIA D'ORO AL VALOR MILITARE - ALLA MEMORIA

Volontario in A.O., guidava per due volte il suo reparto all'attacco di importante posizione nemica resistendo poi a reiterati violenti contrattacchi. Ferito, continuava a combattere e ad incitare le sue CC.NN. finché, colpito a morte da palla dum-dum mentre lanciava il suo reparto ad un nuovo assalto, lasciava gloriosamente la vita sul campo. Esempio magnifico di alte virtù militari.

Uork Amba, 27 febbraio 1936

CAPOSQUADRA ALESSANDRO PAOLI, 114ª LEGIONE CC.NN.
MEDAGLIA D'ORO AL VALOR MILITARE - ALLA MEMORIA

Volontario in A.O., combattente entusiasta e valoroso, caposquadra mitraglieri, sotto violento fuoco avversario dirigeva con calma e perizia il fuoco sul nemico infliggendogli pesanti perdite e contribuendo ad arrestarlo nel contrattacco. Colpito a morte, durante il trasporto al posto di medicazione inneggiava al Re ed al Duce. Prima di morire aveva parole di ardente fede nei destini della Patria ed esclamava: *E' bello morire così per il Duce.* Superbo esempio di alto sentire.

Uork Amba, 27 febbraio 1936

CAMICIA NERA SCELTA FRANCESCO DI BENEDETTO, 114ª LEGIONE CC.NN.
MEDAGLIA D'ORO AL VALOR MILITARE - ALLA MEMORIA

Capoarma di una mitragliatrice *Fiat* continuava per tutta la durata del combattimento a far fuoco sul nemico, infliggendogli gravi perdite. Caduti l'ufficiale ed il caposquadra del suo plotone, dirigeva il fuoco di questa con rara competenza finché una scarica avversaria non lo fulminava sulla sua stessa arma. I portaferiti dovevano staccare a viva forza le sue mani dall'arma che anche dopo morto, egli non aveva abbandonato. Esempio nobilissimo di attaccamento al dovere.

Uork Amba, 27 febbraio 1936

CAMICIA NERA FILIPPO FREDA, I GRUPPO CC.NN. D'ERITREA
MEDAGLIA D'ORO AL VALOR MILITARE - ALLA MEMORIA

Volontario in A.O. chiedeva di essere compreso in un manipolo di CC.NN. per la conquista dell'Uork Amba. Riuscito ad ottenere l'ambito onore, indirizzava alla madre una commovente sublime lettera da cui rifulge il suo grande spirito ed il sereno presagio del suo olocausto alla Patria. Per oltre due ore di combattimento seminava la strage tra innumerevoli orde nemiche. Si difendeva con preciso lancio di bombe a mano da incalzanti nuclei avversari che tentavano di catturargli la mitragliatrice. Ferito ad una mano, arso dalla sete, si fasciava alla meglio e con calma e sprezzo del pericolo riprendeva a far fuoco sull'avversario finché un proiettile non lo colpiva mortalmente alla testa.

Uork Amba, 27 febbraio 1936

CENTURIONE UGO DI FAZIO, I GRUPPO CC.NN. D'ERITREA
MEDAGLIA D'ORO AL VALOR MILITARE - ALLA MEMORIA

Comandante di una compagnia di rincalzo, giunto sulla linea di combattimento mentre la dura pressione del nemico sembrava aver ragione del numero notevolmente inferiore delle nostre forze, si slanciava- alla testa della sua compagnia al contrattacco riuscendo a raggiungere una linea che non fu più ceduta. Ritto su una roccia dominante, animava per oltre due ore col suo esempio, lanciando bombe a mano e fulminando, col moschetto e la mitragliatrice di un caduto, gli assalitori cui causava gravissime perdite. Mentre le sue CC.NN. lo esortavano a ripararsi dal tiro avversario, cadeva colpito a morte, avendo ancora la forza di gridare *Viva l'Italia!*

Uork Amba, 27 febbraio 1936

CAMICIA NERA FRANCESCO BATTISTA, 263ª LEGIONE CC.NN.
MEDAGLIA D'ORO AL VALOR MILITARE - ALLA MEMORIA

Servente di mitragliatrice, durante una difficile azione dimostrava coraggio e sprezzo del pericolo provvedendo anche alla difesa del suo Centurione. Colpito ad una gamba dal piombo avversario, rifiutava di essere trasportato al posto di medicazione, continuando a combattere per altre tre ore sino a quando una seconda pallottola lo colpiva mortalmente al capo. Cadendo eroicamente gridava la sua fede nell'Italia e nel Duce.

Acab Saat (Scirè), 29 febbraio 1936

SENIORE FRANCESCO CARNEVALINI, 116ª LEGIONE CC.NN.
MEDAGLIA D'ORO AL VALOR MILITARE - ALLA MEMORIA

Seniore della M.V.S.N., assalito con alcuni automezzi della R. Aeronautica in marcia verso Addis Abeba da forte nucleo di ribelli, coraggiosamente organizzava una difesa. Ritenuta ormai vana ogni resistenza, dato l'ingrossare continuo degli attaccanti, ordinava ai suoi inferiori di allontanarsi e di cercare scampo dalla sicura fine; ad uno di essi rivolgeva parole di affetto per la famiglia ed espressioni di fede e devozione alla Patria fascista. Rimasto solo, esaurite le scarse munizioni cadeva eroicamente al suo posto d'onore.

Debra Sina - 10 maggio 1936.
CAPOMANIPOLO IRIDIO MANTOVANI, CCI BATTAGLIONE, 220ª LEGIONE CC. NN.
MEDAGLIA D'ORO AL VALOR MILITARE - ALLA MEMORIA

Dopo aver combattuto valorosamente per una intera giornata contro rilevanti forze ribelli, a sera, richiamato dai segnali del suo comandante accorso in aiuto di un treno deviato ed assediato, mosse col suo manipolo. Impeditogli il passo dall'avversario numeroso, girò combattendo nella notte attorno al cerchio nemico per cercarne il punto più debole; ma fuorviato dal fuoco che proveniva da ogni parte e disorientato dalla pioggia violenta, si allontanò dal luogo dove era diretto. Circondato al mattino seguente da forze venti volte superiori e sempre aumentanti, sostenne leoninamente l'impari lotta animando con la parola e con l'esempio i pochi superstiti. Sparando l'ultimo colpo mentre il nemico irrompeva all'arma bianca, fiero tra i morti ed i feriti, gridò: *Ragazzi, un ultimo pensiero ai nostri cari: Viva l'Italia! Viva il Re! Viva il Duce!* Feriti e superstiti ripeterono il grido e poi, alla baionetta, guidati dall'eroico capo, si immolarono. Fulgida figura di purissimo eroe.

Les Addas, Dukan, 6- 7 luglio 1936.

CAPOMANIPOLO PIETRO FANTI, CCI BATTAGLIONE, 220ª LEGIONE CC.NN.

MEDAGLIA D'ORO AL VALOR MILITARE[431]

Comandante di plotone CC.NN. posto a difesa di importante posizione attaccata da forze ribelli soverchianti era a tutti di esempio per ardimento e sprezzo del pericolo. Preso alle spalle dall'avversario e dagli abitanti del villaggio insorto si apriva la strada a colpi di bombe a mano per portare la difesa in altra posizione più adatta. Già ferito, accortosi che i nemici stavano per impadronirsi di un deposito di munizioni, con gli uomini rimasti accorreva alla difesa. Ferito ancora gravemente al viso ed rimasto accecato dallo scoppio di una bomba lanciata dai ribelli, vincendo il dolore continuava a dar disposizioni per l'estrema difesa della posizione. Esausto per il sangue perduto, stringendo nelle mani ferite due bombe pronte per l'ultimo lancio, appoggiato ad una cassa di munizioni, incitava ancora alla lotta ed in tale posizione veniva trovato dai rinforzi sopraggiunti, ai quali si dichiarava lieto di aver impedito col proprio sacrificio la conquista del deposito. Fulgido esempio di virtù militare.

Les Addas, Dukan, 6- 7 luglio 1936.

---

[431] Rimasto cieco.

6. Albo d'Onore dei Caduti in Africa Orientale

Di seguito, le fotografie di alcuni dei Caduti nei combattimenti nel 1935-1936 in Africa Orientale. La pubblicazione a fascicoli *Cronache illustrate della azine italiana in AO* (Tuminelli 1936), diretta dal Gen. Ottavio Zoppi, presentò numerosi ritratti di Caduti in una rubrica loro dedicata.

Camicia Nera
ALBERTO BOETTI

Cappellano delle CC. NN.
Padre REGINALDO GIULIANI

Seniore
LUIGI VALCARENGHI

Camicia Nera
ANTONIO GALLOTTI

Centurione
MAGLIONI ARMANDO

Camicia Nera
ANTONIO IACOBUCCI

Camicia Nera
RODOLFO VIAPIANO

Camicia Nera
RENATO VARGAS
Mai Beles, 21 gennaio XIV

Camicia Nera
RAIMONDO OTTAVI
Mai Athal, 5 settembre XIII

Camicia Nera
MARIO PERUCCA
Passo Uarieu, 21 gennaio XIV

Capomanipolo
PIO CANTONI
A. O., 24 marzo XIV

Capomanipolo
GIORGIO COLLARIN
Tembien, 21 gennaio XIV

Caposquadra
EVASIO CURANO
Adi Ugri, 22 febbraio XIV

Camicia Nera
CESARE BARBIERI
A. O., 16 settembre XIII

Sottotenente
ALDO LUSARDI
Monte Gundi, 5 novembre XIV

Seniore
FAZIO DIAMANTI
Passo Uarieu, 21 gennaio XIV

Camicia Nera
VITTORIO GINEPRO
A. O., 18 aprile XIV

Camicia Nera
MARIO ANDREOLI
Uarcamba, 27 febbraio XIV

Camicia Nera
FRANCESCO BARTOLETTA
Taga Taga, 12 febbraio XIV

Camicia Nera
GIOACCHINO MINATI
Endertà, 14 febbraio XIV

Il Soldato Igino Pez, appartenente ad una Compagnia di Carristi, deceduto in combattimento a Passo Uarieu il 22 gennaio 1936. Sepolto al Cimitero Militare di Addis Abeba, è stato poi traslato al Cimitero Militare di Passo Uarieu come ignoto. Si ringrazia la Famiglia per la foto e le notizie.

7. Cantate dei Legionari

Queste strofe nacquero tra i legionari durante la campagna d'Africa, anche se alcune parti appaiono chiaramente rimaneggiate a guerra finita, probabilmente dal Luogotenente generale Auro d'Alba[432], inserendo ad esempio i nomi dei vari comandanti.
Sicuramente "autentiche" sono le prime tre strofe, due delle quali fanno riferimento alla battaglia di passo Uarieu, al sacrificio di padre Giuliani (II) ed alla morte di Fausto Beretta[433] (III).
Le *Cantate dei Legionari* furono molto importanti per il consolidamento della memoria di Passo Uarieu e per rafforzare nell'immaginario collettivo l'immagine delle Camicie Nere, e dunque vale la pena di riportarle.

I

Ce ne fregammo un dì della galera,
ce ne fregammo della brutta morte,

---

[432] Auro d'Alba (il cui vero nome era Umberto Bottone, Schiavi d'Abruzzo, 1888 - Roma 1965), fu inizialmente amico di d'Annunzio, per passare poi al futurismo, collaborando alla rivista *Poesia* di F T. Marinetti, di cui rimase sempre amico e protettore. Fu autore di romanzi e saggi oltre che di numerose raccolte di poesie (all'inizio di ispirazione crepuscolare, *Lumi d'Argento*, *Corde ai fianchi*, e poi futurista, *Baionette. Versi liberi e parole in libertà*, 1915, *Cosmopolite*, del 1920). Volontario di guerra nei Bersaglieri, poi ufficiale degli Arditi, d'Alba si avvicinò al Fascismo, divenne capo dell'Ufficio Stampa e Propaganda della M.V.S.N. con il grado di Console generale prima, e poi di Luogotenente generale. Fu autore di molti dei più noti inni del Ventennio, come *Battaglioni M, La Preghiera del Legionario prima della battaglia, Il ritorno del Legionario, Aquila Legionaria*. Dopo l'otto settembre del 1943 aderì alla R.S.I., scrivendo l'inno della Legione *SS* italiana.
[433] I consoli generali Lucas e De Vecchi riferiscono invece la strofa che inizia *ma la mitragliatrice non la lascio!* all'eroica morte della Camicia Nera Scelta Francesco Di Benedetto, M.O.V.M. alla memoria, caduto durante la conquista dell'Amba Uork e rimasto avvinghiato anche dopo morto alla propria mitragliatrice Fiat (Lucas, De Vecchi 1976, p.81).

per preparare questa gente forte
che se ne frega adesso di morir!
Il mondo sa che la camicia nera
s'indossa per combattere e patir!

Duce! Per il Duce e per l'Impero
Eja eja alalà!

II

I morti che lasciammo a Passo Uarieu
sono i pilastri del Romano Impero,
gronda di sangue il gagliardetto nero
che contro l'Amba il barbaro inchiodò.
Sui morti che lasciammo a Passo Uarieu
la croce di Giuliani sfolgorò!

Duce! Per il Duce e per l'Impero
Eja eja alalà!

III

Ma la mitragliatrice non la lascio!
Gridò ferito il legionario al Passo
colava sangue sul conteso sasso
con il costato che a Cristo somigliò.
Ma la mitragliatrice non la lascio!
E l'arma bella a un tratto la lasciò!

Duce! Per il Duce e per l'Impero
Eja eja alalà!

IV

E' bello avere tutto il mondo addosso,
sentirsi in petto quest'orgoglio atroce:

siamo i più lesti a trasformarci in croce,
noi bersaglieri della nuova età!
E' bello avere tutto il mondo addosso,
finché giustizia il Duce non farà.

Duce! Per il Duce e per l'Impero
Eja eja alalà!

V

De Bono salda un conto, uno Graziani
Col barbaro faremo la *burgutta*,
o Marescialli la vogliamo tutta
questa terra di schiavi liberar!
Badoglio salda un conto, uno Graziani,
Starace pianta l'asta su Gondar!

Duce! Per il Duce e per l'Impero
Eja eja alalà!

VI

Riappare sotto il cielo di Galliano
Il teschio bianco della *Disperata*.
Tra Ciano e i Mussolini che pestata
Di negri, che pasticcio di tribù.
Riarde sotto il cielo di Toselli
La fiamma o Duce che accendesti tu!

Duce! Per il Duce e per l'Impero
Eja eja alalà!

VII

I conti vecchi son belli e saldati
Ma la partita non è chiusa ancora,

quella che sorgerà è la nostra aurora,
questa che è sorta non ci piace più.
I conti vecchi son belli e saldati:
ci manca qualche altro Nasibù!

Duce! Per il Duce e per l'Impero
Eja eja alalà!

VIII

Tu Duce hai dato al popolo l'Impero,
noi col lavoro lo feconderemo;
col vecchio mondo diventato scemo
ci sono sempre dei conti da saldar.
Tu Duce hai dato al popolo l'Impero,
siamo pronti per Te a ricominciar!

Duce! Per il Duce e per l'Impero
Eja eja alalà!

7. CRONOLOGIA

1934

3 novembre- Truppe abissine arrivano a Ual Ual, nell'Ogaden.
5 novembre- Assalto al Regio consolato italiano di Gondar.
5 dicembre- Gli abissini attaccano i pozzi di Ual Ual venendo respinti dai dubat.
15 dicembre- L'Etiopia si rivolge alla Società delle Nazioni per risolvere la controversia sorta con l'Italia circa la responsabilità per i fatti di Ual Ual.
L'arbitrato sarà favorevole agli italiani.

1935

3 gennaio - Il governo abissino chiede l'applicazione dell'articolo 11 del *Covenant* (patto istitutivo della Società delle Nazioni) per i fatti di Ual Ual.
4-7 gennaio - Colloqui Mussolini-Laval.
23 febbraio - Il primo contingente di truppe italiano diretto in Africa Orientale parte da Messina.
7 marzo - Rodolfo Graziani viene nominato governatore della Somalia.
23 marzo - Emilio De Bono viene nominato comandante delle truppe italiane in Africa Orientale.
20 settembre - La *Home Fleet* entra nel Mediterraneo.
28 novembre - Haile Selassiè ordina la mobilitazione generale.
2 ottobre - Mussolini parla da Palazzo Venezia annunziando la mobilitazione generale.
3 ottobre - Alle ore 5 del mattino gli italiani varcano il fiume Mareb, confine tra la colonia Eritrea e l'impero abissino.
4 ottobre - Occupazione di Adigrat, Amba Birkcuam in Etiopia e Gorrahei in Somalia.
6 ottobre - Gli italiani entrano in Adua.
10 ottobre - Il degiasmacc Haile Selassiè Gugsà, Scium del Tigrai e il degiacc Cassa Azaià si sottomettono agli italiani.

10-11 ottobre - La Società delle Nazioni decide di applicare le sanzioni economiche contro l'Italia. Entreranno in vigore il 18 novembre.

15 ottobre - Gli italiani occupano Axum, antica capitale etiopica.

19 ottobre - Proclama del generale De Bono in cui si stabilisce l'abolizio-ne della schiavitù nei territori occupati dagli italiani e la liberazione degli schiavi.

18-26 ottobre - Visita in Africa Orientale del Maresciallo Badoglio e del sottosegretario alle Colonie Lessona.

7 novembre - Fronte sud. Graziani occupa Gorrahei.

8 novembre - Gli italiani conquistano Macallè.

16 novembre - Badoglio sostituisce De Bono quale comandante superiore dell'Africa Orientale, e sbarca a Massaua il 28 novembre.

De Bono, promosso Maresciallo d'Italia rientra in patria.

Gli italiani conquistano Selaclacà.

18 novembre - Il Corpo d'Armata eritreo inizia l'occupazione del Tembien. Conquista del passo Abarò e combattimento dell'Amba Bethlem. Entrano in vigore le sanzioni contro l'Italia.

6 dicembre - Il Corpo d'Armata eritreo occupa Abbi Addi, capitale del Tembien. Scontro sul torrente Sahat.

15-17 dicembre - Gli etiopici attaccano il guado di Mai Timchet. Scontri di Dembeguinà tra abissini e truppe irregolari eritree. Il gruppo bande dell'Altopiano, attaccato dalle truppe di ras Immirù, subisce forti perdite.

18 dicembre - "Giornata della fede". Le donne italiane donano le proprie fedi nuziali; la regina Elena offre sull'Altare della Patria la fede sua e del re.

22 dicembre - Una forte colonna etiopica attacca le linee italiane a sud di Abbi Addi. Primo uso dei gas da parte della Regia Aeronautica sul Mai Tonquà.

24-26 dicembre - Puntata offensiva italiana contro le truppe di ras Immirù ad Af Gagà (*battaglia di Natale*).

26 dicembre - A Uarieu congiunzione tra le truppe eritree e le truppe vittoriose ad Abbi Addi.

29 dicembre - Il sultano Olol Dinle, alleato dell'Italia, attacca gli etiopici a Gollè.
31 dicembre - Fronte sud: occupazione di Dinane.

1936

12-16 gennaio - Graziani sconfigge ras Destà nella battaglia di Ganale Doria e sul Daua Parma.
18 gennaio - Graziani occupa Filtù.
20 gennaio - Graziani occupa Neghelli. Inizio dell'avanzata italiana nel Tembien.
21 gennaio - Ras Cassa attacca la colonna Diamanti a Mai Beles. Inizia l'assedio di passo Uarieu. Gli ascari conquistano monte Lata e Zeban Kerkatà.
22-23 gennaio - Continua l'assedio del forte di passo Uarieu.
24 gennaio - Alle otto del mattino la 2ª divisione eritrea si ricongiunge con la divisione *28 Ottobre*.
Ritirata di ras Cassa.
10-15 febbraio - Battaglia dell'Endertà contro l'armata di Ras Mulughietà.
Le truppe di Badoglio conquistano l'Amba Aradam.
13 febbraio - Eccidio del cantiere n.1 della Gondrad a Mai Lahlà ad opera del fitaurari Tesfai. Sessantotto tecnici ed operai civili italiani uccisi e mutilati.
27-29 febbraio - Seconda battaglia del Tembien. Disfatta di ras Cassa.
28 febbraio - Il I Corpo d'Armata conquista il massiccio dell'Amba Alagi.
29 febbraio-2 marzo - Battaglia dello Scirè; sconfitta di ras Immirù. Camicie Nere ed Alpini conquistano la Uork Amba.
9 marzo - Starace alla testa della colonna celere autonoma marcia su Gondar.
31 marzo - Battaglia di Mai Ceu o del Lago Ascianghi. Dopo dodici ore di combattimento, la Guardia Imperiale del negus è sconfitta.

5-24 aprile - Conquista di Dessiè ad opera del Corpo d'Armata eritreo. Occupazione della zona del lago Tana ad opera della colonna Starace.
28 aprile - Marcia su Addis Abeba.
30 aprile - Graziani conquista Dagabur.
2 maggio - Haile Selassiè fugge dall'Etiopia.
5 maggio - Badoglio entra in Addis Abeba.
6-8 maggio - Graziani conquista Giggiga, Harar e Dire Daua.
9 maggio - il Duce proclama l'impero. Vittorio Emanuele III assume il titolo di imperatore d'Etiopia.
10 maggio - Le truppe di Badoglio e di Graziani s'incontrano a Dire Daua.
15 maggio - La Società delle Nazioni decreta la revoca delle sanzioni contro l'Italia.
8 luglio - La *Home Fleet* si ritira dal Mediterraneo. Mussolini annuncia il ritiro delle truppe inviate in Libia.

Titoli militari etiopici

Ras	Principe, comandante di un'armata
Fitaurari	Generale, lett. *Capo dell'avanguardia.*
Degiacc, Degiasmacc (Degiacc negaritt)	Generale, lett. *Comandante della porta*
Scium	Capo di un distretto
Asmacc	Generale
Cagnasmacc	Generale, lett. *Comandante dell'ala destra.* Inferiore all'Asmacc
Grasmacc	Generale, lett. *Comandante dell'ala sinistra.* Inferiore al Cagnasmacc
Mobò	*Comandante della retroguardia*
Ieshambel	Ufficiale superiore, lett. *Comandante di mille uomini*
Barambaras	Comandante di un forte o di truppe specializzate
Balambaras	Ufficiale di cavalleria, lett. *Comandante dei cavalieri con corazza*
Scialecà	Comandante di battaglione
Shambel	Comandante di compagnia, lett. *Comandante di 250 uomini*
Basciai	Ufficiale inferiore

CORRISPONDENZA TRA I GRADI DELLA MVSN E QUELLI DEL REGIO ESERCITO

MVSN	REGIO ESERCITO
Comandante Generale	Generale di Corpo d'Armata
Luogotenente Generale	Generale di Divisione
Console Generale	Generale di Brigata
Console	Colonnello
Primo Seniore[434]	Tenente Colonnello
Seniore	Maggiore
Centurione	Capitano
Capomanipolo	Tenente
Sottocapo manipolo	Sottotenente
Primo Aiutante	Maresciallo Maggiore
Aiutante Capo	Maresciallo Capo
Aiutante	Maresciallo Ordinario
Primo Caposquadra	Sergente Maggiore
Caposquadra	Sergente
Vicecaposquadra	Caporal Maggiore
Camicia Nera scelta	Caporale
Camicia Nera	Soldato

GRADI DELLE TRUPPE COLONIALI ITALIANE E LORO CORRISPETTIVI

Sciumbasci capo	Grado istituito nel 1936, concesso dopo 10 anni di permanenza nel grado di *Sciumbasci*
Sciumbasci	Maresciallo
Buluc Basci capo	Grado istituito nel 1936, concesso dopo 10 anni di permanenza nel grado di *Buluc Basci*

---

[434] Nella Milizia Coloniale.

Buluc Basci	Sergente
Muntaz	Caporale
Uachil	Appuntato

NOTA BIBLIOGRAFICA

La presente nota non ha alcuna pretesa di completezza, ma ha il solo scopo di indicare i volumi di cui ci si è avvalsi nelle ricerche per il presente lavoro. Per una bibliografia esaustiva si vedano la *Nota bibliografica* in Goglia, Grassi 1993, pp.425 segg. e, per il confitto italo-etiopico del 1935-36, Stella 1988. Nel caso di opere di autori stranieri tradotti in italiano si è dato il titolo e la data dell'edizione originale, e la data di traduzione. L'indicazione delle pagine nelle note si riferisce alla traduzione italiana.

AA.VV. 1937, *Le voci del Sacrificio*, (con pref. del Duce), Roma
Arias, P. E. 1976, *Quattro archeologi*, Pisa
Armellini, Q. 1938 *Con Badoglio in Etiopia*, Milano
Artieri, G. 1937, *Cronaca del fronte nord*, Milano
Artieri G., 1978, *Cronache del Regno d'Italia, 2. Dalla Vittoria alla Repubblica*, Milano
Artieri, G. 1995, *Le guerre dimenticate di Mussolini. Etiopia e Spagna*, Milano
Badoglio, P. 1936, *La Guerra d'Etiopia*, Milano
Baer, G. W. 1970, *La guerra italo-etiopica e la crisi dell'equilibrio internazionale*, Roma-Bari
Bandini, F. 1980, *Gli Italiani in Africa*, Milano
Bandini, F. 1983, *Alla conquista dell'impero*, Milano
Barlozzetti, U., Pirella, A.. 1986, *Mezzi dell'Esercito italiano 1935-1945*, Firenze
Beretta, R., 2005, *Storia dei preti uccisi dai partigiani*, Casale Monferrato
Berto, G. 1955, *Guerra in camicia nera*, Milano (nuova ed. Venezia 1985)
Bollati, A. 1938, *La campagna italo-etiopica nella stampa militare estera*, Roma
Bottai, G., 1939, *Quaderno Affricano*, Firenze

Bottai, G. 1989, *Diario 1935- 1944* (a cura di G. B. Guerri), Milano

Bottego, V. 1895, *Il Giuba esplorato*, Roma

Bovio, O. 1999, *In alto la bandiera. Storia del Regio Esercito*, Foggia

Bucciante, G. 1987, *I generali della dittatura*, Milano

Caccia Dominioni, P. 1966, *Ascari K7,* Milano

Caracciolo, M. 1935, *L'Italia nella Guerra Mondiale*, Roma

Carafòli, D., Bocchini Padiglione, G. 2002, *Ettore Muti. Il gerarca scomodo*, Milano

Caimpenta, U. 1937, *L'Italia in Africa. Dai Pionieri all'Impero*, Milano.

Chabod, F. 1999, *Lezioni di metodo storico*, 14ª ed., Roma-Bari

Chiavellati, L., 1939, *Luigi Chiavellati, Medaglia d'Oro*, Roma

Ciasca, R.., 1940, *Storia coloniale dell'Italia contemporanea*, I, Torino

Colloredo Mels, R. di 1937, *Lettere dall'Africa di Roberto Colloredo Mels*, s.l. (ma Udine)

Comando 2a divisone CC. NN. *28 Ottobre* 1937, *Divisione 28 Ottobre. Annuale di vita guerriera*, Roma

Comando Generale M.V.S.N. 1937, *La Milizia per l'Impero*, Roma

D'Avanzo, G. 1981, *Ali e poltrone*, Roma

De Biase, C. 1966, *L'Impero di "Faccetta Nera"*, Milano

De Biase, C. 1969, *L'Aquila d'oro. Storia dello Stato Maggiore Italiano (1861- 1945)*, Milano

De Bono, E. 1937, *La preparazione e le prime operazioni*, Roma.

De Felice, R. 1974, *Mussolini il duce. I. Gli anni del consenso 1929- 1936*, Torino.

Di Lauro, R. 1939, *I bollettini di guerra del Negus ed altri documenti di fonte abissina*, "Annali dell'Africa Italiana" anno 2°, 1 (1939).

Del Boca, A. 1965, *La guerra d'Abissinia (1935- 1941)*, Milano

Del Boca, A. 1979, *Gli italiani in Africa Orientale*, II, *La conquista dell'Impero*, Roma- Bari (ed. su licenza Milano1992)

Del Boca, A. 1982, *Gli italiani in Africa Orientale*, III, *La caduta dell'Impero*, Roma-Bari (ed. su licenza Milano 1992)

Del Boca, A. 1984, *Gli italiani in Africa Orientale*, IV, *Nostalgia delle colonie*, Roma-Bari (ed. su licenza Milano 1992)

Duprat, F. 1998, *Storia delle SS*, Milano (tr. it. di *Histoire des SS* [mancano luogo e data dell'ed. francese])

Fazi, L., Patanè, P., 1985, *La generazione africana dei morti perduti*, Roma

Fest, J. 1973, *Hitler. Eine Biographie*, Frankfurt/m, Berlin, Wien (tr. it. Milano 1974)

Fraser, D. 1993, *Knight's Cross. The Life of Feldmarschall Erwin Rommel*, London (tr. it. Milano 1994)

Funke, M. 1972, *Sanzioni e cannoni*, Milano

Galassi, Romolo 2008, *Uork Ambà*, "Il Reduce d'Africa", a. XLVIII, n.1 2008 (estratti dal diario del cent. Galassi, MOVM alla memoria per la presa della Uork Amba).

Gentilli, R. 1992, *Guerra aerea sull'Etiopia 1935- 1939*, Firenze

Girlando R. 2003, *Storia della P.A.I.*, Foggia

Goglia, L. 1985, *Storia fotografica dell'Impero fascista 1935-1941*, Roma-Bari

Goglia, L., Grassi, F. 1993, *Il colonialismo italiano da Adua all'Impero,* Roma-Bari, 2a.

Governo Generale AOI 1937, *Il primo anno dell'Impero*, 5 voll., Addis Abeba

Graziani, R. 1938, *Fronte Sud*, Milano

Graziani, R. 1947, *Ho difeso la Patria*, Milano

Graziani, R. 1986, *Una vita per l'Italia*, presentazione di I. Montanelli, Milano (riprende la 17ª ed. di *Ho difeso la Patria*, rivista dall'Autore prima della morte, cui è stato aggiunto in appendice il diario di prigionia).

Gruppo Medaglie d'Oro al V. M. d'Italia 1965 *Le Medaglie d'Oro al Valor Militare*, I, Roma

Guerri, G. B. 1983, *Italo Balbo*, Milano

Konovaloff, T. 1938, *Con le armate del Negus. Un bianco tra i negri*, Bologna

Labanca N. 2005, *Alla conquista di un impero*, Bologna
Lamb, R. 1997, *Mussolini and the British*, London (trad. it Milano 1998)
Lessona, A. 1939, *Verso l'Impero,* Firenze
Lessona, A 1958, *Memorie,* Firenze
Longo, L.E. 2005, *La campagna italo-etiopica (1935-1936)*, Roma
Lucas, E., De Vecchi, G. 1976, *Storia delle unità combattenti della M.V.S.N.*, Roma
Mack Smith, D. 1976, *Le guerre del Duce*, tr. it. Roma-Bari
Mantoan, N. 2001, *La guerra dei gas 1914-1918*, Udine
Marinetti, F. T. 1937, *Il poema africano della divisione "28 Ottobre"*, Milano
Marzetti, P. 1981, *Uniformi e distintivi dell'esercito italiano 1933- 1945*, Parma
Mazzetti, M. 1974, *La politica militare italiana fra le due guerre mondiali (1918- 1940)*, Salerno.
Mignemi, A 1984, *Immagine coordinata per un impero. Etiopia 1935-1936*, Torino.
Ministero della Guerra, Comando del Corpo di S. M., Ufficio Storico 1939, *La campagna del 1935-36 in Africa Orientale*, Roma
Mockler, A., 1972, *Haile Selassie's War*, I, *The War of the Negus*, Oxford (tr. it. Milano 1977)
Moorehead, A. 1962, *The Blue Nile*, London (tr. it. Milano 1963)
Montanelli, I., Cervi, M. 1979, *L'Italia littoria (1925-1936),* Milano
Morozzo della Rocca, R. 1980, *Cappellani e preti soldati 1915-1919*, Roma
Mussolini B. 1940, *La dottrina del Fascismo. Con una storia del movimento fascista di Gioacchino Volpe*, Milano-Roma
Mussolini B. 1983, *Opera Omnia*, 36 voll., (1ª ed. 1951-1963), Firenze- Roma
Nicolle, D. 1997, *The Italian Invasion of Abyssinia 1935-1936*, Oxford.

O'Kelly, S. 2002, *Amedeo. A true Story of Love and Death in Abyssinia,* London (trad. it. Milano 2002)

Pace, B. 1936, *Tembien*, Napoli (nuova ed. a cura di P. Romeo di Colloredo, Genova 2009)

Parkenham, T. 1992, *The Scramble for Africa 1876-1912*, London

Partito Nazionale Fascista 1929, *La Dottrina Fascista per le reclute della III leva fascista*, Roma

Pederiali, F. 2008, "Passo Uarieu", *Storia Militare*, 173, (febbraio 2008)

Petacco, A. 2003, *Faccetta nera. Storia della conquista dell'impero*, Milano

Pieri, P., Rochat, G. 1974, *Badoglio*, Torino

Pignatelli della Leonessa, L. 1965, *La guerra dei sette mesi*, Milano

Pini, G., Susmel, D. 1955, *Mussolini. L'uomo e l'opera. III. Dalla Dittatura all'Impero (1925-1938)*, Firenze

Pirocchi, A. L. 2004, *Italian Arditi. Élite Assault Troops 1917-20*, Oxford

Poggiali, C. 1971, *Diario AOI*, Milano

Quirico, D. 2002, *Squadrone bianco. Storia delle truppe coloniali italiane*, Milano.

Rochat, G. 1971, *Militari e politici nella campagna d'Etiopia. Studio e documenti 1932- 1936*, Milano

Romano, S., 2007, *La quarta sponda. La guerra di Libia 1911-1912*, Milano

Romeo di Colloredo P., 2008, *Passo Uarieu. Le Termopili delle Camicie Nere in Etiopia*, Genova

Romeo di Colloredo P., 2008a, *La battaglia del Solstizio. Piave, giugno 1918*, Genova

Romeo di Colloredo P. 2008b, *La guerra d'Etiopia 1935-1936*, Roma

Romeo di Colloredo P. 2008c, *Emme Rossa! Le Camicie Nere sul Fronte Russo 1941-1943*, Genova

Romeo di Colloredo P. 2009, *I Pretoriani di Mussolini. Storia militare delle Camicie Nere 1923- 1943*, Roma

Rosignoli, G. 1995, *M.V.S.N., storia, organizzazione, uniformi e distintivi*, Parma

Ruggeri, R. 1988, *Le guerre coloniali italiane 1885/ 1900*, Milano

Salotti, G. 1998, *Breve storia del fascismo*, Milano.

Scala, E. 1952, *Storia delle Fanterie Italiane*, IV, *Le Fanterie Italiane nelle conquiste coloniali*, Roma

Soffici, A. 2000, *Sull'orlo dell'abisso. Diario 1939- 1943*, Milano- Trento 2000

Stella, G. C. 1988, *Bibliografia politico-militare del conflitto italo- abissino 1935-1936*, Ravenna

Tealdy, L., 1936 XIV, *Eroe crociato. P. Reginaldo Giuliani, Medaglia d'Oro*, Roma-Torino.

Tempelwood, Viscount [the Right Hon. Samuel Hoare], 1954, *Nine Troubled Years*, London

Tschanz, D. 2003, "A Short History of Biological Warfare", *Strategy and Tactics* 216 (May/June 2003).

Tyre, Rex 1999, *Mussolini's Afrika Korps: the Italian Army in North Africa 1940- 1943*, New York

Valle, G. 1958, *Uomini nei cieli*, Roma

Villari, L. 1943, *Storia diplomatica del conflitto italo-etiopico*, Bologna

Waugh, E. 1939, *Waugh in Abyssinia,* London (tr. it. Palermo 1992)

Waugh, E. 1946, *When the going was good,* London (tr. it. Milano 1996)

Zoli, C., 1949 *L'espansione coloniale italiana 1922-1937*, Roma

Infine, segnaliamo il sito Web dell'esperto collezionista Luca Maiorano, dedicato alle divise del Ventennio http://littorio.com e il Blog dedicato ai viaggi in Africa di Gianni de Angelis: http://giannidea.blogspot.com

www.ingramcontent.com/pod-product-compliance
Lightning Source LLC
LaVergne TN
LVHW081540070526
838199LV00057B/3727